[개정증보판]

실무에 바로 활용하는
소프트웨어 공학

김희영 著

21세기사

이 도서의 국립중앙도서관 출판예정도서목록(CIP)은 서지정보유통지원시스템 홈페이지(http://seoji.nl.go.kr)와 국가자료공동목록시스템
(http://www.nl.go.kr/kolisnet)에서 이용하실 수 있습니다.(CIP제어번호: CIP2018005627)

개정판을 내면서

소프트웨어공학을 두 학기 동안 강의하면서 학생들의 의견을 들어보았다. 학생들은 아직 소프트웨어를 제대로 만들어본 적도 없는데 소프트웨어공학을 배운다는 것이 너무 와 닿지 않는다고 한다. 내 생각은 이렇다. 만약 여러분들이 건축학과에 입학한다면 집을 한번도 지어본 적이 없는데 건축학개론을 수강해야 하고, 건축시공, 구조설계실무 등을 배우게 될 것이다. 원자력학과에 입학하면 원자탄을 만들어 본적도 없는데 원자로 설계와 핵연료공학을 배울 것이다. 사실 평생 원자탄을 설계조차 해볼 일이 없을 것이다. 하지만 소프트웨어는 당장 작은 프로그램이라도 만들어 볼 수 있거나 적어도 소프트웨어를 어떻게 만드는지 아는 학생들이 지금바로 소프트웨어공학을 수강하고자 하는 학생들일 것이다. 그럼 작은 프로그램이라도 한번 만들어보고자 한다면 어떻게 만들 것이며, 만드는 동안 얼마나 시간이 소요되며, 또 만들어진 프로그램의 모습은 어떻게 될까 라는 생각을 하게 된다. 바로 이러한 생각들을 좀더 정리해서 소프트웨어를 잘 만들 수 있도록 가르쳐주는 것이 바로 소프트웨어공학이다.

프로그램을 개발하는데 소프트웨어는 또 뭔가, 게다가 공학이라니… 하고 다시 반론이 슬쩍 치밀어 오를 것이다. 프로그램을 처음에는 혼자서 개발하겠지만, 그 규모가 방대해지고 사용자가 전 세계 지구인을 대상으로 한다고 했을 때 혼자서 모든 일을 감당할 수도 없고, 또 그럴 필요도 없다. 소프트웨어는 프로그램을 포함하여 이와 관련된 데이터와 데이터구조 혹은 관련 문서(매뉴얼 등)들이 모두 포함된 개념으로 여러 사람이 모여 협업과 소통에 의해 만들어진다. 문서가 소프트웨어라고 하니 이것은 또 무슨 소리인가 라는 생각이 들 것이다. 소프트웨어을 많은 사람들이 함께 개발하는 과정에서 문서로 잘 정리하거나 의사소통을 제대로 하지 않으면 결국 프로그램은 완성되지 못할 수 있다. 이는 바벨탑이 구축되는 과정에서 서로 소통이 되지 못하여 결국 완성되지 못하는 것과 비슷한 맥락이다. 소프트웨어 개발 현장에서 같은 언어를 사용하는 우리나라 개발자끼리 조차도 문서를 제대로 정리하지 않으면서 개발을 진행하는 경우에 수많은 시행착오를 겪는 모습을 보아왔다. 때로는 문서가 잘 정리되어 있어도 그 내용에 대한 이해가 달라 싸움이 벌어지는 경우도 흔히 발생한다.

소프트웨어공학은 개발자끼리 서로 싸우지 않고 훌륭한 프로젝트매니저, 일명 PM(Project Manager)의 관리하에 멋진 소프트웨어를 개발하고자 하는 목적을 달성하게 해준다. 게다가 더욱 멋진 일은 프로젝트를 진행하는 동안에 동료 간에 친밀도가 높아지고 서로 새로운 것을 가르치고 배우는 경험을 나누어 가지는 것이다. 소프트웨어공학은 지금도 발전하고 있으며, 배울 것이 계속 많이 발생한다. 공부가 끝이 없다지만 소프트웨어 분야는 더욱 배울 것이 많고 끝이 없는 분야이다.

이번 개정판은 과거 버전에 비하여 소프트웨어공학 분야의 새로운 이론들을 추가하였다. 대표적인 것이 애자일 방법론에 대한 부분이며, 소프트웨어 아키텍처에 대한 내용인데, 독자가 이미 전문가라면 별로 새로운 것도 아닐 수 있다. 그리고 소프트웨어공학을 실무적으로 더욱 잘 활용할 수 있도록 수업 중에 실습을 해볼 수 있도록 보완하였다. 한 학기라는 시간이 소프트웨어를 실제 구현까지 할 수 있는 시간적 여유를 배려하지는 못할 수 있다. 하지만 적어도 개발하고자 하는 프로그램의 분석과 설계까지는 해보면서 진행과정을 적절하게 관리할 수 있다면 어느 정도는 소프트웨어공학이 쉽게 활용될 수 있지 않을까 생각한다. 책의 수식어이기도 한 "실무에 바로 활용하는" 이라는 말이 더욱 의미를 가질 수 있도록 개정하려고 노력하였는데 독자들에게 필자의 의도가 잘 전달될 수 있기를 바란다.

2018년 1월 무술년을 맞이하면서

김희영

PREFACE

필자는 늦게 공부를 다시 시작하여 박사학위를 받았고, 대학에서 강의를 시작하게 되었다. 강의하면서 느낀 점은 학생들이 필자의 산업현장에서의 근무경험을 바탕으로 실무중심의 강의를 원한다는 것이었다. 특히 졸업과 동시에 현장에 투입되어야 하는 대학생들은 입사와 함께 바로 도움이 될 수 있는 얘기를 많이 듣고 싶어하였다. 그래서 이 책을 쓰게 되었다.

이 책은 대학생을 위한 "소프트웨어 공학" 과목의 교재이다. 어렵게 만들지 않기 위하여 많이 노력하였으며, 컴퓨터에 관련된 전공자가 아니라도 쉽게 이해할 수 있기를 바라는 마음에서 너무 어려운 부분이나 이론적인 내용은 과감하게 버렸다. 불과 몇 년 전이지만 처음 대학에서 강의를 하게 되면서 느낀 점은 대학생들이 외국원서를 제대로 소화하지 못하거나 번역된 교재를 이해하기 힘들어 한다는 것이다. 필자는 그냥 우리나라 산업현장에서 실무에 필요한 정도의 기초적인 지식 수준의 내용을 이해하기 쉽게 만드는 것이 필요하다는 생각을 하게 되었다. 본 교재는 바로 그러한 생각에서 집필된 것이다.

이 책을 전공서적으로 선택하고자 하시는 교수님들은 너무 쉽고 아카데믹하지 않아서 학생들에게 제대로 전달할 내용이 없더라고 생각할지 모르겠다. 이 책은 전공서적이기도 하지만, 그냥 일반인들도 재미있게 읽을 수 있는 도서이기도 하다. 특히 역사가 길지 않은 소프트웨어 공학에 업적을 남긴 인물들을 열전의 형식으로 각 챕터(chapter)마다 넣어 두었는데, 학습의 흥미를 유발하고 지루한 전공내용에서 머리를 식히게 하는 취지이다. 이미 인터넷을 통해 쉽게 알 수 있는 내용일 수 있지만, 인물중심의 소프트웨어 공학 이야기는 공부에 도움이 될 수 있게 하기 위함이다. 그리고 언젠가 우리나라에도 이러한 인물이 탄생할 수 있기를 기원하는 마음에서 담아 보았다. 대학생이 아닌 청소년의 입장에서 읽어 보면 위인전처럼 느껴 질 것이다. 요즘 똑똑한 중고등학생들이 소프트웨어 공학에 대하여 관심을 가지는 것을 보면서 혹시 이 책도 청소년들이 보게 되지는 않을까 하는 설렘도 있다.

저자는 가끔 책을 살 때, 누가 이런 머리말을 읽어 보는 사람이 있을까 의문이 들기도 했었다. 막상 머리말을 작성하면서 생각나는 것은 과연 누가 미래에 이 글을 읽고 있을까 하는 생각이 갑자기 스친다. 뭘 대단하고 거창한 것을 한 것도 아니고, 무지하게 어려운 일을 해낸 것도 아닌데 너무 길게 지나 온 나날들을 주절 주절 얘기하는 것이 체질에 맞지 않는다. 아무튼 이 책이 많이 팔려서 인기도서가 되기를 바란다.

2017년 1월 정유년을 맞이하면서

김희영

CONTENTS

CHAPTER **1**

소프트웨어 공학과
소프트웨어

1.1 소프트웨어 공학이 뭔가요?

소프트웨어 개발에 공학적 패러다임을 적용하자는 취
지로 시작되었다. 공학적 패러다임을 적용하게 된 이유
는 "소프트웨어의 위기(software crisis)"라는 시기에 발
생한 많은 소프트웨어 개발 프로젝트의 실패 때문이다.
1960년대 소프트웨어가 대단한 각광을 받으면서 폭발적
인 수요에 비하여 공급이 도저히 따라갈 수 없는 상황이
대량으로 발생하였으며, 부족한 시간에 급박하게 개발
한 소프트웨어는 결국 부실한 품질로 인하여 제대로 작
동을 하지 못하는 사태가 발생하게 된 것이다. 이를 소
프트웨어의 위기라고 부르며, 이를 극복하기 위하여 소
프트웨어의 개발에 공학적 패러다임을 적용하자는 주장
이 제기되게 된 것이다.

[프리드리히 바우어]

1968년 10월에 독일의 가미쉬(Garmisch)라는 작은 도시에서 개최된 나토(NATO: 북대서
양 조약기구)의 한 컨퍼런스에서 "소프트웨어 공학(Software Engineering)"이라는 용어가
처음으로 제안되었다. 컨퍼런스의 결과물로 보고서가 작성되었는데, 소프트웨어가 어떻게
개발되어야 할 것인가를 정의한 것이 그 내용이다. 컨퍼런스가 진행될 당시, 의장을 맡았던
바우어(Bauer)는 소프트웨어 공학에 대하여 다음과 같이 정의한다.

> 기계에서 효율적으로 작동되는 신뢰성 있는 소프트웨어를 경제적으로 획득하기 위해 적절한 공학적 원
> 리를 수립하여 활용하는 것이다.
>
> "Establishment and use of sound engineering principles to economically obtain software
> that is reliable and works on real machines efficiently."

소프트웨어 공학에 대한 다른 정의를 살펴볼 필요도 있는데, IEEE(Institute of Electrical
and Electronics Engineers)는 소프트웨어 공학을 다음과 같이 정의하고 있다.

> 소프트웨어의 개발과 운용, 유지보수에 대한 체계적(systematic)이며, 훈련된(disciplined) 계량화할
> 수 있는(quantifiable) 접근방식의 적용이다.
> "the application of a systematic, disciplined, quantifiable approach to the development,
> operation, and maintenance of software"

위의 정의만으로는 아직 충분히 소프트웨어 공학이 무엇인지 확실하게 마음에 와 닿지 않
을 것이다. 그리고 소프트웨어를 개발하는 실무자의 입장에서도 업무에 소프트웨어 공학을
적용하기 쉽지 않을 것이다. 하지만 본 책을 다 읽고 나면 현장의 실무에 소프트웨어 공학
을 적용할 수 있도록 이해의 깊이가 충분해질 것으로 생각한다.

1.2 소프트웨어에 대한 이해

소프트웨어 공학의 대상이 되는 소프트웨어를 제대로 이해하지 않고서는 소프트웨어 공학
을 논하는 것이 무리가 있다. 솜머빌(Sommerville)은 소프트웨어에 대하여 다음과 같이 정
의한다.

> 소프트웨어는 단순한 프로그램 뿐만 아니라 프로그램이 올바르게 작동하도록 하는데 필요한 관련된 문
> 서 및 설치 데이터를 의미한다.

즉, 솜머빌에 의하면 프로그램, 문서, 데이터가 소프트웨어인 것이다. 보통은 프로그램만을
소프트웨어라고 생각할 수 있으나, 소프트웨어와 관련된 문서, 그리고 데이터까지도 소프
트웨어를 올바르게 작동할 수 있도록 하는 구성요소로 보는 것이다.

프레스만(Pressman)도 이와 유사한 정의를 내리고 있는데, 다음과 같다.

> 소프트웨어는 1) 실행되면서 원하는 기능이나 함수, 성능을 제공해 주는 명령어들(컴퓨터 프로그램); 2)
> 프로그램이 데이터를 적절하게 처리할 수 있게 해 주는 자료구조; 3) 프로그램의 사용이나 운영을 나타
> 내는 하드카피나 가상 형태인 문서이다

프레스만은 프로그램과 자료구조, 그리고 문서를 소프트웨어로 보고 있는데, 데이터 자체는 소프트웨어로 볼 것인지 확실치 않다. 솜머빌이 데이터를 소프트웨어의 일부로 생각하는 반면, 프레스만은 자료구조를 소프트웨어로 생각하는 점이 약간의 차이가 있다. 가령 게임 소프트웨어의 경우 내부에 저장되어 있는 콘텐츠(즉, 데이터로 각종 캐릭터, 배경화면, 아이템 등)가 없다면 제대로 작동되지 않을 뿐 아니라, 게임소프트웨어라고 부를 수 없을 것이다. 백과사전 소프트웨어의 경우 검색을 위한 자료구조와 방대한 데이터가 없다면 백과사전으로서 아무런 의미가 없을 것이다.

기업에서 활용하는 대부분의 소프트웨어는 개발과정에서 분석과 설계를 위한 방대한 문서 산출물들이 만들어지며, 이러한 문서들은 향후 유지보수를 위해 필요한 것들이다. 이 또한 소프트웨어의 일부로 볼 수 있는 것이며, 데이터를 저장하기 위한 관계형 데이터베이스 구조도 마찬가지로 소프트웨어의 일부인 것이다. 하지만 프레스만의 정의에 따르면 데이터베이스에 저장해야 할 데이터는 소프트웨어가 아닐 수 있으며, 다른 소프트웨어로 대체될 경우 데이터는 새롭게 커스터마이징(customizing)하여 이전되어야 할 것이다.

1.3 소프트웨어의 특징과 분류

앞서 소프트웨어 개발을 위한 프로젝트가 실패를 많이 했기 때문에 소프트웨어 공학이 탄생했다는 역사를 배웠는데, 소프트웨어는 도대체 어떤 특징이 있길래 건축물의 설계나 유조선의 건조와 같은 프로젝트와 달리 많은 실패를 하게 되는 것일까? 지금도 소프트웨어 개발 프로젝트는 쉽지 않으며, 성공률도 과거에 비하여 높아지지 않고 있다. 이는 소프트웨어 자체의 독특한 특징에 그 원인이 있기도 하다.

첫째, 소프트웨어는 비가시성이라는 특징이 있다. 비가시성이라는 의미는 보이지 않는다는 것이며, 소프트웨어 개발 초기에는 특히 완료된 모습이 어떻게 될지 알 수가 없다. 물론 개발과정에서 많은 변경이 발생하기 때문이기도 한데, 개발이 완료되는 시점에서도 사람의 눈에 보여지는 것은 화면이며, 실제 프로그램을 본다고 하여도 전체의 소프트웨어 모습을 다 볼 수 있는 것도 아니다. 이렇게 비가시성이라는 특징으로 인하여 소프트웨어 개발 프로젝트는 대단히 관리가 어렵고 결과를 예측하기도 쉽지 않다.

둘째, 변경성이라는 특징이 있다. 즉, 소프트(soft)하기 때문에 쉽게 변경이 가능하다는 것이다. 그렇기 때문에 최종적으로 완성된 소프트웨어가 되기 전까지는 계속 변경될 가능성이 있고 완성된 모습이 아닌 것이다. 완성된 이후에도 유지보수를 통해 지속적으로 변경된다.

셋째, 복제성이라는 특징이 있다. 소프트웨어는 무한 복제가 가능하며, 복제된 소프트웨어도 동일한 기능을 수행한다. 또한 복제를 아무리 하여도 닳거나 없어지지 않는다. 하지만 소프트웨어는 라이선스가 있기 때문에 소프트웨어 저작권(copy right)을 갖지 않은 사람이 복제를 할 경우 법에 걸리게 된다.

넷째, 복잡성이라는 특징이 있다. 소프트웨어 개발과정은 대단히 복잡하며, 개발된 결과물인 프로그램과 문서산출물, 그리고 데이터구조 및 데이터도 대단히 복잡하여 제대로 작동하도록 하기 위해서는 전체가 조화롭게 작용하여야 한다.

소프트웨어는 종류가 대단히 많으며, 프레스만이 분류한 7가지 범주를 참고하여 다음과 같이 분류할 수 있다.

〈소프트웨어의 분류〉

분류	내용
시스템 소프트웨어 (System Software)	다른 프로그램의 수행을 지원해주기 위해 만들어진 소프트웨어 예 컴파일러, 에디터, 파일관리 유틸리티, 운영체제 컴포넌트, 드라이버, 네트워크 소프트웨어 등
애플리케이션 소프트웨어 (Application Software)	특수한 업무상의 요구를 해결해주며, 비즈니스 처리 또는 관리/기술 측면에서의 의사결정을 쉽게 할 수 있도록 사업상 또는 기술적 데이터를 처리하는 소프트웨어 예 컴파일러, 에디터, 파일관리 유틸리티, 운영체제 컴포넌트, 드라이버, 네트워크 소프트웨어, 원거리 통신 처리 소프트웨어
공학/과학 소프트웨어 (Engineering/science software)	"수 처리" 알고리즘이 특징이며, 공학 및 과학적 연구를 위해, 실시간 처리가 가능한 소프트웨어 예 자동차 제조분야, 우주 왕복선 궤도역학, 분자생물학
임베디드 소프트웨어 (Embedded software)	생산품이나 시스템에 내장되어 있으면서 사용자나 시스템 자체를 위한 특징이나 기능을 구현하는데 사용 예 전자레인지를 위한 키패드 제어, 연료 제어, 계기판, 브레이크 시스템
웹 응용시스템 소프트웨어 (web application)	인터넷을 위해 개발된 하이퍼텍스트이거나, 웹으로 가동되는 응용시스템을 위한 소프트웨어 예 온라인 회원관리, 인터넷 뱅킹

분류	내용
인공지능 소프트웨어 (Artificial intelligence software)	계산이나 일반적인 알고리즘으로 분석할 수 없는 복잡한 문제를 해결하기 위해 비수치적 알고리즘을 사용 예 로보틱스, 패턴인식, 인공신경망, 바둑게임
생산라인 소프트웨어 (Product-line software)	제조공정과정에 필요한 소프트웨어 예) 재고관리시스템, 재무응용분야

소프트웨어는 다양하게 분류가 가능하며, 학자마다 다른 분류결과를 보여준다. 소프트웨어를 분류하는 것은 소프트웨어에 대한 이해도를 높이고, 다양한 분야에서 활용되고 있는 소프트웨어를 알 수 있게 한다.

1.4 소프트웨어의 탄생과 폐기

사람의 일생처럼 소프트웨어도 태어나서 열심히 역할을 수행하다가 결국에는 생을 마감한다. 소프트웨어를 탄생과 폐기, 즉 라이프사이클(life cycle)이라는 측면에서 살펴보면 다음과 같은 과정으로 묘사될 수 있다. 먼저 소프트웨어를 만들기 위한 프로젝트가 착수되고 계획이 이루어진다. 하지만 실제적인 소프트웨어의 모습이 만들어지기 시작하는 것은 프로젝트 실행단계의 분석과정부터이며, 설계과정을 통해 좀더 구체적인 소프트웨어 겉모습이라고 할 수 있는 사용자인터페이스(User Interface)와 내부의 처리를 위한 로직(logic) 및 데이터베이스 구조(database structure)가 갖추어진다. 구현과정에서 프로그램 코딩이 이루어지면서 실제적으로 작동이 가능한 소프트웨어의 모습이 만들어지게 되는데, 테스팅을 통해 가동이 제대로 가능한지 여부가 판가름 나게 된다. 프로젝트 종료단계를 통해 소프트웨어는 엄마의 뱃속에서 세상으로 탄생하게 된다고 할 수 있는데, "go-live"라고 부르는 이벤

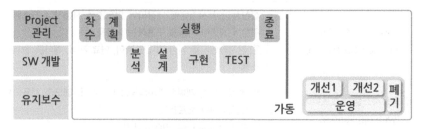

[소프트웨어의 시작과 폐기 과정]

트를 통해 원래 목적을 달성하기 위한 가동과 함께 살아 움직이게 되는 것이다. 실제 유지
보수단계는 프로젝트 기간보다 훨씬 길며, 지속적인 개선작업과 운영을 통해 소프트웨어는
생명을 이어가다가 다른 소프트웨어로 대체되는 시점에 폐기라고 할 수 있는 과정을 통해
생을 마감하게 된다.

1.4.1 Project 관리

Project 관리는 PMI(Project Management Institute)에 의해 착수, 계획, 실행, 종료의 단계
로 나누어진다. 먼저 착수단계에서는 소프트웨어 개발의 필요성을 인식하고, 예산을 확보
하는 등의 업무를 수행한다. 필요한 소프트웨어 개발을 위한 입안과정과 필요 시 외부 전
문조직에게 프로젝트를 의뢰하기 위하여 RFP(Request For Proposal)을 만드는 것도 착수
단계에서 하는 일이다. 계획단계는 프로젝트 소프트웨어 개발을 위한 방법론과 구체적인
일정을 수립하여 실행 가능한 수준의 계획을 수립하는 과정이다. 실제 소프트웨어 개발업
무는 실행단계에서 시작된다고 볼 수 있다. 실행단계에서 개발이 완료되는 결과는 소프트
웨어 혹은 시스템이다. 종료단계는 프로젝트를 마무리하는 과정이며 운영으로 업무를 이관
한다.

1.4.2 소프트웨어 개발

소프트웨어 개발단계는 일반적으로 분석, 설계, 구현, TEST단계로 나누어진다. SDLC(SW
Development Life Cycle)에서 흔히 이렇게 나누고 있는데, 테스팅이 완료된 이후 가동으로
이어진다. 가동 직전에 종료라는 단계를 Project 관리에서는 정의하고 있는데, 계약의 종료
와 행정적인 처리에 대한 의미를 가지고 있으며, 어떤 경우에 가동은 종료단계 이전에 이루
어지기도 한다.

1.4.3 유지보수

유지보수를 위해서는 프로그램을 개선하거나 변경하는 업무도 있지만, 프로그램을 전혀 수
정하지 않아도 데이터의 백업이나, 디스크 증설 등 하드웨어의 변경에 따른 보완작업 등의

업무도 발생한다. 유지보수 업무를 변경의 강도에 따라 가장 많은 변경을 필요로 하는 완전 유지보수, 프로그램 상의 오류를 개선하기 위한 수정 유지보수, 시스템 플랫폼의 변경과 같은 전산환경에 적응시키기 위한 적응 유지보수, 시스템의 잠재적인 결함을 예방하기 위한 예방 유지보수로 나누어 볼 수 있다. 데이터 백업이나 디스크 증설 등의 작업은 단순운영 업무로 분리하여 별도의 프로그램의 변경은 발생하지 않는 업무로 나누어볼 수 있다.

〈유지보수의 종류〉

유지보수의 종류	변경의 강도	내용
완전 유지보수 (perfective mainte-nance)	상	새로운 요구사항을 추가하거나 시스템의 구조와 성능을 개선하여 시스템을 완전하게 만드는 목적으로 수행
수정 유지보수 (corrective mainte-nance)	중	요구사항의 오류나 설계 및 구현 상의 오류를 개선할 목적으로 수행함
적응 유지보수 (adaptive maintenance)	하	시스템의 플랫폼 변경과 같은 새로운 환경으로의 적응을 목적으로 수행
예방 유지보수 (preventive mainte-nance)	하	시스템의 잠재적인 결함을 사전에 방지하기 위한 목적으로 수행

유지보수 기간은 보통 프로젝트 기간보다 훨씬 길며, 대규모 프로젝트에 의해 새로운 소프트웨어가 이를 대체하기 전까지 지속된다. 새로운 기술의 적용을 통해 조직의 경쟁력을 갖추고자 할 경우, 새로운 프로젝트가 착수되고 성공적인 종료 이후, 앞서 가동 중인 소프트웨어는 폐기되어 수명을 다하게 된다.

1.5 다양한 소프트웨어 도입 프로젝트

소프트웨어는 여러 가지 이유에 의해 도입이 되는데, 도입하는 방식에 따라 인하우스(in-house) 개발 프로젝트와 SI(System Integration)업체에 의뢰하여 개발하는 SI 프로젝트로 나누어 볼 수 있다. 그리고 이미 신뢰성 있는 패키지가 시중에 나와있는 경우, 직접 구매하여 활용하거나 커스터마이징 과정을 통해 사용하고자 하는 조직에 맞게 수정하여 활용할 수도 있다.

1.5.1 인하우스(in-house) 개발 프로젝트

인하우스 개발 프로젝트는 조직 내부에서 자체적인 개발인력을 활용하여 소프트웨어를 개발하는 방법이다. 소규모 프로젝트를 추진하여 조속한 시일 내에 활용할 수 있도록 하고자 할 때 활용한다. 별도의 RFP(Request For Proposal)을 만들거나, 개발업체를 평가하는 등의 과정이 필요가 없고 필요 시 개발자 혹은 전문가를 계약에 의해 일부 활용하는 경우도 있다.

1.5.2 SI 프로젝트

SI 프로젝트는 조직 내부의 인력으로 감당하기 어려운 규모의 시스템을 구축하고자 할 때, 전문 SI업체에게 개발을 맡기는 경우이다. 이는 SI업체 선정작업을 필요로 하며, 제안평가를 통해 업체를 선택하게 된다. 선택과정에서 RFP를 제시하여 도입하고자 하는 시스템의 목적과 규모, 프로젝트 기간, 예산 등을 SI업체들에게 제시하여 제안서를 접수하는 과정을 거치게 된다. 최종 선정된 SI업체는 계약에 의해 프로젝트를 수행한다.

1.5.3 패키지 도입

패키지의 종류는 다양하며, 기업의 입장에서 세계적으로 유명한 SAP이나 ORACLE 등 ERP 패키지를 도입하는 경우가 대표적이다. 패키지는 가장 일반적인 기능을 수정 보완하여 활용할 수 있도록 커스터마이징이 가능하며, 수정해야 할 수준에 따라 커스터마이징 기간이 길어지거나, 비용이 추가적으로 발생한다. 전혀 커스터마이징을 하지않고 패키지를 활용하는 경우도 있으며 일반적인 오피스 소프트웨어들은 별도의 변경을 필요로 하지 않는다.

 Reference   프리드리히 바우어 : Friedrich L. Bauer (1924 ~ 2015)

바우어는 1943년부터 1945년까지 독일군인으로 세계2차대전에 참전하였다. 전쟁이 끝나고 바우어는 뮌헨에 있는 대학에서 수학과 이론물리학을 전공하였으며, 1952년에 박사학위를 받았다. 1954년부터 1958년까지는 그가 박사학위를 받았던 루드빅 막시밀리안 대학(Ludwig-Maximilians-Universitát)에서 교편을 잡았고, 1963년부터는 마인쯔 대학(University of Mainz)에서 강의를 하였다. 이후 1972년부터 1989년 퇴직할 때까지 뮌헨기술대학(Technical University of Munich)에서 수학과 컴퓨터과학을 가르쳤다.

바우어는 일찍 컴퓨터와 관련된 일을 수행하였으며, ALGOL이라는 언어의 개발에 참여하였다. 1968년 "소프트웨어 공학"이라는 용어가 탄생하는데 공헌을 하였으며, 독일의 대학에 컴퓨터과학이 독립적인 학문으로 성장하는데 많

[바우어]

은 영향을 끼쳤다. 그의 과학적인 업적은 수치해석(numerical analysis)에서부터 프로그래밍 언어의 근본적인 해석과 번역에 이르기까지 광범위하다. 또한 만프레드 브로이(Manfred Broy), 데이비드 그리스(Davis Gries), 조셉 스토어(Josef Stoer)와 같은 걸출한 인재를 박사과정에서 지도하여 배출하였다. 그는 IEEE Computer Pioneer Award 등 수많은 수상경력이 있다.

SWEBOK : SW Engineering Body Of Knowledge

[SWEBOK 표지]

소프트웨어 공학에 대한 자세한 지식을 정리한 책이 SWEBOK이다. SWEBOK는 국제표준 ISO/IEC TR 19759:2005의 구체적인 지침으로 활용된다. ISO/IEC TR 19759:2005는 ISO/IEC TR 19759:2015로 버전업되었다. SWEBOK는 여러 전문가 집단과 산업체 전문인력이 협력하여 개발하였으며, IEEE Computer Society에서 책자로 출판한다(IEEE는 Institute of Electrical and Electronic Engineers의 약자임). SWEBOK는 IEEE Conputer Society에서 무료로 배포되고 있다.

2013년 후반에 SWEBOK V3가 출시되었으며, 2016년부터 새로운 버전을 위한 작업이 진행중이다. SWEBOK V3은 15개의 지식영역을 담고 있다.

■ 15개의 지식영역

- Software requirements
- Software design
- Software construction
- Software testing
- Software maintenance
- Software configuration management
- Software engineering management
- Software engineering process
- Software engineering models and methods
- Software quality
- Software engineering professional practice
- Software engineering economics
- Computing foundations
- Mathematical foundations
- Engineering foundations

 팀 프로젝트 실습

■ 팀 구성하기

소프트웨어를 개발하기 위한 팀을 구성해보자. 결성된 팀 구성원끼리 소프트웨어를 어떻게 개발하면 좋을지 토론하는 것이 프로젝트를 수행하는 첫번째 업무이다. 팀내에 프로그램을 개발할 수 있는 프로그래머가 없어도 상관없다. 나중에 설계가 완료되면 개발인력에게 외주용역으로 프로그램 개발을 의뢰하면 된다. 팀은 수업에 참가하는 동료학생들끼리 3~4명으로 팀을 구성하고 인격과 덕망을 갖춘 친구를 팀장으로 선임하는 것이 좋다. 팀장의 가장 중요한 역할은 교수와의 의사소통 채널이 되어야 한다는 것이며, 매주 진행상황을 교수에게 제출하는 것이 주요 역할이다. 그리고 팀원 간의 의견을 조율하여 의사결정이 이루어질 수 있도록 해야 한다. 인격과 덕망을 강조한 이유는 리더십과 희생정신이 없는 동료를 팀장으로 선임하는 경우 팀원 간의 업무분장이 잘 이루어지지 않고, 의사결정이 편향되어 결국 프로젝트에서 좋은 성과를 달성할 수 없게 되기 때문이다.

팀을 결성하고 해야 할 일을 정리하면 다음과 같다.

1. 팀을 결성 : 3~5명으로 프로젝트 팀을 구성한다

2. 팀장의 선정 : 팀을 위해 봉사할 사람으로 팀장을 선정한다.

3. 팀이름 작명 : 구성된 팀원끼리 협의하여 팀의 이름을 작명한다.

4. 새로운 SW구상 : 팀 구성원이 회의하여 개발하고자 하는 새로운 SW를 구상하고 소프트웨어의 이름을 정한다.

5. 역할 지정 : 팀 내부 각자의 역할을 정한다.

〈역할지정의 예〉

역할	수행업무
팀장	소통업무, 산출물관리, 일정조정, SW개발 및 테스팅
분석1	요구사항을 분석, 인터뷰 진행, SW의 기능을 모델링
분석2	요구사항을 분석, 인터뷰 진행, SW의 기능을 모델링
화면디자인	SW기능정의, 화면 설계, 이미지 디자인, SW개발
데이터베이스	데이터 정의, 데이터베이스 설계 및 구현, 데이터준비

※ 역할은 프로젝트 진행과 함께 수시로 바꿀수 있으며, 한사람이 여러가지 역할을 수행해야 함

팀 프로젝트 실습

■ 개략적인 계획 수립

팀이 구성되면 해야 할일은 향후 한학기 동안 어떠한 일정으로 프로젝트가 진행되며, 매주 진행된 결과는 무엇인지 계획을 수립하는 것이다. 아직은 각자의 업무분장까지는 하기 쉽지 않다. 무슨 일을 할 것인지 나열해보아야 적절한 업무분장이 가능하다. 강의진도와 함께 예상되는 팀의 업무는 아래의 표와 같다. 이를 기반으로 팀장은 팀원과 함께 더욱 구체적인 업무수행방안을 수립하여야 한다. 구체적인 업무수행방안에서 핵심은 누가 무슨일을 맡아서 할 것인지 책임과 역할을 나누는 것이다. 한번 역할을 나누어도 예상하지 못한 새로운 일이 더 생길 수 있으며, 이미 나눈 일도 예상과 달리 양이 많거나 수행이 어려워 팀원끼리 서로 도와야 할 때도 있을 것이다. 이러한 업무수행 과정에서 협력과 소통에 의해 조정이 잘 이루어져야 훌륭한 프로젝트 수행이라 할 수 있다.

주차	진도	프로젝트 수행	결과물
1주차	1장. 소프트웨어공학과 소프트웨어	팀구성 및 팀장선임	프로젝트 프로파일
2주차	2장. 소프트웨어 개발 프로젝트	프로젝트 계획	프로젝트 계획서
3주차	3장. 프로젝트 관리	WBS작성	WBS
4주차	4장. 소프트웨어 개발 프로세스	SW아이디어 브레인스토밍	회의록
5주차	5장. 요구사항의 개발과 관리	요구사항 인터뷰 요구사항의 명세화	인터뷰 결과서 요구사항 명세서
6주차	6장. 구조적 분석기법	DFD 작성	DFD
7주차	7장. 객체지향적 분석기법	Usecase diagram 작성	Usercase diagram
8주차	중간고사		
9주차	8장. 설계의 이해와 SW 아키텍처	유스케이스 설계서 작성	유스케이스 설계서
10주차	9장.데이터베이스 설계	ERD작성, 데이터베이스 설계	ERD, 데이터베이스설계서
11주차	10장. UI설계	화면 설계	화면 설계서

팀 프로젝트 실습

12주차	11장. 구현	테스트 케이스 작성	테스트 케이스
13주차	12장. 테스팅과 SW품질관리	통합테스트 계획 수립	통합테스트 계획서
14주차	13장. 위험관리	위험분석	위험관리 내역서 위험관리 계획서
15주차	14장. 프로젝트종료와 유지보수	변경사항의 반영	변경요청서
16주차	기말고사		

■ 개발할 소프트웨어 구상 및 토의

같은 급우끼리 팀을 구성하여 토의를 진행한다는 것이 처음에는 무척 어색하기도하고 서먹하게 여겨지기도 한다. 하지만 서로의 의견을 교환하다보면 토의라는 것에 익숙해질 것이다. 개발할 소프트웨어는 흔히 사용하는 웹페이지이거나 아니면 스마트폰의 앱으로 생각하면 되겠다. 자율주행자동차를 개발한다거나 우주왕복선을 설계할 생각은 안하는 것이 좋다. 그러한 일은 취업 후 밤새우면서 하기 바란다. 학교에서는 노동을 하지말고 학습을 하자. 1주차 토의결과는 프로젝트 프로파일에 무엇을 최종적인 결과물로 제출할 것인지 구상된 아이디어를 간략하게 서술하여 제출하면 된다. 프로젝트 프로파일은 상식적으로 6하원칙에 입각하여, 팀구성원과 조직체계(누가), 구상된 소프트웨어를 구현하는 목적(왜), 구현할 아이디어의 구체적인 구상(무엇을), 구현될 시스템환경(어디에서), 개발 일정(언제) 등을 서술하면 된다. 시스템 환경은 PC인지 혹은 스마트폰인지 결정하고 기준이 되는 스펙, 즉 시스템의 사양(specification)을 서술하면 된다. 개발방법(어떻게)은 본 소프트웨어공학 수업을 진행하면서 어떻게 하면 되는지 차근차근 배워가보자.

[참고 양식]

프로젝트 프로파일

제출일 :

팀 명	
팀 원	
개발할 SW명	

SW의 목적	
SW 사용자	
주요기능	
시스템 환경	
유사한 SW	
유사 SW와 차별성	
SW의 개념적 구상	
콘텐츠	
기타 (독창성)	

연습문제

 (o.x)

1. 소프트웨어 개발과정에서 발생하는 문서도 소프트웨어이다.

> 정답 o
> 해설 소프트웨어에는 프로그램만 포함되는 것이 아니며, 데이터구조와 문서산출물, 그리고 필요하다면 데이터까지도 소프트웨어입니다.

4지선다

2. 다음 중 내장형 소프트웨어(embedded SW)는 어느 것일까요?

① 자동차 브레이크 제어 소프트웨어   ② ERP

③ 스프레드 시트   ④ 인공위성 추적 소프트웨어

> 정답 ①
> 해설 칩에 소프트웨어를 내장하여 작동되도록 하는 방식을 고르면 됩니다.

단답형

3. 1960년대 소프트웨어 개발 붐이 일어나면서 많은 소프트웨어가 개발에 실패하여 심각한 문제를 야기하게 되는데, 이를 무엇이라고 할까요?

> 정답 소프트웨어 위기
> 해설 소프트웨어의 위기에 의해 소프트웨어 공학이라는 새로운 학문이 탄생하게 되었습니다.

참고문헌

- https://en.wikipedia.org/wiki/Software_engineering#cite_note-12
- 허원실, "시스템 분석과 설계", 한빛 아카데미, 2015
- https://en.wikipedia.org/wiki/Friedrich_L._Bauer
- Bauer, F.L., "Software Engineering", Information Processing, 71, 1972
- "IEEE Standard Glossary of Software Engineering Terminology," IEEE std 610.12-1990, 1990.
- 한혁수, "소프트웨어 공학의 소개", 홍릉과학출판사, 2014
- Sommerville, I., "Software Engineering (8th ed.)", Harlow, England: Pearson Education., 2007.
- Pressman, S. R., "Software Engineering, A practitioner's approach (7th ed.)", McGraw-Hill Education, 2011.
- https://en.wikipedia.org/wiki/Friedrich_L._Bauer
- http://homepages.cs.ncl.ac.uk/brian.randell/NATO/N1968/BAUER.html
- https://en.wikipedia.org/wiki/Software_Engineering_Body_of_Knowledge#cite_note-1
- https://en.wikipedia.org/wiki/IEEE_Computer_Society

CHAPTER 2

소프트웨어 개발 프로젝트

2.1 소프트웨어 개발 프로젝트는 뭔가요?

소프트웨어 개발은 프로젝트로 관리되는 것이 위험을 줄이고 성공의 가능성을 높인다. 프로젝트에 대한 정의는 PMI(Project Management Institute)에서 만들어진 PMBOK(Project Management Body of Knowledge)에서 제시한 정의를 참조하는 것이 도움이 된다.

> 프로젝트는 유일한 제품이나 서비스를 만들기 위해 수행되어야 할 일시적인 활동과정이다.
> "A project is a temporary endeavor undertaken to create a unique product or service"

프로젝트는 관리체계를 갖추어 관리될 수 있으며, 수행과정에 따라 단계적으로 접근하는 방법을 활용하는 것이 필요하다. 프로젝트의 착수단계에서는 소프트웨어의 개발목적과 계획을 입안하고, 의사결정자로부터 승인을 얻는 것이 중요하다. 계획단계에서는 상세한 계획을 수립하게 되는데, 이는 인하우스 개발 프로젝트이거나 SI프로젝트에서도 동일하다. 실행단계에서 소프트웨어 개발절차에 따라 분석, 설계, 구현, 테스트 과정을 관리하고 최종적으로 종료단계를 통해 프로젝트가 마무리된다.

프로젝트는 공장에서 제품을 찍어내는 것과 차이가 있다. 한번 수행한 프로젝트는 유사한 경우는 있어도 동일한 경우는 다시 발생하지 않는다. 프로젝트에 의해 생산된 제품이나 서비스는 유일(unique)하며, 거대한 교량을 건설하거나 예술작품을 만드는 일 등이 모두 프로젝트이다. 프로젝트 형태의 업무는 위성로켓 발사, 소프트웨어 개발, 유조선의 건조 등이 대표적인 예가 된다. 프로젝트가 아닌 업무는 "운영(operation)"이라고 부르는데, 같은 일의 반복으로 비즈니스를 수행하는 형태를 말한다.

PMI는 프로젝트관리에 대한 지식을 정의하고 전파하며, 자격을 검증하여 인증서를 배부하는 등의 활동을 수행하는 국제적 단체이다. PMI는 매 4년마다 PMBOK를 버전업하여 출간하며, 자격시험을 통해 PMP(Project Management professional)이라는 자격증을 배부한다.

2.2 SI방식의 소프트웨어 개발 프로젝트

소프트웨어 개발 혹은 시스템 통합을 전문으로 하는 회사가 SI(System Integration)업체이며, 이들이 발주자의 소프트웨어 도입 프로젝트를 수주하여 수행하는 것이 SI방식의 프로젝트이다. SI업체들은 흔히 소프트웨어 개발 프로젝트를 시스템 개발 프로젝트, 혹은 SI프로젝트라고 칭한다. 발주자인 고객, 즉 일반적으로 말하는 갑(甲)은 수주자인 SI업체, 즉 을(乙)과 계약을 하여 프로젝트를 진행하게 된다. 발주자가 SI업체에게 프로젝트를 맡기는 이유에는 여러 가지가 있다. 대형 프로젝트의 경우 자체 인력으로 도저히 수행할 수 없기 때문이기도 하지만, 대형 프로젝트 수행에 따르는 위험을 전문업체에게 맡겨서 성공적으로 완수하기 위한 목적도 있다. 그리고 전문업체에게 맡기는 것이 오히려 비용을 절감하기도 한다.

발주자(甲)와 수주자(乙)는 프로젝트 수행에 대한 계약을 맺기 위한 일련의 업무과정이 필요하며, 일반적으로 다음과 같은 절차를 통해 최종 계약에 이르게 된다.

〈프러젝트 입안에서 계약까지〉

절차	발주자	수주자
입안	프로젝트 구상, 발의, 내부 승인	
발주	RFP 작성 및 배포	
제안	제안내용의 문의에 응대	제안서 작성
평가	제안서 평가	제안발표(presentation)
협상	우선협상 대상자 선정 및 조정(가격, 일정, 품질 등)	
계약	계약서에 날인 및 프로젝트 kick-off	

2.2.1 입안

발주자의 입안 절차에서 '내부 승인'은 '예산'을 득하는 것이 가장 큰 관건이 된다. 내부 승인과정에서 이미 RFP초안이 어느 정도 윤곽을 가지고 있어야 하며, 승인을 득한 이후에는 RFP를 대상 업체에게 배포하여 우수한 제안서가 작성될 수 있도록 하는 것이 필요하다. 발주자는 다양한 이유에 의해 소프트웨어 개발 프로젝트를 구상하게 되는데, 다음과 같은 이유가 대표적이다.

- 조직의 경쟁력 강화
  - 경쟁사와 경쟁에서 우위를 점하기 위한 전략
  - 새로운 비즈니스 모델의 적용
  - 신제품 출시를 위한 새로운 마케팅 홍보 등
- 원가절감
  - 새로운 시스템의 도입에 따른 에너지 절약
  - 자동화에 의한 인건비 절감
- 기타
  - 보안 및 법/제도에 의한 요건강화
  - 장비 노후화에 따른 시스템 교체

발주자 측의 담당자는 내부승인을 득하기 위하여 "프로젝트 개요서(project charter)"를 작성한다. 프로젝트 개요서는 다음과 같은 내용을 담고 있다.

- 프로젝트를 진행하고자 하는 이유
- 수행방안에 대한 구상
- 수행범위
- 필요 예산 및 기간
- 수행 이후 예상되는 결과 및 효과

2.2.2 발주

발주자 측의 담당자가 내부 승인을 받게 되면 예산이 배정되고, RFP를 완성하여 SI업체 등에게 배포하게 된다. RFP는 일반적으로 다음과 같은 내용을 담고 있으며, 중요한 의사결정 사항은 이미 프로젝트 개요서의 작성 및 승인으로 결정되어 있다.

- 프로젝트 목적
- 수행 범위
- 추진 일정
- 예산 내역
- 산출물
- 기타
  - 기술적인 요구사항
  - 인터페이스 요구사항
  - 품질 기준
  - 인수 기준

2.2.3 제안

RFP는 일정한 요건에 부합하는 SI업체에게 공개적으로 배포하기도 하고, 내부적인 기준에 따라 일부 업체에게 한정적으로 배포하기도 한다. RFP를 참고하여 제안에 참여하고자 하는 업체들은 제안결정을 위해 RFP검토부터 하게 된다. 내부 검토결과, 제안을 하기로 결정하게 되면, 가장 먼저 해야 할 일은 제안PM(Project Manager)을 선정하는 것이다. 제안PM이 수주 이후 수행PM이 되기도 하지만, 상황에 따라 제안만을 위한 PM이 선임되기도 한다. 제안PM은 제안팀을 구성하여 제안서를 준비한다. 제안작성 과정에서 RFP에 대한 의문사항이 있을 경우, 발주자 측의 담당자에게 문의하게 된다. 업체들은 누구보다 우수한 제안서를 작성하여야 프로젝트를 수주할 수 있다. 작성된 제안서는 제안업체의 내부검토를 통해 최종적으로 완성하게 되는데 다음과 같은 내부 평가를 거치는 것이 일반적이다.

- 제안관련 이해관계자 의견수렴
- 제안 내부평가를 위한 리허설
- 제안내역 평가
- 최종 제안서 제출 결정

제안서 제출은 RFP에서 요구한 격식에 맞게 관련서류를 준비하여 행정적으로 미비하지 않
도록 하여야 한다. 제안서는 발주자가 요청한 일자에 정해진 장소로 접수되도록 해야 한
다. 일반적인 제안서에는 다음과 같은 내용이 포함된다.

- 제안 목적
- 제안 기업 소개
    - 제안 기업의 전문성 및 수행 프로젝트 이력
- 제안 내용
    - 수행범위 및 제안사의 솔루션
    - 프로젝트 수행일정 및 예산내역
    - 품질관리 및 품질보증 방법
- 프로젝트 수행방법
    - 소프트웨어 개발방법론 및 프로젝트 관리방법론
    - 소프트웨어 테스트 전략 및 수행방안
    - 프로젝트 조직구성, 투입인력, 관리도구

2.2.4 평가

발주자는 제안평가 일시 및 장소를 업체에게 통보하고, 제안업체는 제안발표를 준비한다.
대부분의 제안은 경쟁입찰로 진행이 되며, 여러 업체가 제안발표에 참가하게 된다. 평가는
발주자 측의 심사위원에 의해 이루어지는데, 가격평가와 기술평가로 종합점수를 산출하여
우선협상 대상업체를 선정하는 것이 일반적이다. 가격평가는 예정된 가격 대비 제안가격을
비교하여 평가한다. 기술평가는 정해진 평가항목에 따라 평가가 이루어지는데, 미리 기술
평가 항목을 공개하기도 한다. 기술평가 항목의 예는 다음과 같다.

- 제안업체 일반평가(경영상태, 수행경험, 투입인력의 적절성)
- 추진전략(사업 이해도, 추진 전략)
- 기술 및 기능(기능요구사항, 보안 등)
- 성능 및 품질(품질 요구사항)

- 프로젝트관리(관리방법론, 일정계획)
- 기타(교육훈련, 하자보수, 기밀유지 등)

2.2.5 협상

제안평가결과, 우선협상 대상자가 정해지면, 발주자 측 담당자는 해당업체에게 이를 통보
하고, 차선협상 대상자와 탈락한 업체에게도 결과를 통보한다. 우선협상 대상자는 거의 수
주한 것으로 인식하는 경우가 많지만 간혹 협상과정에서 계약에 이르지 못하고 차선협상
대상자에게 협상의 기회가 주어지기도 한다. 협상을 통해 조정되는 내용은 다음과 같다.

- 제안가격에 대한 조정
- 수행업무 범위와 도입 솔루션 재조정
- 상세 일정에 대한 협의 및 조정
- 품질기준에 대한 조정
- 제약조건 및 가정사항 협의
- 잠재적인 위험요인 협의

2.2.6 계약

우선협상결과 조정이 마무리되면 계약체결이 이루어진다. 계약은 표준계약서와 부속문서
로 진행되는데, 부속문서 중 가장 중요한 문서가 프로젝트 수행계획서이다. 프로젝트 수행
계획서는 프로젝트를 수주한 SI업체가 작성하며, 제안서보다 훨씬 상세한 내용을 담고 있
다. 일반적으로 계약에 첨부되는 부속문서는 다음과 같다.

- 프로젝트 수행계획서
- WBS(Work Breakdown Structure)
- 수주업체 관련 증빙서류
  - 사업자등록증

— 투입인력 내역

— 각종 자격증명 등 증빙서류

2.3 프로젝트의 성공과 실패

프로젝트 실패를 판단하는 기준은 여러 가지가 있지만, 대표적으로 범위, 일정, 예산이다.
이는 발주한 갑과 수주한 을에게 모두 해당하는 의미를 가지고 있다.

[프로젝트 성공 기준]

먼저 범위는 완수해야 할 업무를 모두 수행(process)하여 약속된 결과물을 도출(product
혹은 service)하여야 하는 것을 말한다. 결과물에는 작성된 문서, 개발된 프로그램, 그리고
작동이 될 수 있도록 준비된 데이터 구조와 데이터 및 사용자 교육 등이다. 이는 살펴보았
던 소프트웨어의 정의에서 이미 소프트웨어를 구성하는 요소들이며, 작동되지 않는 소프트
웨어는 개발에 실패한 소프트웨어이다.

일정은 마지막 납기만을 의미하지는 않는다. 프로젝트를 수행하는 동안 WBS(work
breakdown structure)에서 제시한 마일스톤 들이 지켜져야 하며, 결과적으로 최종 납기도
지켜져야 한다. 마일스톤은 분석, 설계 등 중간 단계들이 완성되는 일정을 말하며, 이러한
마일스톤에 의해 다음 단계로의 정상적인 이행여부를 판단할 수 있다.

예산은 원가(cost)라고도 불리는데, 본 책에서는 예산이라는 명칭을 사용한다. 원가는 절감
할수록 좋은 것이지만 프로젝트에서는 이미 사용하기로 한 예산은 집행되어야 하며, 원가
절감이 목적은 아니다. 프로젝트를 위한 예산은 이미 결정이 되어있으며, 주어진 예산을 최
대한 활용하여 효과적으로 프로젝트를 완수해야 할 의무가 프로젝트관리자, 즉 PM에게 있
다. 프로젝트 실패의 기준은 다음과 같다.

- 범위 실패: 요구한 기능의 구현이 제대로 이루어지지 않음
- 일정 실패: 납기를 지키지 못함
- 예산 실패: 주어진 예산을 초과하여 집행함

2.3.1 범위

프로젝트에서 수행하기로 한 업무를 모두 수행했는지의 여부를 파악하는 것은 수행, 즉 "프로세스(process)" 만족이라고 하며, 완성된 소프트웨어가 요구한 모든 기능을 구현하고 있는지 여부를 파악하는 것은 결과, 즉 "프로덕트(product)" 만족이라고 한다. 프로젝트의 범위는 프로세스와 프로덕트, 모두를 만족시켜야 하며, 결과만을 만족시키면 되는 것으로 착각하기 쉽다.

- 프로세스 범위: 제품 또는 서비스 등, 결과의 도출을 위해 필요한 작업의 수행
  - 비즈니스 요구사항
  - 프로젝트관리 요구사항
  - 인도 요구사항
- 프로덕트 범위: 제품 또는 서비스의 결과를 특징짓는 형태 및 기능(features and functions)
  - 기술적 요구사항
  - 안전 요구사항
  - 성능 요구사항

프로젝트 범위를 관리하는 것은 프로젝트에 무엇이 포함되고 포함되지 않았는지를 정의하고 통제하는 것과 관련이 있다. 범위에 대한 상세한 내역은 범위기술서와 WBS에 자세하게 정의되는데, WBS에 수행되어야 할 활동(activities)과 작업(tasks)이 정의되어있고, 또한 이러한 작업의 결과로 나타나게 되는 성과물(output)이 정의되어있다. 범위기술서는 프로젝트 수행계획서에 범위부분이 될 수도 있고, 별도의 문서로 분리하여 작성되기도 한다.

2.3.2 일정

WBS의 작업이 수행해야 할 업무의 범위를 정의하기도 하지만, 언제까지 이러한 작업이 완수되어야 할지 일정을 정의하고 있기도 하다. 일정을 계획하기 위해서는 작업을 정의하고, 작업에 투입될 인력자원을 추정하며, 어느 정도의 기간이 소요될 지도 추정해야 한다. 일정 수립을 위해 도구를 활용하는 것이 필요하며, 마이크로 소프트의 MS Project, 혹은 공개소프트웨어 중에서 오픈 프로젝트(Open Project)가 흔히 활용된다.

[WBS의 예]

일정을 수립하기 위한 절차는 다음과 같다.

① 활동의 정의

② 활동의 배열

③ 활동에 투입된 인력자원 추정

④ 활동의 기간 추정

⑤ 활동 간의 선후관계 조정

⑥ 일정과 자원의 조정을 통한 시간과 노력의 절감 노력을 계획에 반영

⑦ 최종 일정의 검토 확인

2.3.3 예산

프로젝트는 주어진 예산 내에서 수행을 완료해야 한다. 프로젝트를 위한 예산 내역은 다음과 같다.

- 투입되는 자재(HW, 네트워크 자원, 프로젝트 관리도구 등)의 재료비
- 투입인력(PM, 개발자, DBA, QA 등)의 인건비
- 각종 부대비용(교육, 워크샵, 세미나, 회의비, 야근식대, 교통비 등)

프로젝트에 소요되는 예산은 이미 승인된 예산범위 내에서 집행되어야 한다. 예산은 주로 활동 완료에 필요한 자원의 비용과 관련되어 있다. 예산관리는 프로젝트에 소요되는 비용을 계획하고, 집행하며, 결과를 통제하는 것과 관련이 있다. 프로젝트 초기에 이미 예산이 편성되어있지만, 실제 집행되는 결과는 사정에 따라 다를 수 있으며, 계정항목 내에서 최대한 예산을 맞추어 집행하는 것이 필요하다. 이러한 작업은 지속적인 통제활동에 의해 적절한 관리가 이루어져야 하며, 통제활동은 다음과 같다.

- 비용지출이 승인된 한계를 초과하지 않도록 확인
- 승인된 예산 기준과 비용지출의 차이를 분석하고 모니터링
- 예상치 못한 비용의 발생에 대해 적절한 계획을 조정 및 승인
- 비용발생에 대하여 이해관계자 들간의 조율

2.4 미국 프로젝트의 실패와 원인

미국의 스탠디쉬 그룹(Standish Group)은 프로젝트 결과를 성공, 실패, 도전으로 분류한다. 성공은 범위와 일정, 예산을 모두 만족시켜 목표를 달성한 프로젝트이고, 실패는 프로젝트가 중단되었거나 산출물 납품에 실패한 프로젝트이다. 도전은 범위, 일정, 예산의 세가지 기준 중 한 두 가지 혹은 세가지 모두에는 미달하였으나, 프로젝트는 완수되었고, 산출물을 고객에게 인도하여 마무리한 프로젝트이다.

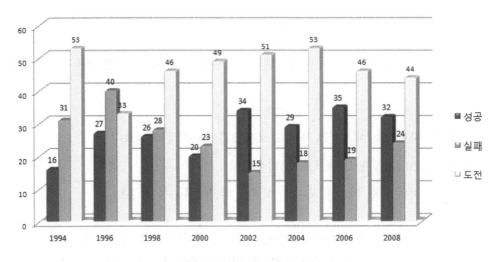

[프로젝트의 성공, 실패, 도전]

프로젝트가 실패하는 원인은 다양하다. 학자들의 원인을 찾기 위한 연구결과, 수많은 원인 중에서 대표적인 원인은 다음과 같다.

- 비현실적 혹은 비논리적 목표
- 최악으로 정의된 시스템 요구사항 명세
- 엉성한 프로젝트 관리 프로세스와 열악한 프로젝트관리
- 필요한 자원의 부정확한 예측
- 프로젝트 상태에 대한 불성실한 보고
- 프로젝트 복잡성을 다루기 위한 능력 부재
- 관리되지 않는 위험
- 고객과 개발자, 사용자 간의 불성실한 커뮤니케이션
- 성숙도가 떨어지는 기술의 사용
- 이익실현에 대한 압력
- 이해관계자 관리의 부적절
- 개인적인 갈등
- 불성실한 요구사항 추적관리 혹은 추적관리 도구의 부재

프로젝트가 실패한 원인을 "계획과 추정요인", "실행요인", "인간적 요인"으로 다시 분류하면 다음과 같다.

〈프로젝트 실패원인〉

분류	내용
계획과 추정 요인 (planning and estimation factor)	– 초기에 수립된 원가와 일정에 대한 추정이 프로젝트 진행에 따라 개선되지 않음 – 계획이 프로젝트 진척을 위한 가이드로 올바르게 사용되지 못함
실행 요인 (implementation factor)	– 프로젝트 범위의 변경 – 프로젝트 방법론의 부적절한 사용 – 주요 요구사항의 변경 – 불성실한 테스트와 검증
인간적 요인 (human factor)	– 필요한 기초기술에 대해 제대로 훈련되지 않은 프로젝트관리자 – 프로젝트관리 이론이 실무에 적용되지 않음 – 커뮤니케이션 부재

2.5 프로젝트 실패사례(덴버공항 수화물 시스템 사례)

2.5.1 사건개요

프로젝트는 실패가 많이 발생한다. 세계적으로 유명한 프로젝트 실패로는 "덴버공항 수화물 시스템(Denver Airport Baggage System)"의 사례일 것이다. 지정학적으로도 북미대륙의 가운데에 위치하고 있는 덴버시(Denver city)는 1980년대 후반, 증가하는 수하물을 최신의 기술로 처리할 수 있도록 하여 미국 항공물류의 중심이 되고자 하였다. 미국내에서 최대의 넓은 공항부지($140km^2$)에 매년 5천만명의 승객을 소화할 수 있는 능력을 갖추고자 한 것이다. 공항의 경쟁력은 단위 시간당 비행기의 이착륙 가능량에 있으며, 이를 위해 탑승객의 처리와 화물처리가 빨라야 한다. 즉, 승객의 탑승절차 간편화 및 수화물의 처리시간 최소화가 중요한 부분이 된다. 덴버시는 더 많은 양의 화물이 효율적으로 처리될 수 있도록 하기 위하여 전자동화된 수화물 관리시스템을 만들기로 한다. 즉, 승객이 수속절차를 밟고 물건을 카트에 실으면 카트가 자동으로 정해진 공항 게이트로 이동하는 시스템이다.

[천장트랙을 따라 움직이는 텔레카]

설계초안에 따르면 여행용 가방의 운반을 위해 300대의 컴퓨터와 21마일의 트랙, 그리고 4,000대의 텔레카(telecar)가 활용되는 것이었다. 텔레카는 현재 병원과 연구소 등에서 많이 활용하고 있는 운반 시스템이다. 레이저스캐너가 바코드 수화물태그를 읽게 되어있었고, 다른 추적용 스캐너가 수화물 카트의 움직임을 추적하게 되어 있었다. 이 모든 시스템 구성요소들은 적당한 속도로 정해진 시간내에 정확한 위치에 파손없이 이동하여야 한다.

 덴버공항의 설계와 구축을 맡았던 BAE(Boeing Airport Equipment Automated Systems Incorporated)는 당시 해당분야에서 세계적인 리딩기업이었다. 하지만 과거 이처럼 대규모의 수화물 시스템을 만들어 본 경험은 없었다. 그때까지의 실적으로 뮌헨공항의 수화물 시스템을 작은 규모로 설계하여 설치한 경험을 보유하고 있었다.

2.5.2 진행경과

BAE는 덴버시와 1993년 10월 31일을 시스템 오픈일로 하여 계약하였으며, 1989년 11월에 프로젝트를 시작하였다. 하지만 지속적인 요구사항의 변경(덴버시는 1991년 여름, 시스템을 전 공항으로 확대하기로 함, 1992년 8월 유나이티드 에어라인은 화물운송방법을 변경하여 오버사이즈 화물을 처리할 수 있도록 요구)에 의해 1993년 2월에 오픈일자를 1993년 12월 19일로 한차례 연기한다. 이후 1993년 9월이 되자 1994년 5월 9일로 다시 오픈일자를 2차 연기하게된다. 이후에도 여러 번의 일정을 연기한 결과 1995년 2월 28일 드디어 시스템을 오픈하게 되었다. 하지만 결과는 참담하였다. 수화물 가방은 주인을 잃게되고, 일부는 파손되었으며, 엉뚱한 곳으로 운반되는 것이 많았다.

덴버공항은 16개월의 개항 연기로 인하여 하루에 약 100만달러씩의 손해가 발생하였으며,

전체 규모로는 약 5억달러의 손실을 초래한 것으로 집계되었다. 시스템오픈 이후에도 안정적인 유지보수가 되지 않아서 결국 해당 시스템은 2005년 8월 폐기되고 모든 처리는 수작업으로 전환되었다. 당시 유지보수 비용은 한달에 약 100만달러가 소요되고 있었다.

2.5.3 실패원인 분석

덴버공항 실패사례는 여러 학교나 기업에서 지금도 학습용으로, 혹은 컨설팅을 위한 사례연구로 활용되고 있다. 프로젝트 실패의 원인에 대한 연구에서 많은 시사점을 얻을 수 있는데, 덴버공항의 실패사례는 대체로 그 원인을 다음과 같이 나누어 볼 수 있다.

[록키산맥을 배경으로 한 덴버공항]

■ 잦은 요구사항의 변경

지속적인 항공사(컨티넨탈 에어라인, 유나이티드 에어라인 등)의 요구사항 변경으로 초기용량보다 더 많은 전원 공급이 필요하였으나, 전원시설 구축에는 예상보다 시간이 많이 걸렸고 전원공급도 제때에 이루어지지 않았다. 초기보다 더 많은 용량의 처리에 모터의 과부하와 기계상의 장애로 인하여 더 많은 장애가 유발되었다. 광센서는 바코드를 제대로 해독하지 못하여 수화물이 정확한 장소로 이동되지 않았으며, 추적에도 어려움을 겪었다.

■ 일정부족

BAE는 의욕적으로 프로젝트를 단기간에 완성하려고 하였으나, 예상보다 많은 시간이 소요되었다. 프로젝트 진행 중 요구사항의 변경은 일정을 더욱 부족하게 만들었다.

■ 의사소통 문제

덴버공항은 프로젝트 초기 수화물처리에 대한 항공사와의 협의에서 비행기에서 수화물처리장소까지의 운반은 항공사가 책임을 지는 것으로 생각하였다. 하지만 항공사는 덴버공항에서 이를 모두 처리하는 것으로 생각하고 있었으며, 서로 합의하는데 시간이 많이 걸렸다.

■ 기타 문제

그외에도 수많은 원인이 나열되고 있다. 프로젝트 진행 중, 중요한 역할을 맡았던 엔지니어가 사망하는 사건도 있었으며, 다양한 크기와 모양의 화물 처리를 제대로 예상하지 못한 부분도 있다.

프레데릭 브룩스(Frederick Phillips. Brooks, Jr : 1931 ~)   Reference

프레데릭 브룩스는 미국 노스케롤라이나 더함(Durham, NC)에서 태어나서 그린빌(Greenville)에서 자랐다. 듀크대학교에서 물리학을 전공하였으며, 1956년에 하버드대학교에서 응용수학으로 박사학위를 받았다. 학위 취득 이후 IBM에 입사하여 IBM 7030(Stretch Computer로 알려짐)의 개발에 참여하여 그의 동료 듀라 스위니(Dura Sweene)와 함께 인터럽트 시스템(interrupt system: 끼어들기의 원인이 내부적이든 외부적이든 이에 자동적으로 즉시 반응하는 시스템)을 개발하였다. 이후 IBM System/360계열의 컴퓨터와 OS/360을 개발하는 프로젝트 매니저로 일했으며, 이 컴퓨터 개발의 업적을 인정받아 그의 동료인 밥 에번스(Bob Evans)와 에리히 브록(Erich Bloch)과 함께 국가기술메달(National Medal of Technology)을 수여받았다. 이 시절에 그는 "컴퓨터 아키텍쳐(computer Architecture)"라는 말을 만들었으며, 컴퓨터의 기본적인 주소체계에 처음으로 8비트(bit)를 적용하였다. 이후 알파벳의 대소문자를 포함한 character set을 완성하였고, 이후 모든 컴퓨터에서 이를 기본으로 받아들였다.

그는 "맨-먼쓰 신화(The Mythical Man-Month)"라는 글에서 "지연되는 소프트웨어 프로젝트에 인력을 추가하는 것은 더 일을 느리게 할 뿐이다"라는 유명한 말을 했다. 이는 이후 브룩스의 법칙(Brooks' Law)으로 알려지게 되었다. 그는 또한 1997년에 *No Silver Bullet : Essence and Accidents of Software Engineering.*"이라는 논문을 통해 컴퓨터 아키텍쳐의 개념과 진화에 대한 주요 연구결과를 발표하였다.

브룩스는 노스캐롤라이나 대학교(University of North Carolina at Chapel Hill)에 1964년도에 컴퓨터과학과를 개설한 이후 20년간 학과장을 역임하였다. 이후에도 대학교의 학과에서 가상현실(virtual reality)과 과학적인 시각화(scientific visualization)에 대한 연구를 계속하고 있다.

그는 튜링상(Turring Award)를 비롯하여 헤아리기 힘든 수많은 상을 받았으며, 국가과학위원회, 국방과학위원회 등에 위원으로 활동하였다. 2010년 와이어드 매거진(Wired Magazine)이라는 잡지사와의 인터뷰에서 그는 이러한 질문을 받았다. "당신의 기술적인 업적은 무엇이라고 생각하십니까?". 이에 대하여 그는 "나의 가장 중요한 결정은 IBM360컴퓨터를 6bit에서 8bit로 변경한 것입니다. 그래서 소문자 표현이 가능하게 되었으며 이후 모든 곳으로 전파되었습니다"라고 답했다.

브룩스는 세아이의 아버지이며, 9명의 손자를 두고 있다. 그는 독실한 카톨릭 신자이며, 25년이상 성인반 일요학교(Sunday School)에서 사람들을 계속 가르치고 있다.

[강연 중인 브룩스]

■ 맨-먼쓰 신화(The Mythical Man-Month)

브룩스가 쓴 책의 제목이며, 정확한 명칭은 "The Mythical Man-Month : Essays on Software Engineering"이다. 내용은 소프트웨어 공학과 프로젝트 관리에 관한 것이며, IBM에서의 시스템 개발경험에 기반하고 있다.

이 책은 소프트웨어 공학의 바이블로 알려져 있으며, 소프트웨어 공학의 인간적인 측면을 다룬 고전이다. 1975년도에 초판이 출간된 이후 1982년 재출판되었고, 1995년에 4개의 특별 영역이 추가된 10주년 기념판이 출판되었다.

브룩스는 지연되는 프로젝트에 추가적인 인력을 투입할 경우 일정지연이 더 심화된다라는 주장하며, 그 이유는 추가인력의 학습에 필요한 시간과, 추가인력과 기존 인력간의 커뮤니케이션을 위한 채널 수가 증가하기 때문임을 강조하고 있다. 그리고 인력추가 전의 업무량보다 인력추가 이후 업무량이 훨씬 증가하게 되는데, 이는 버그가 더 많이 발생하여 처리해야 할 일이 늘어나게 된다는 것이다. 그는 예로서 한명의 여성이 임신하여 애를 낳는 기간이 9개월이면 9명의 여성이 한달 만에 애를 생산해 낼 수 있는가 라고 반문한다. 아기를 생산하는 과정은 동시에 이루어질 수 없는 sequential 작업이며, 9명의 여성이 동시에 애를 가지려고 한다면 결국 9개월 뒤에 9명의 애가 탄생하는 결과를 초래한다는 것이다.

■ No Silver Bullet

브룩스에 의해 1986년에 쓰여진 소프트웨어 공학에 대한 논문의 제목이며, 원제목은 "No Silver Bullet - Essence and Accidents of Software Engineering"이다. 본 논문에서 브룩스는 "기술이든 관리기법이든, 단번에 생산성과 신뢰성, 단순성을 획기적으로 개선시키는 개발방법은 없다"라고 주장했다. 그는 "우리는 2년동안 2배의 생산성도 기대할 수 없었다"라고 소프트웨어 개발에 대하여 말했다. 그는 돌발적인 복잡성(accidental complexity)과 본질적인 복잡성 (essential complexity)을 구분하여 소프트웨어 엔지니어가 수행해야 하는 것은 본질적인 업무이며 돌발적인 활동은 극도로 줄여서 ZERO에 근접하도록 없애야 한다라고 주장하였다. 또한 브룩스는 어떠한 경우에도 은총알(silver bullet : 한방에 끝장을 낼수 있는 획기적인 묘책이라는 뜻)은 없으며, 본질적인 복잡성을 공격하는 혁신의 연속만이 중요한 개선을 이끌어 낸다라고 믿었다. 여기서 돌발적인 복잡성이란 우리 스스로 만들어낸, 해결될 수 있는 문제를 말하며, 배치프로세싱에 기인하여 지연이 발생하거나 어셈블리 코드를 최적화하는 것 등을 말한다. 본질적인 복잡성은 해결되어야 할 문제에 기인한 것으로 어떠한 것으로도 제거할 수 없는 것인데, 사용자가 30가지의 다른 동작을 수행하는 프로그램을 원한다면 바로 30가지 다른 동작이 제거할 수 없는 본질적인 것이다. 가령 고수준의 프로그래밍 언어를 발명하는 것이 돌발적인 복잡성을 줄이는 데에 있어서 중요한 개선을 달성하는 것이다. 하지만 본질적인 복잡도는 대폭 완화될 수 없기 때문에 소프트웨어 개발 생산성을 높이는 정도에는 한계가 있다는 것이다. 객체 지향이나 재사용 등은 이런 본질적인 복잡성을 줄이지 못하는 "실패한 은총알"이라 주장했다.

브룩스는 "good" 설계자와 "great"설계자간에는 큰 차이가 있으며, 프로그래밍을 창의적 과정으로 보았다. 일반적인 설계자와 위대한 설계자 간에는 10배의 생산성 차이가 있으며, 스타 경영자처럼 스타 설계자도 적절한 자격을 인정해주어야 하며, 일반적인 설계자와 동일하게 취급하면 안된다라고 주장하였다. 또한 연봉에서 뿐만 아니라 비금전적 혜택에 있어서도 사무환경과 여행경비처리 등에 있어서 높은 지위를 인정할 것을 제시하였다.

연습문제

(○,✕)

1. 프로젝트 성공기준은 범위, 일정, 예산이다.

> 정답 ○
> 해설 범위, 일정, 예산 중 하나라도 만족하지 못한 프로젝트는 성공한 것이 아니다.

4지선다

2. 프로젝트 성공을 판단하기 위한 기준이 아닌 것은 무엇일까요?

① 품질   ② 일정
③ 범위   ④ 예산

> 정답 ①
> 해설 품질은 프로젝트 핵심 3요소가 달성된 이후 고객의 만족 등을 통해 달성될 수 있습니다.

서술형

3. 대형 프로젝트의 경우 계약을 위한 단계는 어떻게 될까요?

> 정답 프로젝트 입안, 발주, 제안, 평가, 협상, 계약입니다.
> 해설 갑과 을이 계약을 위한 단계는 먼저 갑의 입안과 발주, 을의 제안과 평가, 그리고 갑과 을의 협상에 의해 최종 계약을 하게 됩니다.

팀 프로젝트 실습

■ 프로젝트 계획서 작성

해외여행을 간다거나 부모님의 생일 이벤트를 위해서라도 계획은 필요하다. 소프트웨어 개발을 위한 계획은 더 많은 사람들이 관련이 되어있고, 성과와도 밀접한 관련이 있기 때문에 더욱 필요하다. 이번 학기동안 소프트웨어를 개발하는 프로젝트를 수행하기 위한 계획은 다음의 내용을 포함하여 작성하는 것이 좋다.

■ **프로젝트 계획서의 내용**
- **프로젝트 개요**
  - 프로젝트명
  - 기간
  - 목적
  - 기대효과

- **범위**
  - 소프트웨어의 개발범위
  - 산출물 목록

- **구축환경**
  - 개발된 시스템과 관련된 SW, HW, DB등의 정의
    (아직 잘 모를 경우, PC 혹은 스마트폰으로 정의)

- **프로젝트 추진체계**
  - 팀 조직과 구성원
  - 각각의 역할 명시

- **프로젝트 관리방안**
  - 관리에 활용할 도구
    (네이버카페, 카카오톡 등 의사소통 도구 포함)
  - 의사소통 방안
  - 산출물의 저장 및 공유방안

팀 프로젝트 실습

프로젝트 계획서는 실무적으로도 매우 중요한 가치를 가진다. 프로젝트를 수행하기 위한 계약을 체결하는 경우, 계약의 가장 중요한 근거문서이며 실제적인 업무의 수행내역을 담고있다. 보통 제안서와 수행계획서를 혼동하는 경우가 많은데, 제안서는 제안을 한 것일 뿐이며 실제 계약의 상세내역은 아니다. 제안에 따른 협상결과 실제 업무수행을 어느 범위에서 어떤 과정으로 수행할 것인지 최종 합의한 것이 프로젝트 수행계획서이다. 실습을 위한 프로젝트 계획서는 향후 실무적으로 작성하거나 계약을 추진하기 위한 연습이며, 충분히 잘 작성하려고 노력할수록 더 좋은 결과를 얻을 수 있다.

현장에서 작성된 프로젝트 수행계획서는 협상과정에서 여러 번 수정이 되며, 최종적으로 계약을 위한 서명날인이 되면 더 이상 수정할 수 없다. 만약 부득이하게 수정을 해야 한다면 복잡한 절차를 거쳐 새롭게 계약당사자와 재협상하여 합의를 해야 하는 어려운 과정이 필요하다. 우리나라의 경우 이러한 과정이 너무 어렵기 때문에 '수정이 불가하다'로 말하는 경우가 많다.

여러분들이 작성하는 초기 프로젝트 계획서는 아직 계약된 것이 아니며, 차후 수정이 가능하고 제출한 계획서는 초안으로 생각하면 되겠다. 하지만 시간이 지날수록 변경은 쉽지 않다. 이유는 계약의 문제가 아니라 늦은 변경은 지금까지 진행된 많은 할일을 다 수정해서 버전을 맞추어야 하는 많은 작업들을 만들어내는 원인이 되기 때문이다.

참고문헌

- 고석하, "소프트웨어 프로젝트 관리", 생능출판, 2014
- "A Guide to the Project Management Body of Knowledge(PMBOK), 3rd edition", Project Management Institute, Inc., 2004
- Standish Group, CHAOS Report, http://blog.standishgroup.com/, 2009
- Attarzadeh, I., Ow, S.H., "Project Management Practices: Success versus Failure", Information Technology, 2008. IT Sim 2008. International Symposium, 26-28. Aug., Vol.1, 2008, pp.1-8.
- 위키피디아 : http://www.gap-system.org/~history/Biographies/Dijkstra.html
- 한글위키피디아 :http://ko.wikipedia.org/wiki/%EC%84%B8%EB%A7%88%ED%8F%AC%EC%96%B4
- http://www.gap-system.org/~history/Biographies/Dijkstra.html
- http://en.wikipedia.org/wiki/Dining_philosophers_problem
- 네이버지식사전 : http://terms.naver.com/entry.nhn?docId=32035
- 박지훈 저, "누가 소프트웨어의 심장을 만들었는가", 2005년 출간

[사진출처]

- http://www.google.co.kr/imgres?imgurl=http://www.seas.harvard.edu/news-events/publications/images/Fred-Brooks.jpg/image_large&imgrefurl=http://www.seas.harvard.edu/news-events/publications/qa/fred-brooks&h=408&w=754&sz=71&tbnid=RgJdTEt8MqVjlM:&tbnh=77&tbnw=142&prev=/search%3Fq%3DFrederick%2BBrooks%26tbm%3Disch%26tbo%3Du&zoom=1&q=Frederick+Brooks&hl=ko&usg=__FPDZRj9zLZzOLLiLnLguGnABrEl=&sa=X&ei=b3XyTvO9Bq2QiAegw-m7AQ&ved=0CC0Q9QEwBg
- http://en.wikipedia.org/wiki/File:Fred_Brooks.jpg
- http://www.google.co.kr/imgres?imgurl=http://www-03.ibm.com/ibm/history/exhibits/builders/images/5406FXB.jpg&imgrefurl=http://www-03.ibm.com/ibm/history/exhibits/builders/builders_brooksjr.html&h=541&w=443&sz=62&tbnid=YiBj6eLJnp58nM:&tbnh=132&tbnw=108&prev=/search%3Fq%3DFrederick%2BBrooks%26tbm%3Disch%26tbo%3Du&zoom=1&q=Frederick+Brooks&hl=ko&usg=__r6mXBYNJmL3asQXzeE3zOQWr_RQ=&sa=X&ei=b3XyTvO9Bq2QiAegw-m7AQ&ved=0CCcQ9QEwAw
- http://www.google.co.kr/imgres?imgurl=http://www.nndb.com/people/991/000029904/fredbrooks02.jpg&imgrefurl=http://www.nndb.com/people/991/000029904/&h=245&w=193&sz=21&tbnid=4dYNCizyZlilpM:&tbnh=110&tbnw=87&prev=/search%3Fq%3DFrederick%2BBrooks%26tbm%3Disch%26tbo%3Du&zoom=1&q=Frederick+Brooks&hl=ko&usg=__sEi8omHst7W37zGvnzv7rumfUB4=&sa=X&ei=b3XyTvO9Bq2QiAegw-m7AQ&ved=0CC8Q9QEwBw
- https://www.youtube.com/watch?v=B8qwivRA8mU

CHAPTER **3**

프로젝트 관리

3.1 프로젝트 관리는 뭔가요?

프로젝트를 잘 수행하기 위해서는 관리가 필요하다. 프로젝트가 유일한 제품이나 서비스를 만드는 활동과정이라면, 프로젝트 관리는 이를 어떻게 수행하는 것이 성공의 가능성을 높일 것인가를 고민하고 수행하는 것이다. PMBOK에 의하면 프로젝트 관리는 다음과 같이 정의하고 있다.

> 프로젝트의 요구사항을 만족시키기 위하여 지식, 스킬, 도구 및 기법을 프로젝트 활동에 적용하는 것이다.
> "The application of knowledge, skills, tools and techniques to project activities to meet project requirements"

소프트웨어 개발 프로젝트는 실패의 확률이 높으며, 실패를 방지하기 위해서는 철저한 관리가 필요하다. 프로젝트관리는 체계적인 절차에 의한 프로젝트 진행을 통해 실패의 가능성을 줄인다. 그리고 정해진 절차에 의해 원활한 의사소통과 생산성 증대효과를 가져온다. 소프트웨어 개발 프로젝트는 아무리 철저한 관리를 해도 여전히 실패의 가능성이 존재한다. 하지만 프로젝트 실패의 가능성은 프로젝트관리방법 중 위험관리를 통해 근본적인 원인을 분석하고 예방노력을 경주하여 완화시킬 수 있다. 프로젝트를 제대로 수행하기 위해서는 다양한 지식영역이 필요하며, 특히 PMBOK에서는 8대 관리영역과 통합관리를 제시하고 있다. 프로젝트관리는 단계적인 접근을 필요로 하며, PMBOK는 프로젝트관리를 착수(Initiating), 계획(Planning), 실행(Executing), 종료(closing)의 4단계와 전체 단계를 감시/통제(Monitoring and Control)하도록 하고 있다.

[프로젝트관리 단계]

3.2 프로젝트관리의 단계

3.2.1 착수 단계

착수 단계는 새로운 프로젝트를 시작하기 위해 공식적으로 승인을 받기 위한 프로세스로 구성된다. 착수 단계에서 우선적으로 프로젝트의 목적과 목표를 식별하고 그 다음으로 프로젝트 관리자에게 권한을 부여한다. 앞서 살펴본 바와 같이 소프트웨어 개발 프로젝트를 발주하거나 내부적으로 개발(인하우스 개발)하기 위한 단계도 먼저 착수단계에서 의사결정이 필요하며, 프로젝트관리자(PM)의 선임도 필요하다. 착수와 계획단계는 현실적으로 대형 프로젝트를 외부에 발주하는 경우와 인하우스 개발의 경우가 동일하지 않으며, 단계를 잘라내기도 모호하다. 아래의 그림은 앞에서 살펴본 SI방식의 소프트웨어 개발 프로젝트의 추진절차를 착수와 계획단계에 대비시켜 본 것이다.

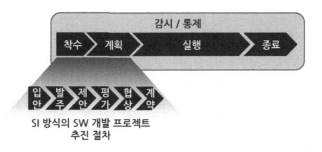

[프로젝트관리 착수와 계획단계 추진절차]

착수 단계에서 도출되어야 하는 가장 중요한 산출물은 프로젝트 헌장(project charter)이며, 이는 발주를 위한 품의서와 유사하다고 볼 수 있다. 품의서의 첨부문서로 프로젝트에 대한 개요와 필요한 예산과 일정 등, 전체 프로젝트의 내용을 문서화할 것이며, 이를 근거로 RFP가 만들어지거나 내부 프로젝트 예산을 확보하게 된다.

3.2.2 계획 단계

착수에서 프로젝트 관리자가 정해지고, 예산을 승인 받으면 가장 먼저 프로젝트 수행계획서를 작성하게 된다. 이는 계획단계의 가장 중요한 산출물이며, 외부 SI업체를 통해 프로젝트를 진행할 경우 수행업체의 프로젝트 관리자가 프로젝트 수행계획서를 작성하여 계약을 하게 된다. 프로젝트 수행계획서는 상세한 내역을 담고 있어야 하며, WBS에 의해 구체적인 수행업무, 일정, 투입인력자원 등이 나타나야 한다.

프로젝트 수행계획서에는 프로젝트에 대한 추가적인 정보를 수집하여 위험요소, 가정 및 제약사항 등에 대한 관리까지 포함되어야 한다. 프로젝트 계획 수립 시 위험요소의 발굴과 선행조건으로 가정 및 제약사항을 파악하기 위해 프로젝트에 관련된 이해관계자를 식별하고 이들을 계획수립에 참여시켜 충실한 계획이 수립되도록 해야 한다. 이해관계자들은 기술적인 문제에 대한 지식뿐만 아니라 정치적인 문제에 대한 경험과 지식도 보유하고 있으며, 이들의 의견은 프로젝트 관리자가 향후 실행 단계에서 관리될 필요가 있는 각종 위험요소에 대하여 미리 대비할 수 있도록 한다.

3.2.3 실행 단계

프로젝트 관리의 실행단계는 소프트웨어 분석과 설계, 구현, 테스트를 위한 실질적인 개발과정을 수행하는 단계에 해당한다. 즉, 프로젝트의 관리적인 측면을 포함하여 실제 소프트웨어 개발을 위한 요구사항의 분석부터 시작되는 단계가 프로젝트관리의 실행단계인 것이다. 하지만 소프트웨어 개발과정은 프로젝트 관리 측면에서 관리업무와 감시/통제 업무도 적용을 받게 된다.

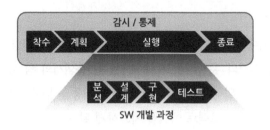

[프로젝트관리 실행단계]

소프트웨어 개발과정은 이미 프로젝트 관리적인 측면에서 예산과 기간의 산정 및 구현되어야 할 업무범위가 정해진 상황에서 분석과정을 진행하는 것으로 보는 것이 적절하다. 프로젝트 관리관점에서 보기에도 분석, 설계, 구현 및 테스트 등도 각각의 단계로 볼 수 있다. 소프트웨어 개발과정은 다음과 같다.

- 분석(analysis): 요구사항을 분석하여 명세서로 작성함
- 설계(design): 데이터구조, 프로세스, UI(User Interface)를 설계함
- 구현(construction): 소스코드를 개발하고, 단위테스트를 수행함
- 테스트(test): 통합테스트, 시스템 테스트, 인수 테스트를 수행함

프로젝트 관리를 위한 실행 단계의 업무는 계획에서 정의된 활동 및 작업을 실제 수행하면서 계획대비 실행결과를 비교 분석하여 모든 일이 계획에 따라 차질 없이 진행되도록 하는 것이다. 소프트웨어 개발 프로젝트가 원래 일정보다 빨리 끝나는 경우는 거의 없으며, 일정보다 빨리 작업이 완료되었다면 오히려 원인을 파악해볼 필요가 있다. 실행 단계에서는 업무수행 과정에서 투입인력을 조정하고 변경사항이 발생하면 조치를 취하는 등의 업무가 진행된다. 위험에 대한 지속적인 모니터링과 대응조치 등도 실행 단계의 주요한 일이다.

3.2.4 종료 단계

프로젝트 관리를 위한 모든 업무를 공식적으로 종결시키는 단계이며, 완성된 제품이나 서비스를 고객에게 인도하고 행정적으로 완료하는 단계이다. 프로젝트 종료를 공식화 한다는 것은 더 이상 남은 일이 없고, 모든 대금지급과 관련된 업무의 종결, 투입된 인력의 평가가 마무리 되었음을 의미한다.

3.2.5 감시/통제

착수부터 종료까지 모든 프로젝트의 단계를 아우르게 되어있기 때문에 감시/통제 활동을 별도의 단계로 보기는 어려움이 있다. 즉, 시간적인 끊어짐이 없이 프로젝트 시작부터 끝까지 프로젝트는 항상 감시와 통제하에 있어야 한다는 것이다.

감시와 통제활동은 프로젝트 성과를 정기적으로 관찰하고 계획대비 실행의 차이를 분석하며, 필요한 조치를 취하는 등의 일을 수행한다. 문제의 발생가능성에 대하여 예방조치를 취하는 일도 포함하는데, 이러한 일은 위험관리라는 영역으로 별도 분리하여 다루기도 한다.

3.3 프로젝트 8대 관리영역

[프로젝트관리 8대 관리영역]

PMBOK에 의하면 프로젝트 관리를 8가지 영역으로 분류하고 있다. 즉, 프로젝트 관리를 위한 지식을 8가지로 분리한 것인데, 이러한 지식영역의 분리도 전체적으로 통합되어야 함을 강조한다. 가령 범위관리측면에서 수행해야 할 범위가 증가하게 되면 이는 일정의 지연 가능성과 추가적인 예산의 필요성이 제기되는 것이며, 프로젝트 실패의 위험이 상승하게 된다. 이러한 연관성이 통합관리에 의해 함께 고려되어야 하는 것이다.

3.3.1 범위 관리

프로젝트 수행을 위해 무엇이 포함되고 또 무엇이 포함되지 않았는가를 정의하는 활동이다. 프로젝트의 범위를 정의하고 계획하며, 작업을 분류하여 체계화하는 등의 업무를 수행하는 일을 포함한다. 프로젝트를 수행하는 범위는 "프로세스(process) 측면"과 "제품(product) 혹은 서비스(service) 측면"으로 나누어 살펴볼 수 있다.

- 프로세스 측면: 제품 혹은 서비스의 결과를 인도하기 위하여 수행되어야 할 작업
- 제품 혹은 서비스 측면: 결과를 특징짓는 기능 혹은 형태

3.3.2 일정 관리

프로젝트를 적시(right time)에 완료하기 위한 방법과 기법을 활용하여 관리하는 활동을 말한다. 적시라는 것은 가장 적절한 시기를 뜻하며, 너무 빨라도 너무 늦지도 않은 것을 의미한다. 일정관리는 수행해야 할 작업을 정의하고, 순서를 배열하며, 작업 별 인력자원을 산정하여, 기간을 추정하는 등의 활동과 전체 일정을 계획 대비 통제하는 등의 활동을 포함한다. 일정은 단계(phase)와 활동(activities), 그리고 작업(tasks)의 순서로 계층적인 계획수립을 필요로 한다. 일정의 개발은 바로 단계, 활동, 작업을 계층적으로 분류하여 전체 작업이 원활하게 진행될 수 있도록 하는 것이다. 계층적인 작업분류에 의한 일정개발의 결과는 WBS라는 산출물과 간트 차트(Gantt Chart)로 도출된다.

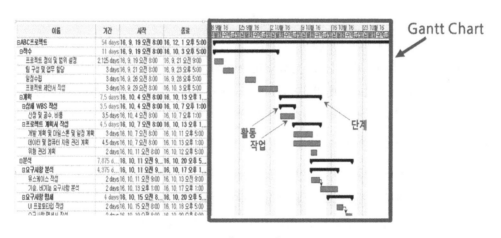

[간트 차트]

프로젝트 일정을 관리하기 위한 기법에는 일정을 개발하고 통제하기 위한 기준을 설정하는 베이스라인(baseline), 간트차트(Gantt Chart), PERT/CPM(Program Evaluation and Review Technique / Critical Path Method), 진척율 계산 등이 있다. 아래의 그림은 PERT/CPM의 예이다.

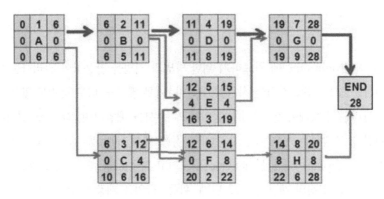

[PERT/CMP의 예]

3.3.3 예산 관리

승인된 예산범위 내에서(on budget) 프로젝트를 완료할 수 있도록 통제하는 활동이다. 예산관리는 자원을 계획하고, 비용을 산정하며, 예산의 적절한 집행과 통제 등의 활동을 포함한다. 예산관리는 PMBOK에 의하면 cost management로 되어있으며, 국내에 출판된 프로젝트관리와 관련된 책에서는 원가관리라고 번역되어있기도 하다. 하지만 본 책에서는 예산관리라는 용어를 사용하고자 한다.

프로젝트에 소요되는 각종 예산은 이미 프로젝트 착수 시점에 결정이 되어있는 경우가 많으며, 계획 단계에서 구체적으로 어떤 비용항목에 예산이 배정되고 집행될 것인지 정의된다. 프로젝트는 계획대비 실적의 분석을 통해 주어진 예산 범위 내에서 관리되어야 한다. 하지만 프로젝트 상황에 따라 예산을 계획대로 집행하기는 쉽지 않으며, 철저한 통제를 필요로 한다.

3.3.4 품질 관리

프로젝트 수행목적을 달성하기 위하여 품질정책, 목표 및 책임을 결정하는 활동이다. 품질에 대한 기준을 정의하고, 계획하며, 품질을 어떻게 보증하며 관리할 것인지에 대한 활동을 포함한다. 품질은 고객의 관점에서 결정되어야 한다. 즉, 프로젝트가 수행하기로 약속한 것을 고객에게 보장하고(요구사항의 부합성), 제품이나 서비스가 실제 고객의 필요를 충족(사용적합성)하여야 한다.

프로젝트에 의해 수행한 결과가 품질이 좋지 못하게 되면, 추가적인 비용이 발생하게 되며, 이를 품질비용이라고 한다. 품질비용은 완전하지 못한 제품의 생산에 기인하는 모든 비용을 의미하며, 다음과 같이 분류할 수 있다.

〈품질비용 분류〉

품질비용		내용
통제 비용	예방비용	− 불량을 사전에 방지하기 위한 활동에 소요되는 비용 − 품질계획, 설계의 검토, 품질교육 및 훈련 등
	평가비용	− 제품이 고객에게 인도되기 전에 불량의 발생여부를 확인하거나 불량을 제거하기 위한 평가나 검사에 소요되는 비용 − 공정검사, 프로그램 테스트, 품질조직의 운영비용
실패 비용	내부실패비용	− 완성되었으나 품질 요건을 충족시키지 못하는 제품을 고객에게 인도하기 전에 결함을 교정하거나 처분하기 위한 비용 − 재검사, 실패분석, 수정 및 개선
	외부실패비용	− 제품이 고객에게 인도된 이후 품질결함으로 만족스럽지 못할 때 발생하는 비용 − 반품, 소비자 불만, 손실된 비즈니스 기회에 관한 비용

3.3.5 인력 관리

프로젝트는 역할과 책임을 맡은 구성원이 수행하는 것이며, 프로젝트 팀을 구성하여 조직화하는 과정에서 역할과 책임을 나누게 된다. 인력관리는 조직을 계획하고, 인력자원을 획득하며, 프로젝트 팀을 구성하여 관리하는 활동을 포함한다.

프로젝트를 성공적으로 수행하기 위해서는 모든 구성원의 프로젝트 참여의식을 높이고 적극적인 의사결정 체계를 만드는 것이 중요하며, 이는 프로젝트 관리자의 리더십을 필요로 한다.

프로젝트 구성원의 역할과 책임을 정하는 과정에서 직무를 설계할 필요가 있다. 직무설계는 조직 구성원들이 맡아서 처리해야 할 일을 구체화하는 과정으로 정의할 수 있는데, 프로젝트 구성원들 중에서 누가, 무슨 일을, 언제, 어떻게, 왜 해야 하는지를 결정한다. 이러한 결정과정에서 프로젝트관리자는 원활하게 업무가 수행될 수 있는 최선의 방법을 찾아야 하며, 때로는 설득과 협상을 통해 구성원 각자의 어려움을 해결해 주어야 한다.

인력관리에는 교육과 훈련을 통한 인적자원의 개발이 포함된다. 그리고 프로젝트 구성원들이 의욕적으로 업무를 수행할 수 있도록 하는 동기부여도 포함된다. 프로젝트의 수행은 운영업무와 달리 주어진 임무를 예정된 시간 내에 완수해야 하기 때문에 쉽지 않다. 과도한 스트레스는 구성원간의 갈등이 발생하는 원인이 되기도 한다. 프로젝트의 성공에 따른 적절한 보상을 약속하는 유인책이나 승진기회 등을 마련하는 것도 구성원간의 갈등을 완화시킬 수 있는 방법이 될 수 있다.

3.3.6 의사소통 관리

프로젝트 이해관계자들에게 다양한 의사소통 채널을 만들고, 적시에 정확한 정보가 생성, 수집, 배포, 저장, 폐기될 수 있도록 보장하는 활동이 의사소통 관리이다. 일일 보고, 주간 보고, 월간보고, 중간보고, 완료보고 등 모든 정기적인 보고활동과 수시로 이루어지는 상황보고 등의 비정기적 보고활동이 의사소통 관리업무에 포함된다. 보고활동과 같은 공식적인 의사소통 이외에도 비공식적은 의사소통으로 식사와 함께 이루어지는 대화, 과외활동을 통한 만남의 기회 등이 필요하다. 공식적인 의사소통과 비공식적인 의사소통을 모두 적절히 활용하여 오해와 불신을 해소하고 활달한 프로젝트 진행을 위한 노력이 프로젝트 관리자의 중요한 임무이다. 효과적인 의사소통은 다음과 같은 태도를 통해 달성될 수 있다.

- 적극적이고 효과적으로 경청하기
- 아이디어와 상황에 대해 질문하고 확인하기
- 기대를 설정하고 관리하기
- 설득력이 있게 말하기
- 협상을 통한 합의와 신뢰를 지키기
- 선입관을 갖지 않는 대화

의사소통을 위한 형태는 다양하며, 조직의 형태와 문화에 따라 적절한 형태를 구성할 수 있다.

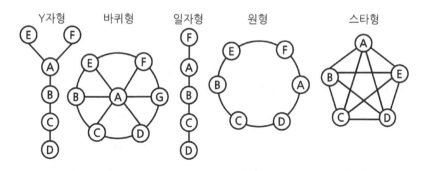

[의사소통 형태]

- Y자형: 서로 다른 집단에 속한 사람들 간의 의사소통에 조정 역할 필요 시

- 바퀴형: 리더에 의해 모든 정보의 전달이 이루어지는 형태로 리더에게 정보가 집중됨. 구
  성원들간의 정보공유가 결여되는 단점

- 일자형: 팀 내의 서열이나 직급체계에 따라 의사소통이 이루어 짐. 수직적인 경로를 통해
  정보가 전달되고, 상명하달 식의 체계가 명확함

- 원형: 팀 구성원이 서로 동일한 입장에서 의사소통 함. 권력의 집중도 없고, 지위고하도
  없음. 위원회 조직에서 많이 발생함

- 스타형: 팀 구성원이 자유롭게 소통하는 형태이며, 창의적이고 참신한 아이디어 산출이
  가능. 비공식적 조직에서 많이 발생함

3.3.7 조달 관리

프로젝트 수행에 필요한 제품 혹은 서비스를 외부에서 구매하거나 획득하여 공급하는 업무
를 말한다. 필요한 자원의 획득 계획, 공급자 유치 및 선정, 계약 관리 및 종료 등의 활동을
포함한다. PMBOK에서는 procurement management라고 되어있기 때문에, 흔히 프로젝
트관리에 대한 책에서 구매관리로 번역이 되어있지만, 구매를 하지 않아도 적절한 자원을
공급할 수 있기 때문에 본 책에서는 조달 관리라고 한다. 조달을 위한 방법은 다음과 같다.

- 내부생산: 자체 조직에서 스스로 생산하여 공급함
- 무상취득: 공급자로부터 무상으로 제공받음
- 외부에서 구매: 금전적으로 지불하고 취득(가장 일반적인 방법)

3.3.8 위험 관리

프로젝트에 대한 위험을 발견 및 분석하여 대응 계획을 수립하고 수시로 감시 및 통제하는 업무를 말한다. 위험관리는 위험 식별, 정성적 및 정량적 위험의 분석, 위험에 대한 대응계획 수립, 위험에 대한 지속적인 감시와 통제 등의 활동을 포함한다.

위험은 항상 도처에 존재하며, 수행하고자 하는 프로젝트와 관련하여 고려되어야 할 필요가 있는 위험을 식별하고 분석하는 것이 필요하다. 이를 위해서는 위험에 대한 정량적인 분석이 필요한데, 개별적인 위험자체를 브레인스토밍 등의 활동을 통해 식별하고, 식별된 위험의 발생가능성과 영향도를 파악하여 심각한 수준을 계량적으로 분석한다. 이를 심각도라고 하며, 심각도가 높은 것을 우선적으로 선택하여 대응계획을 수립 및 상시 모니터링하게 된다.

- 심각도 = 발생가능성 × 영향도

발생가능성과 영향도는 유사 프로젝트를 수행한 경험이 있거나, 전문가를 통해 계량적인 수치에 대한 추정치를 기록하여 계산하게 되며, 결과적으로 심각도를 계산하게 된다.

심각도 계산 방법
- 발생가능성: 상(50%), 중(20%), 하(10%)
- 영향도: H(90%), M(50%), L(20%)
- 요구사항 변경의 심각도 (45%) = 발생가능성 상(50%) × 영향도 H(90%)

3.4 프로젝트 관리영역의 통합관리

프로젝트 8대 관리영역 들을 통합하여 조정하기 위한 활동이 통합관리이다. 통합관리는 이해관계자의 기대에 부응하도록 하며, 적절한 자원을 배분하도록 하고, 상충되는 목적과 대안들 간의 절충을 통해 원활한 업무수행이 가능하도록 한다. 이러한 통합관리가 제대로 수행되기 위해서는 다른 관리영역들 간의 상호의존성을 관리할 수 있어야 한다. 상호의존성은 전체 프로젝트를 책임지는 수준에서 8개의 관리영역을 통제할 수 있도록 하는 것이다.

상호의존성에 대한 예를 살펴보자면, 프로젝트 진행 중 새로운 요구사항이 추가로 발생하여 범위가 늘어나게 되었다고 하자. 이는 일정의 지연을 초래할 수 있으며, 일정지연을 방지하기 위하여 추가적인 인력자원을 투입하게 되면 예산이 계획보다 과도하게 집행되게 된다. 즉, 예산을 초과집행(overrun)하게 될 수 있으며, 비용의 증가로 인하여 품질에 대한 시간과 노력의 절감을 통해 예산을 맞추려고 하다 보면 품질을 저하시킬 수 있다. 다른 예로서 개발에 필요한 신규장비의 설치가 늦어져서 일정의 지연을 초래하고 있다고 하자. 다른 일정을 조정하여 전체 일정이 지연되지 않도록 조치(계획의 변경)하고, 계획변경에 대한 고객과 협의가 필요하다. 협의과정에서 적절한 설득 및 승인이 필요하게 된다면 회의가 길어지고, 이는 추가적인 업무수행에 따른 시간소모를 유발하여 전체 프로젝트의 진행이 늦어질 수 있다.

통합관리는 전체 프로젝트의 조화와 균형을 위한 조정작업이 필요하며, 때로는 설득과 협상이 수반되는 활동이다. 이미 결정된 사항을 뒤집어야 할 경우도 있고, 새로운 의사결정을 해야 하는 경우도 있다. 계획의 변경은 여러 이해관계자와의 조율이 필요하며, 협상과 합의, 의사결정에 따른 승인의 획득 등이 프로젝트관리자의 주요 역할이기도 하다.

프로젝트 관리의 실패는 통합관리의 실패이기도 하다. 통합관리는 기술적 문제, 인간적 문제, 환경적 문제 등 발생할 문제를 미리 예측하여야 한다. 그리고 환경의 변화와 프로젝트 내부 상황을 지속적으로 파악하여야 하며, 대안을 개발하고 설득할 수 있어야 한다. 때로는 예측할 수 없었던 문제가 발생할 경우 적극적으로 해결하고 재발방지를 위해 노력하여야 한다. 통합관리는 외부적 측면과 내부적 측면으로 나누어 관리되어야 할 필요가 있다.

3.4.1 통합관리의 외부적 측면

프로젝트를 둘러 싼 이해관계자 관리를 통해 프로젝트 외부의 정치적 영향관계를 조정하는 것이 외부적 측면을 고려한 통합관리이다. 이해관계자를 분석하여 정치적 파워가 높고 낮음에 따라, 그리고 이해관계가 높고 낮음에 따라 관리방법이 다르다. 하지만 언제나 파워와 이해관계는 변화하며, 먼 미래에 어떤 관계를 형성하게 될지는 알 수 없기 때문에 인간관계는 평소에 적절히 유지관리 하는 것이 필요하다.

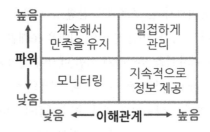

[이해관계자의 정치적 영향관계]

3.4.2 통합관리의 내부적 측면

내부적 측면을 고려한 통합관리는 변경관리 프로세스를 통해 프로젝트 내부의 모든 변화에 대한 영향관계를 조정하는 업무이다. 변경관리 프로세스는 변경통제위원회(Change Control Board)를 구성하고, 요구사항의 변경 등 프로젝트에 영향을 미치는 변경사항에 대하여 문서화하고, 변경통제위원회의 검토를 거쳐 결정하는 것 등의 과정을 관리하는 것이다. 변경통제위원회는 고객 측의 사업PM과 수행 측의 수행PM이 공동으로 의사결정에 참가하도록 하는 것이 좋다. 각종 변경에 대해서는 변경요청서라는 문서를 통해 제안될 수 있도록 하고, 이를 검토하는 과정에서 영향을 미치는 범위, 비용, 일정, 기타 관련된 위험을 분석하는 것이 필요하다. 변경요청서는 승인과 반려의 결정을 통해 최종 반영여부를 판단하고 반영하기로 한 변경은 철저히 추적하여 결함이 발생하지 않도록 해야 한다.

3.5 소프트웨어 개발과 프로젝트 관리의 통합

소프트웨어 개발은 공학적 접근을 필요로 하는 반면, 프로젝트 관리는 경영학적 접근을 필요로 한다. 공학적 접근과 경영학적 접근을 통합하기 위한 방법은 프로세스적인 측면에서 접근하는 것이 한가지 방법이다. 프로세스 측면에서의 접근이란 입력과 프로세스, 그리고 출력이라는 "시스템 개념"을 접목하여 통합하는 것이다. 그리고 프로젝트 업무를 계층적으로 분리하여 최하위 단위 업무인 작업(task)를 정의함으로써 투입되는 인력자원(who)과 기간(when), 그리고 결과물(what)을 식별할 수 있도록 하는 것이다.

3.5.1 시스템 개념

소프트웨어를 개발하고 관리할 수 있는 공학적 지식을 활용하기 위하여 가장 우선적인 이해를 필요로 하는 것이 시스템에 대한 개념이다. 시스템을 이해하고 시스템이라는 개념에 입각하여 생각하는 것은 소프트웨어 개발에 공학적 패러다임을 쉽게 접근할 수 있는 기초가 된다.

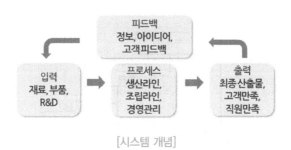

[시스템 개념]

시스템은 컴퓨터에 의해 처리가 가능한 형태로 자료를 변환하여 입력하고, 그 자료를 프로세스를 통해 가공하여 필요한 시점에 정보를 출력할 수 있도록 구현된 정보체계를 의미한다. 국어사전적 의미는 "필요한 기능을 실현시키기 위하여 관련 요소를 어떤 법칙에 따라 조합한 집합체"정도로 정의가 될 수 있다. 구성요소는 입력과 프로세스, 출력 그리고 피드백으로 볼 수 있는데, 프로세스를 위한 입력은 출력결과에 따라 피드백을 통해 다시 입력을 조절하여 적정한 출력이 지속적으로 유지될 수 있도록 한다. 이러한 시스템 개념은 소프트웨어 공학이 발전하는 초창기 1970년초에 프로세스 중심 소프트웨어 개발방법으로 제시되었다. 프로세스 중심 개발방법은 소프트웨어를 자료의 변환과 자료변환 프로세스로 기능을 파악하는 방법이다.

3.5.2 계층적 분리

업무를 계층적으로 분리한다는 말은 프로젝트 전체 업무를 단계(phase)와 활동(activity), 그리고 작업(task)로 분할한다는 의미이다.

- 단계: 절차적 과정을 나누는 가장 큰 단위
- 활동: 단계 내부에서 세부적인 수행업무를 다시 나누는 단위

- 작업: 수행업무의 가장 작은 작업단위

단계와 작업은 각각 하나만 존재하지만, 활동은 계층의 깊이에 따라 활동1, 활동1.1, 활동 1.1.1 등 여러 계층으로 나눌 수 있다. 최종 작업단위는 더 이상 분할되지 않는 작업이며, 각 작업은 수행결과로 산출물이 정의되고 투입인력이 지정된다.

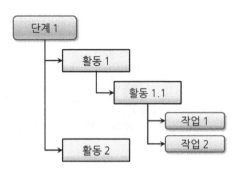

[단계, 활동, 작업의 계층적 관계]

3.5.3 단계와 영역별 프로세스

프로젝트 관리와 소프트웨어 개발 업무는 프로세스 측면에서 서로 연관되어 있으며, 실제 업무는 통합되어 수행된다. 단계는 프로젝트 관리 단계인 착수, 계획, 실행, 종료로 나누어

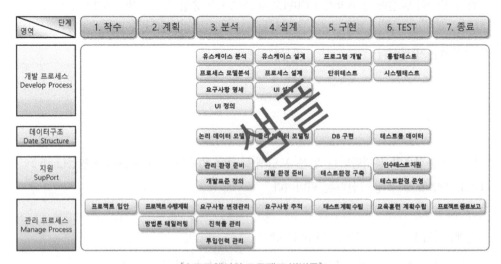

[소프트웨어의 프로젝트 방법론]

볼 수 있다. 이때 실행단계는 소프트웨어 개발 단계로 다시 세부적으로 나누어 질 수 있다. 그렇게 하여 소프트웨어 개발과 관리 프로세스를 서로 연관되게 함께 표시한 것이 아래의 프로젝트 관리와 개발을 통합한 방법론(methodology)이다. 그림 [소프트웨어 프로젝트 방법론]은 프로젝트 단계에 '소프트웨어 개발'과 '프로젝트 관리'영역을 별도의 영역으로 분리하고, '데이터 구조'와 '지원'영역을 추가하여 하나의 통합된 소프트웨어 프로젝트 방법론의 샘플을 보여준다.

3.5.4 방법론 테일러링

방법론이 없다면 프로젝트 초기 착수시점에 어떠한 산출물이 프로젝트 수행결과로 도출하게 될 지 알 수 없는 상태로 업무를 시작하게 된다. 프로젝트 수행을 위한 하나의 방법론을 채택하였다면 프로젝트 규모와 성격에 따라 표준 산출물 양식을 참조하여 테일러링(tailoring)이 이루어지고, 테일러링의 결과로 모든 산출물을 프로젝트 수행 시 미리 알 수 있게 된다. 테일러링은 채택한 표준 방법론을 근간으로 프로젝트를 수행하기 편하게 산출물과 프로세스를 재정의하는 과정이다. 프로젝트 규모와 성격에 따라 많은 산출물을 필요로 할 수도 있지만, 오히려 적은 산출물만으로도 만족스러운 결과를 나타내는 프로젝트도 있다.

방법론 테일러링을 수행하는 과정에서 산출물 체계가 수립되며, 품질관리 담당자 혹은 형상관리담당자가 산출물을 관리하게 된다. 산출물에 대한 품질은 품질담당자가 책임을 맡는 것이 일반적이고, 산출물 형상에 대한 책임은 형상관리담당자가 맡는 것이 일반적이지만, 별도의 품질담당자 혹은 형상관리담당자가 없는 작은 프로젝트에서는 프로젝트 관리자가 직접 산출물의 품질과 형상을 책임져야 한다.

3.5.5 WBS(Work Breakdown Structure)

표준적인 방법론의 테일러링이 이루어지고 나면, 프로젝트 전체 계획을 일목요연하게 보여주는 WBS를 작성하게 된다. MS project사용에 익숙한 프로젝트 관리자는 WBS를 이미 작성한 경험이 있을 것이다. WBS는 단계와 활동, 그리고 작업의 형태로 업무를 분할하여 최종적으로 워크패키지(work package)단위로 구체화시킬 수 있어야 한다. 워크패키지는 2주

이내의 작업을 말하며, 누가 무엇을 수행하고, 수행의 결과로 어떤 산출물이 도출될 것인지 알 수 있도록 한다. 투입인력과 시간을 통해 투입공수를 계산할 수 있으며, 이를 통해 인건비를 계산할 수도 있다.

이름	기간	시작	종료
⊟ABC프로젝트	54 days	16. 9. 19 오전 8:00	16. 12. 1 오후 5:00
⊟착수	11 days	16. 9. 19 오전 8:00	16. 10. 3 오후 5:00
프로젝트 정의 및 범위 설정	2.125 days	16. 9. 19 오전 8:00	16. 9. 21 오전 9:00
팀 구성 및 업무 할당	3 days	16. 9. 21 오전 8:00	16. 9. 23 오후 5:00
일정수립	3 days	16. 9. 26 오전 8:00	16. 9. 28 오후 5:00
프로젝트 제안서 작성	3 days	16. 9. 29 오전 8:00	16. 10. 3 오후 5:00
⊟계획	7.5 days	16. 10. 4 오전 8:00	16. 10. 13 오후 1...
⊟상세 WBS 작성	3.5 days	16. 10. 4 오전 8:00	16. 10. 7 오후 1:00
산정 및 공수, 비용	3.5 days	16. 10. 4 오전 8:00	16. 10. 7 오후 1:00
⊟프로젝트 계획서 작성	4.5 days	16. 10. 7 오전 8:00	16. 10. 13 오후 1...
개발 계획 및 마일스톤 및 일정 계획	3 days	16. 10. 7 오전 8:00	16. 10. 11 오후 5:00
데이터 및 컴퓨터 자원 관리 계획	4.5 days	16. 10. 7 오전 8:00	16. 10. 13 오후 1:00
위험 관리 계획	2 days	16. 10. 11 오전 8:00	16. 10. 12 오후 5:00
⊟분석	7.875 d...	16. 10. 11 오전 9...	16. 10. 20 오후 5...
⊟요구사항 분석	4.375 days	16. 10. 11 오전 9...	16. 10. 17 오후 1...
유스케이스 작성	2 days	16. 10. 11 오전 9:00	16. 10. 13 오전 9:00
기승. 비기능 요구사항 분석	2 days	16. 10. 13 오후 1:00	16. 10. 17 오후 1:00
⊟요구사항 명세	4 days	16. 10. 15 오전 8...	16. 10. 20 오후 5...
UI 프로토타입 작성	2 days	16. 10. 15 오전 8:00	16. 10. 18 오후 5:00
요구사항 명세서 작성	2 days	16. 10. 19 오전 8:00	16. 10. 20 오후 5...

[WBS의 예]

WBS가 구체적으로 작성되어 있어야 분석단계의 시작과 함께 진척율을 계산할 수 있다. 진척율 계산은 여러 가지 방식이 있지만 가장 단순한 방식은 시간의 경과에 따라 산출물 확인과 함께 해당 업무의 수행이 완료된 것으로 가정하는 방식이다. 하지만 정확한 진척율의 계산을 위해서는 작업단위 투입인력을 가중치로 두어 시간별로 진척율을 달라지게 계산하는 방식이 필요하다. 이것을 "획득가치분석(earned value analysis)"이라고 하는데, 진척율 계획대비 실적 분석의 틀로 활용한다.

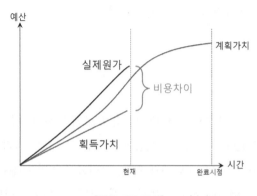

[획득가치 분석]

톰 디마르코(Tom Demarco : 1940 ~)   Reference

톰 디마르코는 미국 펜실베니아 하즈레톤(Hazleton)에서 태어났다. 코넬 대학교(Cornell University)에서 전자공학을 전공하였고, 컬럼비아대학교 (Columbia University)에서 석사학위를 받았다. 이후 파리 소르본느 대학교 (University of Paris at the Sorbonne)에서도 수학하였고, 1963년부터 벨 연구소(Bell Telephone Laboratories)에서 직장생활을 시작하였다. 여기서 그는 대규모 전자교환시스템을 개발하는 프로젝트에 참여하였고, 1960년대말 에는 프랑스의 IT컨설팅 회사에서 일하게 되었다. 그는 파리에서 새로운 유통회 사의 컨베이어 시스템(conveyer system)을 개발하였고, 1970년대부터는 스 웨덴, 네델란드, 프랑스와 미국의 뉴욕에서 온라인 뱅킹시스템을 구축하였다.

1980년대에 뉴욕에 컨설팅회사를 설립하여 초창기에는 에드워드 요던(Edward Yourdon)과 함께 사무실을 공동으로 사용하였다. 그 컨설팅회사는 런던과 뉴욕에서 소프트웨어 개발에 대한 관리와 방법에 특화된 업무를 수행하였다. 디마르코는 미국과 유럽, 아프리카, 호주, 극동아시아에서 강의 와 컨설팅을 하였고, 지금도 자신의 컨설팅회사의 대표이며, 커터 컨소시엄(Cutter Consortium)의 컨설턴트 일 원으로 활동하고 있다. 또한 ACM(Association for Computing Machinery)과 IEEE(Institute of Electrical and Electronics Engineers)의 일원이며, 컴퓨팅업계에 대한 공로를 인정받아 수많은 상을 수상하였다. 특히 1999년에 소프트웨어 프로젝트 관리와 개발방법론에 대한 공헌으로 스티븐스 어워드(Stevens Award)를 수 상하였다.

디마르코는 프로젝트관리와 소프트웨어 개발에 관련된 100편에 달하는 논문을 썼으며, 9개의 저서를 출판하였 다. 1979년에 "구조적 분석과 시스템 명세 (Structured Analysis and System Specification)"를 시작으로 1986년에는 "소프트웨어 프로젝트 통제(Controlling Software Projects: Management, Measurement, and Estimates)", 1987년에는 "피플웨어(Peopleware: Productive Projects and Teams)", 1997년에 "데 드라인(The Deadline: A Novel About Project Management)" 등의 주요저서가 있다. 이후 몇편의 소설도 저술하였고, 지금까지도 활발한 저술과 강연활동을 하고 있다. 그는 국가등록 응급치료기술자격을 획득하여 여 유시간에는 응급치료사로도 활동하고 있으며, 미국 메인주, 캄덴(Camden Maine)에 살고있다.

[디마르코의 저서와 표지]   [YouTube에서의 디마르코 : 오픈 포럼의 키노트 스피커관련 설명]

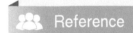

■ 피플웨어(People Ware)

디마르코의 대표적인 저서이며, 티모시 리스터(Timothy Lister)와의 공동저서이다. 티모시 리스터는 미국중재위원회에서 소프트웨어 분쟁조정위원으로 일하면서 IT기업조직과 프로젝트의 리스크 매니지먼트 분야에서 컨설팅, 강연 등으로 활발한 활동을 하고 있다. 우리나라에서는 2003년에 한글로 번역되어 매일경제신문사에서 출간하였다. Naver지식사전에 의하면, "피플웨어란 용어는 하드웨어, 소프트웨어의 활용 어구다. 톰 디마르코와 티모시 리스터에 의하여 본격적으로 사용되기 시작한 말로 '소프트웨어 개발에서 사람의 역할이 중요함을 인정하는 관리 방식'을 일컫는다. 이들은 《피플웨어》란 저서에서 효율적 인적자원관리를 위해서는 정말로 일하고 싶어지는 직장을 만드는 것이 중요하다고 주장한다. 이는 직원이 행복하면 회사도 행복해진다는 논리다. 경영은 일을 시키는 것이 아니라 일을 할 수 있는 환경을 만드는 것이다"라고 한다.

좀더 자세한 소개를 위하여 저서의 일부를 요약 및 정리하면 다음과 같다.

관리자는 팀원들이 함께 성공을 거둘 수 있는 작은 업무들을 끊임없이 만들어낸다. 그리고 팀원들이 함께 성공을 거두는 것에 익숙하게 만들며 특별히 관리자가 개입하지 않고도 팀이 하나의 동료집단으로서 친밀하게 일할 수 있도록 한다. 최고의 관리자는 팀원들이 "관리되고 있다"라는 느낌을 받지 못하는 가운데 끊임없이 이런 기회들을 제공하는 사람이다. 다른 관리자들이 보기에 이런 관리자는 그저 운이 좋은 사람처럼 보인다. 모든 일이 도움이 되는 쪽으로 진행되는 것처럼 보이기 때문이다. 최고의 관리자는 일단 직원들의 능력을 인정하고 나면 그들의 자율성을 세심하게 존중한다.

최고의 회사에는 자연스러운 권위가 자유롭게 기능하고 있다. 관리자는 일반적인 방향설정, 협상과 고용 같은 몇몇 분야에서 다른 직원들보다 뛰어나며 확실히 인정받고 있다. 각 직원들은 각각의 전문 분야에서 다른 사람들보다 뛰어나고 그 분야에 자연적인 권위를 갖고 있다. 이러한 신뢰감 넘치는 분위기는 팀이 단결할 수 있는 최적의 조건이다.

건강함이 넘치는 회사에서 일해 본 적이 있는가? 그런 회사 사람들은 동료들과 즐겁게 상호 교류하며 느긋하게 시간을 보낸다. 거기에는 방어적인 태도로, 다른 사람들을 고려하지 않고 혼자서만 성공하겠다고 애쓰는 개인도 없다. 일은 공동의 산물인 것이다. 모든 사람들은 결과물의 품질에 만족해 한다.

이런 건강한 회사에서 관리자들은 무슨 일을 할까? 당신은 언뜻 그들이 별로 일하지 않을 것이라고 생각할 것이다. 그들은 바쁘게 보이지 않는다. 직원들에게 지시를 많이 내리지도 않는다. 그들이 업무와 어떤 관계가 있는지 몰라도, 그들은 일을 전혀 하고 있지 않는 것처럼 보인다. 하지만 건강한 회사 관리자들은 건강한 팀 형성법을 유지하기 위해 전력을 다한다. 건강이 넘치는 부서들은 관리자들이 그렇게 하도록 만들기 때문에 가능하다. 그런 관리자들의 관리 기법은 전체적으로 하나의 통합적인 성격을 띠기 때문에 그들의 기법을 분해하여 구성 요소들을 분석하기는 어렵다.

다음에 나열한 것은 건강한 기업을 만들기 위한 독자적 기법의 요소들을 간단하게 축약한 목록이다.

• 품질을 중시하는 문화를 만들어라

• 종결감을 느끼게 하라

• 엘리트 의식을 키워 주어라

- 이질성을 허락하고 격려하라
- 성공적인 팀들을 잘 유지하고 보호하라

● 품질중시 문화

싸구려 제품을 만드는 일에서 얻어지는 공동의 만족감으로는 직원들을 결속시킬 수가 없을 것이다. 품질을 중시하는 문화는 팀이 다른 모든 문제에 개의치 않고 업무에 매달리게 하기 때문에 팀을 결속시킨다. 이러한 품질을 중시하는 문화는 팀 형성에 있어서 가장 중요한 촉매제 역할을 한다.

● 종결감

인간이란 존재는 가끔 자기가 과연 맞는 방향으로 가고 있는지 확인을 받아야 안심할 수 있다. 종결감이란 전체의 각 부분이 확실하게 끝나서 완결되었음을 확인하는 데에서 오는 만족감, 즉 전체업무를 부분적으로 완성하여 보여줄 수 있는 것들로 나누어서 완성하는 것이다. 중간 단계의 버전들은 고객에게 보여주지 말고 오직 팀 내의 중간 확인 작업과 만족감을 위해서만 만들어야 할지도 모른다. 각각의 새로운 버전은 중간 확인 작업을 할 수 있는 기회인 것이다. 팀의 구성원들은 중간 확인 작업을 해야 할 때가 되면 준비하고 있다가 진짜 목표를 향해 전력질주 할 것이다. 중간 확인 작업이 성공하면 다음 목표에 쓸 에너지는 재충전된다. 또한 그렇게 함으로써 팀은 서로 더욱 가깝게 느끼게 된다.

● 엘리트 의식

만약 당신에게 "직원들이 훨씬 더 생산적인 목표 달성을 위해 열심히 일하게 하려면 오히려 당신의 통제력을 약간 줄이는 것이 필요하다"라고 말한다면, 당신은 과연 그렇게 하겠는가? 이 질문에 어떤 대답을 하느냐에 따라 뛰어난 관리자와 그저 그런 관리자로 판가름된다. 능력 없는 관리자는 통제력을 포기할 자신이 없다. 관리자가 정말로 해야 할 일은 모든 직원들을 한 방향으로 향하게 하여 어떻게 해서든 열심히 목표를 향해 스스로 달려가게 만드는 것이다.

● 이질성의 허락

팀에 대해 우리는 기업의 팀과 스포츠 팀의 유사성을 생각해 보았다. 팀이라는 단어는 열심히 땀을 흘리며 축구나 하키를 하며 서로 밀치는 건장한 젊은이들의 이미지를 떠오르게 한다. 하지만 스포츠 팀과 기업의 팀을 유사하게 보는 것은 위험한 생각이다. 단결된 팀을 만들려면 이질적인 특징을 가지는 편이 훨씬 더 큰 도움이 된다. 한가지 부족한 점을 갖고 있는 개발자를 새로 조직된 팀에 넣으면 그 팀이 더욱 잘 단합할 가능성이 있다. 이질적인 요소가 어떤 것이든 간에 그것은 팀원들에게는 상징적인 중요성을 가진다. 이는 자신들이 획일화된 부품처럼 기업의 요구와 정확히 일치하는 사람이 아니어도 된다는 것을 의미하기 때문이다.

● 성공적인 팀 유지

어떤 팀이 정말로 잘 짜여져 있다면 그 팀을 깨지 말아라. 적어도 그 사람들에게 다른 프로젝트를 또다시 같이 할수 있는 선택권을 주어라. 팀이 한 프로젝트를 마치고 새로운 프로젝트를 다시 같이 하게 되면, 그

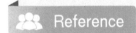

들은 엄청난 추진력으로 새 프로젝트에 매진하게 된다. 잘 짜여진 팀이 일하고 있는 것을 관찰해 보면 항상 자연스럽게 동료 간에 멘토링 과정이 이루어지고 있음을 알 수 있다. 팀의 구성원들은 나란히 앉아서 서로의 지식을 교환한다. 이때 어느 한 명은 선생이 되고 다른 한 명은 학생이 된다. 또한 그들은 서로 이런 역할을 계속 바꾼다. 이런 과정이 원활히 이루어지면 지식 교환을 하고 있는 두 사람은 자기가 상대방을 지도하고 있다는 것을 거의 의식하지도 못한다. 동료가 가르쳐 주는 것을 지도받는다고 생각하지 않고 그냥 같이 일하는 것처럼 느끼게 되는 것이다. 어쨌든 상호 지도과정은 팀의 성공적인 상호 교류에 있어서 중요한 요인이 된다. 그 과정을 통해서 개인은 발전할 수 있고 참여자간의 대등한 관계를 형성할 수 있다. 팀의 목표는 목표의 달성이 아니라 목표의 일치이다.

연습문제

(O, X)

1. 프로젝트 관리의 실행단계가 실제 소프트웨어 개발과정이다.

정답 O

해설 네 맞습니다. 분석, 설계, 구현, 테스트 단계로 이루어진 과정입니다.

4지선다

2. Gantt Chart는 어떤 관리를 위한 접근방법일까요?

① 범위관리   ② 일정관리

③ 비용관리   ④ 품질관리

정답 ②

해설 달력보기와 같은 형태로 업무의 진행상황을 파악할 수 있도록 하는 Gantt Chart는 일정관리를 위한 접근방법입니다.

단답형

3. 의사소통의 형태 중에서 자유롭게 소통하고 창의적이고 참신한 아이디어 산출이 가능한 형태는 무엇일까요?

정답 스타형 의사소통 형태입니다.

해설 모든 구성원과 네트워크를 활용하여 다양하고 활발한 의사소통이 가능한 형태는 바로 스타형입니다.

■ WBS의 작성을 위한 준비

책의 본문에 WBS의 예가 나와있다. 이를 실제 한학기 동안 진행하는 프로젝트에 적용하여 작성해보는 실습은 WBS작성도구를 필요로 한다. WBS는 현장에서 흔히 마이크로소프트의 MSproject를 많이 활용한다. 하지만 학교에서 실습하기 위한 용도로 이를 해당 PC마다 설치하기는 비용적으로도 시간적으로도 쉽지않다. 대신 유사한 기능을 수행하는 소프트웨어를 찾아서 활용하면 된다.

MSproject와 유사한 소프트웨어도 여러가지가 있다. 과거에는 무료로 설치할 수있도록 하였으나 지금은 인터넷으로만 지원되는 오픈프로젝트(OpenProject, www.openproject.org), 그리고 지금도 무료로 PC에 다운받아서 설치하여 활용할 수 있는 간트프로젝트(GanttProject, www.ganttproject.biz) 등이 있다. 필자는 과거에 오픈프로젝트를 활용하여 실습을 하도록 하였으나, 인터넷 접속이 되지 않는 환경에서 교육을 해야 하는 경우 실습이 제대로 될 수 없기도 하여 본 과정에서는 간트프로젝트를 활용하는 것을 권고한다. 오픈프로젝트나 간트프로젝트 이외에도 유사한 소프트웨어들이 있으며, 실습은 어떤 소프트웨어 도구를 활용하던지 WBS만 잘 만들어진다면 무방할 것이다.

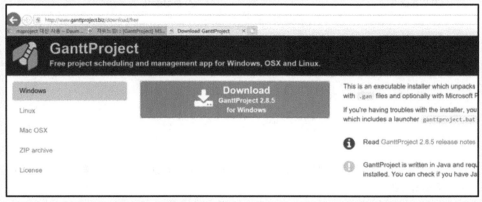

[GanttProject 다운로드 및 설치]

아직 프로젝트의 수행경험이 없는 실습자들은 WBS작성이라는 것이 쉽지않다. 어떤 일이 진행될 지 아직 잘 모르는 상황에서 향후의 진행될 일을 나열하여야 하고, 어느 정도의 시간이 걸릴지는 더군다나 알수 없는 상황에서 일정을 잡아야 하기 때문이다. 이런 상황에서 툴까지 새롭게 배운다는 것은 너무 힘들게 느껴질 수 있다.

오픈프로젝트나 간트프로젝트와 같은 툴을 다시 배우기 쉽지 않다면 그냥 엑셀에다 일정을 입력하여 작성해도 된다. 다만 직관적인 비쥬얼을 보여주는 간트차트가 생성되지 않고 각 활동에 작업자를 추가한다거나 산출물을 등록하는 기능등이 없기 때문에 추가적인 작업을 해야 하는 불편함이 있다. 하지만 툴을 배우고자 하는 것이 본 과정의 목적은 아니다. 소프트웨어공학을 배우는 과정에서 툴도 함께 배우는 것이 좋겠지만 지나치게 많은 부수적 시간과 노력이 투입되는 일은 하지 않는 것이 좋겠다.

WBS작성시 필요한 지침은 다음과 같다.

팀 프로젝트 실습

- 최하위 단위 업무활동은 2주 이내로 설정
- 각 업무활동을 담당할 팀원이 누구인지 결정
- 공동작업의 경우, 공동으로 작업해야 할 부분을 명시
- 해당 업무활동의 종료시 도출되는 산출물 혹은 output이 무엇인지 결정

■ WBS의 작성 및 제출

사실 앞서 실습한 프로젝트 계획서에 일정이 포함되었어야 했다. 일정은 바로 WBS로 작성된 상세한 것이어야
한다. WBS는 다음과 같은 순서로 작성한다.

1) 일정 개요

- 전체 일정의 아웃라인을 잡는다
- 프로젝트 시작일과 완료일을 가정하고, 각 단계를 분리한다
- 분리된 단계내에서 수행해야 할 활동을 구체화한다

2) 활동 선후관계 조정

- 팀 구성원이 각자의 할일이 무엇인지 확인한다
- 수행업무가 정의되면 선후관계를 조정한다

3) 실행가능성 검토

- 주어진 기간 내에 임무를 완수할 수 있는지 계획을 검토한다
- 완료가 가능하지 않으면 기간을 조정하거나 업무범위를 조정한다

4) 최종확인

- 팀 구성원 전체가 일정에 합의한다

5) WBS완성

- WBS를 제출한다.

참고문헌

- 고석하, "소프트웨어 프로젝트 관리", 생능출판, 2014
- 링크투, LT the Method: 강소 IT기업을 위한 방법론, 2016
- "A Guide to the Project Management Body of Knowledge(PMBOK), 3rd edition", Project Management Institute, Inc., 2004.
- http://hubpages.com/education/CASE-STUDY---Probability-in-PERT
- 위키피디아 : http://en.wikipedia.org/wiki/Tom_DeMarco
- http://www.google.co.kr/imgres?imgurl=http://www.systemsguild.com/images/TDM2007.jpg&imgrefurl=http://www.systemsguild.com/tdm.htm&h=379&w=298&sz=110&tbnid=ZKhg3aF1dtLS0M:&tbnh=123&tbnw=97&prev=/search%3Fq%3DTom%2BDemarco%26tbm%3Disch%26tbo%3Du&zoom=1&q=Tom+Demarco&hl=ko&usg=__L-s-U9Jx1FVTtVNbr6IgMCgrm-4=&sa=X&ei=GHX6TtrlNsywiQefr-mWAAQ&ved=0CCMQ9QEwAw
- http://www.open-forum.net/2010/deutsch/fuer+die+presse/presse.html
- http://www.youtube.com/watch?feature=endscreen&v=klqtHGm5Lq0&NR=1
- http://itpro.nikkeibp.co.jp/free/NSW/NEWS/20040128/138925/
- http://terms.naver.com/entry.nhn?docId=17682&categoryId=507
- http://cafe.naver.com/harmonyleadership/845
- 피플웨어, "톰 디마르코, 티모시 리스터" 공저, 김정일 감수, 박승범 옮김, 매일경제신문사, 2003
- http://www.ganttproject.biz/download/free

CHAPTER **4**

소프트웨어 개발
프로세스

4.1 소프트웨어 개발 프로세스는 뭔가요?

소프트웨어 개발 프로세스에 대하여 SEI(SW Engineering Institute)는 "소프트웨어 생산에 사용되는 활동, 방법 및 실무작업들의 집합"이라고 정의한다. 그리고 IEEE는 소프트웨어 개발 프로세스를 "주어진 목적을 달성하기 위한 순서적인 절차 틀"이라고 정의한다. CMMi(Capability Maturity Model integration)의 창시자로 알려져 있는 와츠 험프리(Watts S. Humphrey)는 "소프트웨어 제품의 품질은 그 제품을 만들기 위해 사용된 프로세스의 품질에 의해 결정된다"라고 한다. CMMi는 특히 프로세스 위주의 소프트웨어 품질을 강조하는 편인데, 프로세스를 구성하는 3요소는 인력, 절차, 도구라고 정의하고 있다.

[와츠 험프리]

와츠 험프리는 소프트웨어 품질의 아버지로 불리고 있다. 카네기 멜론대학교(Carnegie Melon University)의 SEI에서 소프트웨어 프로세스 프로그램에 참가하여 CMMi의 전신인 CMM을 탄생시켰다. 소프트웨어 공학에 대한 공헌으로 미국의 국가기술메달을 받았다.

4.2 프로젝트 성공의 관점에서 본 소프트웨어 개발

소프트웨어 개발 프로젝트는 수행 프로세스(process)의 만족에 대한 측면에서 바라보면, 수행하기로 한 업무를 모두 수행하였는지 여부를 확인하여 성공여부를 판단할 수 있다. 하지만 프로젝트 수행 결과라고 할 수 있는 산출물, 즉 프로덕트(product)의 만족에 대한 측면에서 바라보면, 완성된 소프트웨어가 요구한 모든 기능을 구현하고 있는지 여부를 확인하여 성공여부를 판단하여야 한다. 아무리 프로젝트 수행과정에서 프로세스를 강조하더라도 결과적으로 프로덕트가 만족스럽지 못할 수 있으며, 이러한 이유 때문에 프로세스 위주의 프로젝트 품질관리가 비판을 받기도 한다. 프로젝트의 성공은 프로세스도 제대로 수행해야 하지만, 결과적으로 소프트웨어 제품, 즉 프로덕트가 고객의 입장에서 만족스러워야 하는 것이다.

4.3 소프트웨어 개발 생명주기(SDLC)

소프트웨어 라이프사이클(life cycle)은 소프트웨어의 탄생에서 폐기에 이르는 과정이라고 앞서 설명한 적이 있다. 하지만 소프트웨어 개발 생명주기, 즉 Software Development Life cycle은 소프트웨어를 어떻게 개발할 것인가에 대한 흐름을 단계별 활동으로 나타내는 추상적 표현이다. 소프트웨어 개발 생명주기는 전체 소프트웨어 개발 업무를 단계적으로 나타내주는 기본체계이며, 단계별 수행 활동 및 작업을 정의한다. 소프트웨어 개발 생명주기는 줄여서 SDLC라고 칭하며, 여러 가지 종류가 있다.

- 폭포수 모형(waterfall model)
- 프로토타입 모형(prototype model)
- 나선형 모형(spiral model)

4.3.1 폭포수 모형

폭포수 모형은 각 단계의 완료를 문서로 명확하게 확정한 후 다음 단계로 넘어가는 체계적이고 순차적인 접근방법이다. 가장 많이 사용되는 개발 모형이며, 명확한 단계의 완료를 확인할 수 있기 때문에 프로젝트 진행에 대한 검증이 용이하다.

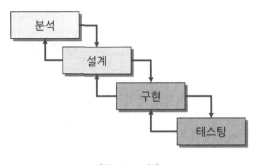

[폭포수 모형]

폭포수 모형은 가장 기본적인 모형이며 전 과정을 순차적으로 진행하는 것이 특징이다. 대부분의 소프트웨어 개발 프로젝트에서 채택하고 있고 특히 계약상 명확한 단계별 완수여부를 확인할 수 있다. 폭포수의 의미는 단계를 마치고 난 후 다음단계로 이행하며, 이행 이후

앞 단계의 수정이 어렵다는 것을 의미한다.

폭포수 모형은 이해하기 쉽고 정형적인 접근방법을 제공하며, 프로젝트 진행을 명확하게 알 수 있는 장점이 있다. 그리고 체계적인 문서화가 가능하기 때문에 계약 시 진행결과에 대한 확인이 용이한 장점이 있다. 하지만 이전 단계의 완료 및 승인이 없이 다음 단계로 이행이 불가능하며, 소프트웨어의 가시화가 대단히 어려운 단점이 있다. 고객의 요구사항이 시스템에 반영된 것인지 확인하는데 많은 시간의 경과 이후 가능하다는 것도 큰 단점이다.

4.3.2 프로토타입 모형

소프트웨어의 형상이나 설계, 적합성을 평가하기 위해 완성된 소프트웨어와 비슷한 모습으로 미리 모형을 개발하고 사용자의 평가 후 본격적으로 구현하는 방법을 제시하는 모형이다. 사용자의 요구사항을 충분히 반영하기 위하여 반복적인 설계/개발 과정을 거쳐 구현하는 점증적 방법이라는 특징이 있다. 빠른 설계과정으로 임시적으로 개발된 프로토타입을 만들고 평가하는 과정을 통해 고객의 요구에 더 맞는 소프트웨어를 개발한다. 폭포수 모형처럼 이전 단계의 완료 및 승인이 없이 다음 단계로 이행이 되지는 않는다.

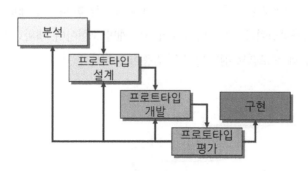

[프로토타입 모형]

요구사항 도출이 용이하고 변경이 자유롭다는 장점이 있다. 일단 만들어 보기 때문에, 사용자의 요구사항을 일단 가시화시켜 개발자가 보다 사용자의 요구를 이해하기 쉽게 하는 장점도 있다. 하지만 프로토타입 결과물은 최종 산출물이 아니며, 구현과정이 추가로 필요하다는 단점이 있다. 프로토타입에 투입된 자원은 낭비일 수 있으며, 변경이 많이 발생할 수 있기 때문에 중간산출물의 문서화에 어려움이 있다는 단점도 있다.

4.3.3 나선형 모형

폭포수 모형의 체계적인 측면과 프로토타입 모형의 반복적인 특성을 결합하고, 위험분석을 추가하여 점진적으로 소프트웨어를 완성하는 접근방법이다. 위험분석을 반복적으로 검토하는 과정이 있기 때문에 프로젝트의 위험을 최소화하는 것이 주요 목적인 모형이다.

[나선형 모형]

사전에 다양한 위험을 분석 및 대처할 수 있으며, 비용과다 혹은 납기지연의 문제를 조기에 해결하는 장점이 있다. 위험분석이 잘못될 경우 심각한 문제를 야기하며, 다른 모형에 비하여 복잡하다는 단점이 있다. 프로젝트관리가 쉽지 않은 것도 단점에 속한다.

4.4 SDLC와 개발방법론

SDLC는 소프트웨어 개발을 위한 원칙적인 개념을 이해하게 하는 반면, 실제적인 소프트웨어 개발을 위해서는 좀더 구체적인 방법론이 필요하다. SDLC의 개념을 활용하여 구체적인 방법을 제시하는 것이 개발방법론이다. 즉, 개발방법론은 SDLC의 큰 흐름에서 보다 상세한 프로세스들로 구체적인 실현가능성을 보여주는 절차적 방법을 제시한다. 개발방법론에는 필요한 산출물 양식과 산출물을 작성하는 지침, 그리고 산출물을 통해 소프트웨어가 개발되는 절차 등이 제시된다. 개발방법론의 종류에는 다음과 같은 것이 있다.

- 신속애플리케이션 개발(RAD: Rapid Application Development)
- 유피(UP: Unified Process)

● 마르미(MaRMI: Magic and Robust Methodology Integrated)

4.4.1 RAD

개발도구를 활용하는 대신 문서화를 대폭적으로 줄일 수 있기 때문에 짧은 시간에 소프트웨어를 개발하고자 하는 방법론이 RAD(Rapid Application Development)이다.

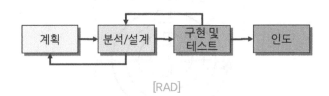

[RAD]

고객에게 시스템을 빠르게 인도하는데 초점을 두고 있다. 기능과 사용자인터페이스에 대한 요구사항에 더 비중을 두고 개발하는 특징이 있다. 작업을 병행하여 진행하고, 문서산출물을 생략 혹은 나중에 작성하도록 한다. 전통적인 폭포수 모형의 단계 중에서 분석과 설계 단계를 결합하고 단순화하였다.

단계를 축소하여 문서산출물의 부담을 줄이고, 프로토타입을 활용하기도 하면서 빠른 고객의 요구사항을 파악할 수 있는 장점이 있다. 간결한 개발기법을 활용하는 것도 장점이 될 수 있다. 향후 시스템 성능에 문제가 발생할 수 있는 단점이 있으며, 문서작성을 생략 혹은 미루었기 때문에 정확한 의사소통이 되지 않을 수 있는 위험도 단점이다. 시간을 단축하기 위하여 작업을 병행하여 진행하다 보면 혼선이 발생할 수 있으며, 기존의 시스템과 인터페이스를 충분히 고려하지 않을 위험도 단점이다.

4.4.2 UP

객체지향 분석설계기법을 적용하여 소프트웨어를 개발하는 방법론이 UP(Unified Process)이다. UP의 의미가 객체지향방법론이 통일적으로 합쳐진 것이라는 의미이며, 야콥슨(Jacobson), 부치(Booch), 럼바우(Rumbaugh)가 각자의 전문적인 객체지향 기법을 모아서 통일한 것이다. 반복적이고, 점진적인 방식이 특징이며, 유스케이스(usecase)기반으로 분석과 설계를 진행한다. 아키텍처 중심의 개발을 지향하며, 위험관리를 중시한다.

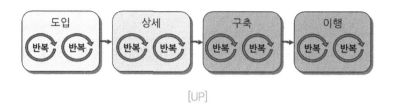

[UP]

- 도입(inception): 전체 요구사항을 이해하고, 프로젝트 개발여부를 결정
- 상세(elaboration): 요구사항 분석 및 아키텍처를 확정하고 위험요소를 해결
- 구축(construction): 사용자의 환경에서 실행 가능한 시스템을 구축하고 평가에 중점
- 이행(transition): 시스템 개발을 완료하고 품질을 보장하며, 사용자에게 인도

일반적인 소프트웨어 개발과정과 UP의 단계를 비교하면 다음과 같다.

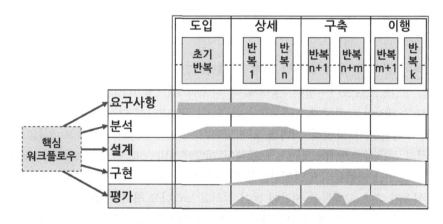

[일반적인 SW 개발과정과 UP의 단계 비교]

UP는 위험요소를 초기에 완화시킬 수 있고, 요구사항에 보다 근접한 시스템을 개발할 수 있는 장점이 있다. 반복이 거듭될수록 피드백으로 작용하여 교훈(Lessons Learned)이 반영되는 장점도 있다. 하지만 반복은 일정지연의 원인이 될 수 있으며, 끊임없는 변경으로 개발자의 피폐화가 발생할 수 있는 단점이 있다. 전체 프로세스를 개발자가 이해하기 어려운 점도 단점이다.

4.4.3 마르미

한국전자통신연구원(ETRI)에서 개발한 한국형 소프트웨어 개발방법론이다. 한국실정에 맞도록 체계화하는데 목적을 두었다.

- 마르미: 구조적 방법론(마르미-I에 해당함)
- 마르미-II: 객체지향 개발방법론
- 마르미-III: 컴포넌트 기반의 개발방법론, 일명 CBD방법론
- 소프트웨어를 재활용하기 위한 목적으로 모듈화하는 개발기법
- 소프트웨어를 개발초기부터 재활용이 가능하도록 컴포넌트로 개발해야 함
- 마르미-IV: 재공학 지침을 제공하는 방법론

4.5 애자일 프로세스와 방법론(Agile Process and Methodology)

소프트웨어 공학에 있어 애자일 경향은 개념적인 프로세스로 보아야 할지, 하나의 구체적인 방법론으로 보아야할지 혼란스럽다. 시중에 있는 책이나 혹은 인터넷 검색에 의한 자료조사를 해보아도 프로세스 혹은 방법론으로 정의내리기 쉽지않은 것이 애자일이다. 애자일은 '민첩한'의 사전적 의미를 가지고 있는데, 애자일을 강조하고 있는 이유는 이제까지의 전통적인 방법으로는 소프트웨어 개발에 너무 시간이 많이 걸리기 때문이다. 사실 개발을 맡은 사람들의 입장에서는 밤을 세워 일을 해도 요구사항을 따라 잡기 어렵다. 그런데 사용자 혹은 고객들은 시간이 많이 걸리고 느리다고 하니 환장할 노릇이다. 그래서 애자일 방법을 활용하면 좀더 사용자와 개발자가 타협할 수 있는 새로운 방안이 될 수 있지않을까 하는 생각에서 탄생하게 된 것이다.

4.5.1 애자일 선언문

애자일은 '가벼운' 개발방법 혹은 프로세스의 특성을 정의하고자 하는 것인데, 2001년 1월에 17명의 전문가들이 미국 유타(Utah)주에 있는 스노우버드 리조트(Snowbird resort)에 모여 경량적인 개발방법에 대하여 토의하면서 시작되었으며, "애자일 선언문(Manifesto for Agile Software Development)"을 발표하게 된다. 애자일 선언문의 내용은 다음과 같으며, 흔히 애자일 가치(Agile software development values)라고 부른다.

- 프로세스와 도구보다 사람들과 소통이 중요

  (Individuals and Interactions over processes and tools)
- 상세한 문서보다 작동하는 소프트웨어가 중요

  (Working Software over comprehensive documentation)
- 계약협상보다 고객과의 협업이 중요

  (Customer Collaboration over contract negotiation)
- 계획대로 진행하는 것보다 변경에 대응하는 것이 중요

  (Responding to Change over following a plan)

애자일 선언문을 더욱 구체적으로 개발에 적용하기 위하여 논의한 결과, 2011년에 "애자일 연합(Agile Alliance)"은 "애자일실행 가이드(The Guide to Agile Practices)", 일명 "애자일 용어사전(Agile glossary)"을 만들었다. 이는 전 세계의 애자일 방법을 실천하는 사람들의 경험을 통해 실제적인 가이드라인과 용어의 정의를 지속적으로 발전시켜나가는 것이다. 애자일 선언문은 소프트웨어를 애자일스럽게 개발하기 위한 12가지 원칙을 가지고 있으며, 원문을 직접 인용하면 아래와 같다.

1. Customer satisfaction by early and continuous delivery of valuable software
2. Welcome changing requirements, even in late development
3. Working software is delivered frequently (weeks rather than months)
4. Close, daily cooperation between business people and developers
5. Projects are built around motivated individuals, who should be trusted
6. Face-to-face conversation is the best form of communication (co-location)
7. Working software is the primary measure of progress
8. Sustainable development, able to maintain a constant pace
9. Continuous attention to technical excellence and good design
10. Simplicity—the art of maximizing the amount of work not done—is essential
11. Best architectures, requirements, and designs emerge from self-organizing teams
12. Regularly, the team reflects on how to become more effective, and adjusts accordingly

애자일 프로세스를 구체적으로 개발에 적용하기 위한 실행가능한 방법론에는 XP(eXtreme Programming), 스크럼(Scrum)이 대표적이다.

4.5.2 XP 방법론

켄트 벡(Kent Beck)이 창안한 개발방법론이다. 애자일 프로세스의 선구자에 속하는 켄트 벡은 이미 1996년에 C3(Chrysler Comprehensive Compensation System) 프로젝트에서 XP방법론을 적용하기 시작했다. 켄트 벡은 적용한 방법론을 1999년 10월에 책으로 출간하였으며, 책의 제목은 "Extreme Programming Explained"이다. XP방법론은 고객과 개발팀이 함께 상주하며, 서로간의 의사소통을 중요시하는 것이 특징이다. 개발해야 할 범위는 우선순위화하여 개발하며, 고객으로부터 초기에 피드백을 받는다. 개발자에게는 변경을 두려워하지 말아야 할 것을 강조한다. 소프트웨어 개발 프로젝트에서 변경은 불가피하며, 원래 그런 것이라고 생각해야 한다는 것이다. XP는 단순성(simplicity), 의사소통(communication), 피드백(feedback), 용기(courage), 존중(respect)이라는 다섯 가지 가치를 중요시 한다.

[켄트 벡]

* 단순성

  시스템의 구조에 대한 고객과의 합의를 바탕으로 설계의 단순성을 유지
* 의사소통

  문서보다는 구두에 의한 의사소통을 중시

  고객과 개발자 간의 원활한 의사소통을 위해 고객이 개발팀에 상주
* 피드백

  릴리즈를 위해 고객이 인수테스트를 실시하고 부적합사항에 대한 피드백
* 용기

  위의 네 가지 가치를 실천하기 위해 개발자가 용기를 가져야 함
* 존중

  프로젝트에 참여한 구성원은 서로가 존중하고 배려해야 함

4.5.3 스크럼 방법론

스크럼은 팀의 개선과 프로젝트관리를 위한 방법론이며, 개발 조직을 효율적으로 운영하기 위한 방식을 제시한다. 스크럼은 소프트웨어 개발 과정에서 발생하는 일과 위험을 예측하고 관리할 수 있는 반복적이고 점증적인 접근법이 특징이며, 팀의 효율적인 성과달성에 초점을 두고 있다.

스크럼의 역사도 오래되었다. 1986년에 일본인 학자들이 하바드 비즈니스 리뷰(Harvard Business Revew)라는 학술지에 공업 제품의 개발에 관련하여 스크럼 개념을 언급한 것이 시초라고 한다. 이후 1995년에 켄 슈와버(Ken Schwaber)가 자신의 회사에 개발방법으로 활용하였고, 비슷한 시기에 제프 서덜랜드(Jeff Sutherland) 등이 이셀(Easel)이라는 회사에서 이를 활용하면서 스크럼이라는 이름이 알려지게 되었다고 한다.

스크럼을 실무적으로 활용하고자 하는 노력이 우리나라에서도 꾸준히 진행되고 있으며, 대기업에서도 생산성을 높이기 위한 방법으로 적용되고 있다. 스크럼은 다음과 같은 프레임워크로 실제 업무수행에 적용된다.

① 제품 백로그(Product backlog)

소프트웨어를 개발하기 위한 기능목록에 해당한다. 기능목록은 사용자의 요구사항에서 도출된 것으로 사용자 측의 제품책임자(product owner)에 의해 개발 우선순위가 매겨진다. 사용자와의 지속적인 의사소통을 통해 수정이 가능하며, 스프린트의 한주기(2~4주)가 끝나기 전에는 수정하지 않는 것이 좋다. 제품책임자가 정한 우선순위를 가지고 개발팀에 해당하는 스크럼팀과 작업에 대한 조율을 진행한다. 조율결과, 합의된 제품 백로그는 스프린트로 구현을 진행하기 위한 초기 근거가 된다.

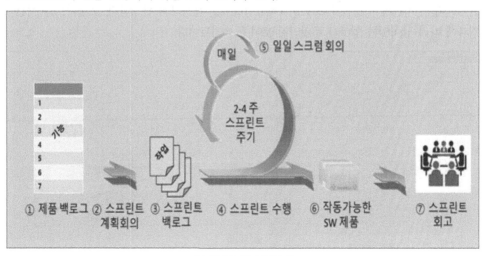

[스프린트 프레임워크]

② 스프린트 계획회의

제품 백로그를 어떻게 구현할 것인지 스크럼팀에서 스프린트 목표와 이를 달성하기 위한 필요작업 목록에 대한 계획을 수립한다. 스커럼팀은 일반적으로 6~8명의 개발인력으로 구성된다. 스크럼팀의 장은 프로젝트 관리자와 거의 동일한 스크럼 마스터(Scrum master)가 팀의 책임을 맡는다. 스크럼 마스트는 일반적인 프로젝트 관리자와 달리 팀원을 코칭하고 문제를 해결하는 역할을 수행한다. 스프린트 계획회의에서 스프린트 주기의 기간을 결정한다.

③ 스프린트 백로그(Sprint backlog)

스프린트 회의결과 작업목록이 작성된 결과가 스프린트 백로그이다. 개발팀원들은 각자의 스프린트 목표를 달성하기 위한 작업을 할당받게 되는데, 각 작업들은 4시간에서 16시간의 작업시간이 소요되는 업무들이다. 스프린트 백로그는 개발팀내에서 자율적으로 정하며, 팀원간의 협업체계에 따라 활발한 의사소통을 진행하는 것이 중요하다.

④ 스프린트 수행

스프린트는 2주~4주 정도의 시간이 소요되는 수준으로 업무를 진행하는데,스프린트 계획회의에서 제품리뷰회의가 진행되는 날까지가 '1 스프린트 주기'이다. 스프린트를 진행하는 동안, 일일 스크럼 회의가 매일 동일한 시간과 장소에서 진행된다.

⑤ 일일 스크럼 회의

일일 스크럼 회의는 스크럼 마스터의 주재 하에 개발 팀원이 참여하여 어제 한일, 오늘 할일, 이슈사항 등을 공유한다. 업무가 진행됨에 따라 산출물을 갱신하고 진척상황을 관리한다. 진척상황은 소멸차트(Burndown chart)를 작성하여 관리한다. 소멸차트는 시간의 경과에 따라 남아있는 업무가 무엇인지 보여주는 차트이다.

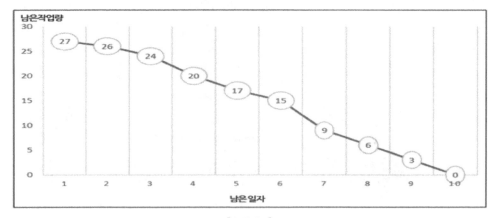

[소멸차트]

ⓖ 작동 가능한 SW제품(shipable product)

스프린트가 진행되는 동안 지속적으로 소프트웨어는 갱신되며, 스프린트 한 주기가 끝나면 '작동 가능한 SW제품'이 도출된다. SW제품의 품질수준은 스프린트 계획회의에서 목표로 정한 수준을 만족하는 수준이 되어야 한다. SW제품은 "스프린트 검토회의(sprint review)"에서 목표를 달성했는지 결과를 확인하고 점검한다. 확인 및 점검은 제품책임자와 사용자가 개발자의 시연과 도움을 받아서 진행한다.

ⓖ 스프린트 회고(sprint retrospective)

회고는 스크럼팀 내부에서 스프린트 활동과 개발한 내역을 되돌아보고 개선점을 찾는 것이다. 부정적인 부분을 찾기보다 긍정적인 부분을 극대화할 수 있는 방안을 찾는 것이 중요하다. 계획과 실제 업무진행의 차이를 분석하고 더욱 계획이 잘 이루어질 수 있도록 한다.

회고이후에 새로운 스프린트 주기를 실행하며, 이를 위해 다시 스프린트 계획회의를 진행한다.

 **Reference**   와츠 험프리(Watts Humphrey : 1927 ~ 2010)

와츠 험프리는 소프트웨어 품질의 아버지로 불린다. 어린시절 난독증으로 학업을 제대로 수행할 수 없었다. 그의 아버지는 뉴 잉글랜드로 이사하여, 험프리를 일대일로 난독증을 치료할 수 있는 학교에 입학시켰다. 이후 난독증을 치료하고 1944년 고등학교를 수석으로 졸업하였으며, 캘리포니아 공대(California Institute of Technology)에 입학하게 된다. 하지만 2차대전에 참전하기 위해 학업을 미루고 미 해병대로 입대하였다.

미 해병대에서 모르스 코드(Morse code)를 배우자 마자 최고의 수준이 되었으며, 제대후 시카고 대학교(University of Chicago)에서 물리학을 전공하였다. 그리고, 일리노이 공대(Illinois Institute of Technology)에서 물리학 석사학위 및 시카고 대학교 경영대학원(University of Chicago Graduate School of Business)에서 MBA를 이수하였다.

이후 IBM으로 입사하여, 1960년대 후반에 IBM 소프트웨어팀장으로 재직하면서 소프트웨어 라이선스 개념을 도입하였으며, 이후 IBM의 부사장으로 승진하였다. IBM 근무시절 험프리는 전 세계 7개국의 15개 연구기관에 4,000명의 소프트웨어 전문가들을 총괄하면서 기술개발업무를 담당하였다.

30년간의 IBM생활을 정리하고, 1980년대에 카네기 멜론대학교(Carnegie Mellon University)의 SEI(Software Engineering Institute)에서 소프트웨어 프로세스 프로그램을 설립하여 1990년대 초반까지 장을 맡아서 업무를 수행하였다. 이 프로그램은 소프트웨어 엔지니어링 프로세스의 이해와 관리를 목적으로 하며, 소프트웨어에 있어서 어려움을 겪는 개인이나 조직을 위한 개선업무를 수행하였다. 프로그램 수행결과, CMM(Capability Maturity Model)이 탄생하게 되었으며, CMM은 CMMI로 발전하게 된다. 1989년 그의 저서, "Managing the Software Process"가 출간되었고, 이후 PSP(Personal Software Process)와 TSP(Team Software Process)가 개발되는데 고무적인 역할을 수행하게 된다.

험프리는 사격훈련의 일화를 들어서 PSP와 TSP의 개선 프로세스를 설명하고 있다. 그는 미 해병대에 근무할 때, 기관총 사격을 배워야 했는데, 모의 표적을 이용하여 연습을 하였다. 사격점수는 엉망이었고, 여러 번의 사격연습에도 불구하고 사격성적은 좀처럼 향상되지 않았다. 사격연습을 지켜보던 교관은 왼손으로 사격을 해보라고 제안했으며, 오른손잡이이던 그는 처음에는 왼손 사격이 부자연스러웠지만, 몇 번의 사격연습 후에는 왼손사격으로 여러 번 만족할 만한 사격성적을 얻을 수 있었다. 사격일화는 여러가지를 시사하고 있다. 첫째, 문제를 진단하기 위해서는 측정이 필요하다. 둘째 측정자료들을 이용한 객관적인 분석이 필요하다. 그리고 셋째 개선을 위해서는 변화가 필요하다. 교관의 목표는 어떤 단계들이 문제의 원인인지를 밝히는 것으로, 교관은 조준에 문제가 있다고 분석했으며, 사격 자세를 왼손으로 변경할 것을 제안했다. 끝으로 가장 중요한 것은 변화 그 자체이다. 사람들은 누구나 현재의 습관이 자연스러우며, 새로운 것을 시도하는 것을 꺼려하기 때문에 프로세스의 개선은 말처럼 쉽지 않다. 오른손잡이에게 왼손으로 사격을 하라는 교관의 제안된 변화를 받아들인 후에 사격점수는 몰라 볼 정도로 향상되었다.

험프리는 1970년대의 일명 "Software Crisis"라고 불리는 시절의 소프트웨어 품질개선과 생산성 향상에 공헌했다. 그의 소프트웨어공학에 대한 업적으로 2003년, 국가기술메달(National Medal of Tehchnology)를 받았으며, 2005년에 백악관에서 부시대통령으로부터 "America's leading innovator"라는 최고의 칭호와 함께 메달 수상 세레모니가 열렸다. 인도 첸나이(Chennai)에는 그의 이름을 붙인 The Watts Humphrey Software Quality Institute 가 설립되어있다.

■ **CMMI(Capability Maturity Model Integration)**

기존의 소프트웨어 품질 보증 기준으로 널리 사용되고 있는 업무 능력 및 성숙도 평가 기준(CMM)의 후속 모델. 미국 국방부의 지원 아래 산업계와 카네기 멜론 대학 소프트웨어공학 연구소(SEI)가 공동으로 SW-CMM과 시스템 엔지니어링(SE)-CMM 등의 요소를 통합 개발한 것이다. 초기 소프트웨어 공급자를 평가하기 위해서 제안된 CMM은 조직차원의 프로세스를 심사하여, 해당 조직의 소프트웨어 프로세스 성숙도를 측정하고 필요한 프로세스 개선모델을 제시해 주고 있다.

CMMI의 목적은 SW 제품 또는 서비스의 개발, 획득, 유지 보수를 위한 조직의 공정 및 관리 능력을 향상시키기 위한 가이드를 제공하는 데 있으며, 검증된 실무 활동을 반영하여 조직의 성숙도 및 공정 능력 평가, 공정 향상을 위한 활동의 우선 순위 결정, 실제 공정 향상을 위한 구현 활동을 지원하는 틀로 구성되어 있다. 이는 기존의 CMM이 SW 개발 모델에 한정된 것과 달리 CMMI는 시스템과 SW 영역을 통합시켜 기업의 프로세스 개선 활동에 대한 광범위한 적용 가능성을 제공한다.

[CMMi의 레벨]

초기 CMM은 각 조직들이 해야할 일(what they should do)만을 정의하고, 일하는 방식(how they should do)는 정의하지 않았다라는 지적을 받는다. 또한 관리자를 위한 지침이며, 실제 소프트웨어의 개발을 맡고 있는 소프트웨어 엔지니어들에게는 직접적인 지침을 제공하지 않는다라는 지적도 있다. 이러한 문제점들을 해결하기 위해서 개별 소프트웨어 엔지니어들이 우수한 소프트웨어를 개발하기 위해서 가져야할 소프트웨어 프로세스가 무엇인지를 연구하게 되었고, 그 결과 PSP가 등장하게 된다.

PSP(Personal Software Process)와 TSP(Team Software Process)

PSP와 TSP는 소프트웨어의 품질을 관리할 수 있는 체계적이고도 효과적인 훈련을 소프트웨어 엔지니어에게 제공함으로써 소프트웨어의 개발을 직접 맡고 있는 당사자들이 결함이 적은 소프트웨어를 개발할 수 있도록 지원하고 있다.

PSP의 도입으로 개별 소프트웨어 엔지니어는 소프트웨어 개발에 있어서 높은 생산성을 얻을 수 있었다. 하지만 소프트웨어의 규모가 커지고, 복잡해지면서 다수의 소프트웨어 엔지니어들로 구성된 팀 개발환경에서는 개별 소프트웨어 엔지니어들이 PSP의 효과를 지속적으로 누릴 수 없었고, 개발팀이 가져야 할 소프트웨어 개발 프로세스를 추가로 정의한 것이 TSP이다.

■ PSP

PSP의 기본목표는 CMMI의 다섯번째 단계인 최적화 수준의 모든 원칙을 개별 소프트웨어 엔지니어들이 훈련하여 자신의 개발 프로세스에 적용할 수 있도록 지원하는 것이다. 즉, PSP 훈련을 마친 소프트웨어 엔지니어들은 각 프로젝트에 대한 자신의 계획을 수립하고, 자신의 프로세스를 추적하며, 필요한 프로세스를 새롭게 정의할 뿐만 아니라, 자신의 업무를 측정하고, 자기가 개발한 소프트웨어의 품질을 측정하고 관리할 수 있어야 한다.

아래의 그림과 같이 기본 PSP 프로세스는 계획-설계-코딩-컴파일-테스트 단계로 이루어져 있다. 이러한 절차와 함께 각 단계에서 수행해야 하는 작업을 가이드 해주는 스크립트(Scripts), 체크리스트(Checklists), 측정 및 분석 활동 등이 PSP에서 제시되고 있다. 특히, PSP는 측정과 분석 활동을 강조하고 있다. 개발자는 각 작업에 사용한 시간, 소프트웨어 크기, 간 단계에서 발생한 결함을 계속적으로 수집해야 한다. 이러한 데이터의 수집을 위해 PSP는 시간일지, 결함일지, 프로젝트 요약(Project summary) 양식을 제공한다.

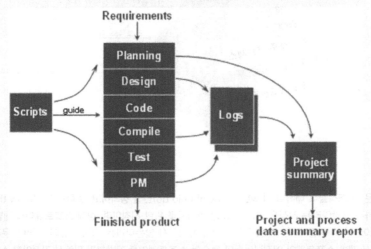

[PSP]

■ TSP

TSP는 소프트웨어 개발팀에게 동기를 부여하여 효과적인 소프트웨어 개발팀을 구성하고 유지하는 훈련방법을 제공한다.

· TSP에서 목표로 하는 개발팀

  – 개별구성원들은 업무지식과 업무수행능력을 가짐

  – 모든 팀 구성원들이 협동하여 달성하고자 하는 팀 목표를 가짐

  – 팀 구성원들이 모든 팀 목표가 달성가능하다고 믿고 팀 목표의 달성을 위한 자신의 역할을 정의

  – 팀 구성원의 개별 업무수행과 진도점검을 위한 공통된 프로세스와 계획을 가지고 있음

  – 팀 리더는 팀 활동을 지원하고 보호하고 동시에 팀 구성원들에게 팀 활동의 진행상태를 알려줌

이러한 개발팀을 구성하기 위한 선결조건으로 TSP는 개별 소프트웨어 엔지니어들이 PSP를 통해서 계획 수립, 측정, 그리고 추적에 대한 기술과 함께 프로세스, 품질, 그리고 헌신의 중요성을 익히도록 제안하고 있다.

연습문제

(O,×)

1. 프로토타입 결과물은 최종 산출물이다.

정답 ×
해설 프로토타입은 요구사항을 빠르게 확인하기 위함이며, 별도의 구현과정을 통해 최종산출물을 개발하게 된다.

4지선다

2. SDLC의 종류가 아닌 것은?

① 폭포수 모형   ② 프로토타입 모형
③ 나선형 모형   ④ 프라스틱 모형

정답 ④
해설 프라 모형은 프로스틱으로 만든 작은 비행기, 탱크 등등입니다. 어이없죠!

서술형

3. SDLC 모형과 방법론의 차이는 무엇일까요?

정답 SDLC는 SW를 개발하기 위한 개념이며, 이를 구체적으로 실행가능 하도록 하는 절차적인 방법이 방법론
      입니다.
해설 조금 어렵죠!

■ 브레인스토밍(Brainstorming)

새로운 아이디어를 구상하거나, 문제를 해결하기 위해서는 창의적인 사고과정이필요하다. 좋은 아이디어가 생각나지 않아서 끙끙머리를 썩이게 되면 시간이 많이 소모되고 성과도 나지 않는다. 이러한 문제상황을 극복하기 위한 방법이 브레인스토밍이다.

브레인스토밍은 집단적 창의발상 기법으로 구성원들이 스스로 생각한 아이디어를 제시하여 문제의 해결방안을 찾고자 노력하는 방법이다. 브레인스토밍은 알렉스 오스본(Alex Osborn)에 의해 일반인들에게 널리 알려졌다. 광고책임자였던 오스본은 직원들이 광고에 대한 창의적인 생각을 잘 고안하지 못하는 것에 실망하여 이를 대처하기 위한 협동 아이디어 회의를 생각해낸 것이다. 오스본은 창의적인 생각을 이끌어 내는 방법에 대하여 그의 저서, "너의 창의적인 힘(Your Creative Power)"을 1948년에 발간하였다.

브레인스토밍은 4가지 기본규칙이 있다.

1. 질(質)보다 량(量)

2. 비난 금지

3. 이상한 아이디어 환영

4. 아이디어의 조합 및 개선

위의 규칙에 따라 팀원끼리 활발하게 새롭게 구현할 소프트웨어 개발에 대한 아이디어를 도출해보자. 말로만 떠들고 나면 뭘 했는지 정리가 되지 않는다. 브레인스토밍에 의해 새롭게 도출된 아이디어를 회의록으로 남기고 계속 새로운 아이디어들이 추가적으로 발전할 수 있도록 해보자.

■ 회의록 작성하기

학생들은 회의록 작성에 익숙하지 않다. 주로 말로만 회의를 진행하고 각자의 기억에만 남기는 방식에 익숙하다. 그러다 보니 의사소통에 문제가 생기고 다툼이 벌어지기도 한다. 회의록 작성을 습관화하면 이러한 일을 방지할 수 있고, 지속적으로 발생하는 문서 작성에 능숙해진다.

브레인스토밍도 일종의 회의이며, 이를 기록으로 남기지 않으면, 향후 새롭게 다시 시작해야 하는 일이 벌어진다. 결국 시간은 낭비되고 성과는 초라해진다. 이를 방지하기 위하여 다음의 회의록 양식과 샘플을 참조하여 회의록을 작성해보자.

[참고양식]

회 의 록

회의제목	선박 안전운항 지원 시스템의 SW신뢰 안전성 향상방안		
사업명	SW공학기술 현장적용 지원사업	작성자	이현호 선임
회의일시	'17년 6월 7일 16시 30분 ~ 18시	장소	에이블 (부산지사)
참가자	최대우 과장(에이블) 김희영 대표(링크투) 송성룡 이사(링크투)		
회의내용			

1. 회의의 주요 안건 협의
   -
   - 지정된 SW품질 관리 및 테스트
   - 개발된 코드의 정상동작 테스트 위주로 진행

2. 현재 SW품질에 관련하여 필요한 사항
   - SW제품에 비해 담당 인력이 부족함
   - 프로젝트 진행에 필요한 교육의 필요성을 느낌
   [끝].

참고문헌

- 한혁수, 소프트웨어공학의 소개, 2008
- Mary Beth Chrissis, Mike Konrad, Sandy Shrum, "CMMi 2nd Edition", Addison-Wesley, 2006
- Valacich, George, Hoffer 공저, 서우종, 홍태호 공역, "시스템분석 및 설계", 생능출판사, 2013
- 김치수, 쉽게 배우는 소프트웨어 공학, 2017
- 위키피디아 ; http://en.wikipedia.org/wiki/Watts_Humphrey
- http://www.cmu.edu/news/archive/2010/October/oct28_wattshumphreyobit.shtml
- Naver지식사전 ; http://terms.naver.com/entry.nhn?docId=38076
- SK C&C, SKPM VER1.4, 2010
- Humphrey, W. S., "Introduction to the Personal Software Process", Addision Wesley, 1997.
- 서창교, "소프트웨어 개발 프로세스와 PSP/TSP", 정보과학회지, 2002.
- http://sdtimes.com/watts-humphreys-road-to-excellence-is-worth-following/
- https://en.wikipedia.org/wiki/Agile_software_development
- https://en.wikipedia.org/wiki/Extreme_programming
- https://en.wikipedia.org/wiki/Brainstorming
- http://www.atmarkit.co.jp/fjava/devs_bk060201/interview02/interview02.html

요구사항의
개발과 관리

5.1 요구사항(requirements)이 뭔가요?

소프트웨어를 개발하고자 할 때 개발자의 입장에서 누가, 어떤 용도로 소프트웨어를 활용
할 것인지 고객이나 사용자에게 물어 보는 것이 가장 쉬운 방법이다. 고객이나 사용자는 소
프트웨어가 왜 필요한지에 대한 답을 제시하게 되며, 그 결과를 정리한 것이 요구사항이다.
요구사항은 분석 단계에서 상세하게 파악할 수 있는데, 개발방법론 표준에 입각하여 요구
사항을 정의하는 것이 일반적이다. 요구사항의 개발은 최종적으로 소프트웨어에서 가장 중
요한 문서인 요구사항명세서(SRS)를 만드는 것이다. 요구사항은 IEEE에서는 다음과 같이
정의한다.

> 문제의 해결 또는 목적을 달성하기 위하여 요구되거나, 표준이나 명세 등을 만족하기 위하여 시스템이나
> 시스템 컴포넌트(즉, 소프트웨어)가 가져야 하는 조건 또는 역량
> "A condition or capability that must be met or possessed by a system or system compo-
> nent to satisfy a contract, standard, specification, or other formally imposed document"

요구사항에 대해 한국정보통신기술협회는 다음과 같이 정의한다.

> 계약, 표준, 명세 또는 다른 형식으로 제시된 문서에 맞추어 시스템이나 시스템 구성 요소가 갖추어야 할
> 조건이나 능력

요구사항은 소프트웨어 사용자 혹은 고객에게 인터뷰를 의뢰하여 알게 되는 "명시적 요구
사항"과, 사용자나 고객이 말하지 않아도 전문가의 입장에서 소프트웨어라면 당연히 요구
되는 "묵시적 요구사항"으로 나누어 살펴볼 수 있다.

- 명시적(explicit) 요구사항
  - 고객이나 사용자가 공식적으로 요구한 소프트웨어 기능과 품질을 만족하기 위한 조건
    이나 기능
- 묵시적(implicit) 요구사항
  - 고객이 요구하지 않았더라도 소프트웨어가 당연히 제공되어야 한다고 일반적으로 가
    정되는 사항들

5.2 요구사항이 중요한 이유

요구사항을 제대로 정의하느냐 못하느냐는 프로젝트 실패의 가장 큰 원인이다. 개발자는 무엇을 개발해야 할지 오로지 요구사항에 의존하여 소프트웨어를 개발한다. 고객도 처음부터 무엇을 요구해야 할 지 잘 모른다. 사용자도 어떻게 사용하는 것이 편리하고 자신에게 맞는 소프트웨어인지도 잘 알지 못한다. 소프트웨어의 요구사항을 고객이나 사용자에게 모두 알려달라고 하는 것은 옷을 만들기 위해 모든 디자인을 고객에게 다 해달라고 하는 의상실 주인과 같은 것이다. 하지만 시스템 분석가는 요구사항을 정의하고 문서로 만들어야 한다. 왜냐하면, 시스템분석가는 요구사항을 제대로 분석하여 설계에 반영하여야 하는 의무를 가지기 때문이다. 제대로 분석되지 않은 소프트웨어는 고객의 만족과는 더욱 거리가 멀어진다.

소프트웨어의 요구사항은 기능적 요구사항과 비기능적 요구사항으로 분류될 수 있다. 기능적 요구사항은 인터뷰에 의해 무슨 기능을 요구하는지 도출해낼 수 있다. 비기능적 요구사항도 고객에 의해 도출될 수 있지만, 일반적으로 소프트웨어가 가지는 비기능적 품질요소를 파악하여 확인할 수 있다.

기능적 요구사항(Functional Requirements)은 수행될 기능과 관련되어 입력과 출력 및 그들 사이의 처리과정과 피드백 등의 기능을 말한다. 목표로 하는 제품의 구현을 위해 소프트웨어가 가져야 하는 기능적 속성을 의미하며, 파일저장기능, 문서편집기능, 인쇄기능 등이 예이다.

비기능적 요구사항(Non-Functional Requirements)은 제품의 비기능적 품질기준 등을 만족시키기 위해 소프트웨어가 가져야 하는 성능, 사용의 편의성, 안정성과 같은 특성을 파악한 요구사항이다. 즉, 시스템의 기능에 관련되지 않는 사항을 나타내며, 성능(응답시간, 처리량), 사용의 용이성, 신뢰도, 이식성, 유지보수성, 보안성, 운용상의 제약 등이 예이다.

국제표준인 ISO/IEC 9126은 소프트웨어 품질특성에 대하여 다음과 같이 분류하고 있다.

〈소프트웨어의 품질특성〉

분류		내용
기능적 품질특성	기능성(Functionality)	요구사항에 적합한 기능을 발휘함
비기능적 품질특성	신뢰성(Reliability)	명시된 조건과 기간 동안 일정 수준 이상의 성능을 유지함
	사용성(Usability)	사용자 입장에서 시스템 사용의 편리함 여부
	효율성(Efficiency)	개발된 소프트웨어 사용시 조직이나 기업에 미치는 효과와 효율
	유지보수성(Maintainability)	운영시 시스템 보완이나 유지의 편리함 정도
	이식성(Portability)	타 시스템 또는 플랫폼에 손쉽게 이식가능 여부

5.3 요구사항 개발과 관리 프로세스

요구사항 개발과 관리는 베이스라인을 중심으로 프로세스가 나누어진다. 개발은 최종적으로 요구사항 명세서의 승인을 통해 1.0버전의 문서(요구사항 명세서)를 완성하는 것이고, 관리는 이후 변경이 발생하였을 때, 이를 반영하여 지속적으로 요구사항 명세서가 새로운 버전이 될 수 있도록 하는 것이다.

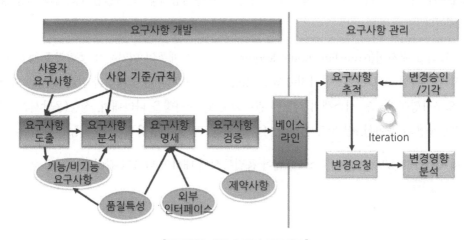

[요구사항 개발과 관리 프로세스]

요구사항 개발은 "고객이나 사용자로부터 개발될 소프트웨어의 사양을 정확히 도출 및 분석하여 요구사항을 명세화하고, 이를 검증한 결과를 개발자들이 이해할 수 있는 형식으로 서술하는 활동"이라 정의할 수 있다. 요구사항의 개발 프로세스는 도출, 분석, 명세, 검증이며, 이는 요구사항 분석단계에서 최종적으로 "요구사항 명세서"가 작성이 완료되기 위한 업무절차라고 보면 되겠다.

요구사항 관리는 "고객이나 사용자로부터 개발될 요구사항과 프로젝트 계획 및 산출물 간의 일관성을 확보하기 위한 활동"이라고 정의할 수 있는데, 일관성을 확보한다는 의미는 변경이 발생할 수 밖에 없는 현실에서 이미 만들어진 요구사항 명세서를 다시 현실과 맞도록 하는 작업을 의미한다. 요구사항 관리에 대한 상세한 활동은 다음과 같다.

- 요구사항에 대한 이해를 확보
- 요구사항에 대한 고객 및 사용자와 합의
- 요구사항의 변경관리 및 추적성 확보
- 요구사항과 산출물 간의 불일치 사항을 식별 및 개선

5.4 요구사항 개발 프로세스

요구사항을 도출하고 분석하며 요구사항 명세서를 작성하고 최종적으로 검증하는 과정은 다음과 같은 프로세스로 절차화될 수 있다.

[요구사항 개발 프로세스]

5.4.1 요구사항 도출(elicitation)

요구사항 도출은 고객이나 사용자가 원하는 요구사항을 수집하는 것이다. 고객과 사용자를 군이 구별하자면 고객은 소프트웨어의 납품에 따른 대가를 지불하는 사람 혹은 조직이며, 인수와 관련이 있다. 사용자는 소프트웨어를 실제 업무에 사용할 사람이며, 소프트웨어

사용에 대한 만족여부가 대가의 지불에 영향을 미칠 수 있다. 요구사항 "도출" 프로세스에서 요구사항에 대한 기초를 수집하고, 수집된 요구사항을 통해 개발되어야 할 소프트웨어의 기능 및 제약사항을 식별하고 이해하는 활동이 진행된다.

고객의 최초 요구사항은 추상적이기 때문에 요구사항 분석가는 정확한 요구사항을 파악하기 쉽지 않다. 요구사항은 계약 및 최초 범위산정의 기본이 되며, 소프트웨어를 활용할 조직의 사업기준과 규칙을 참고할 필요가 있다.

요구사항을 도출하기 위하여 여러 가지 기법이 있으며, 가장 흔히 활용하는 기법은 인터뷰이다. 추가적인 기법으로 시나리오와 관찰이 있다.

■ 인터뷰

요구사항 도출 대상자 중에서 인터뷰 대상자들을 선발하여 이들과의 직접적인 대화를 통해 정보를 추출하는 기법이다. 인터뷰를 통해 획득 가능한 정보는 개발될 소프트웨어가 어떻게 활용될 것인가에 대한 정보이다. 그리고 소프트웨어 사용자들에 대한 정보도 인터뷰를 통하여 획득할 수 있다. 인터뷰 방식은 아무런 형식이 없이 일단 만나서 미리 준비된 질문서 없이 오로지 대화를 통해 인터뷰를 진행하는 "개방 인터뷰(open interview)" 방식과, 사전에 어떤 질문을 할 것인지 질문서를 미리 제공하고 이를 기준으로 인터뷰를 진행하는 "폐쇄 인터뷰(closed interview)" 방식이 있다. 인터뷰에 의한 결과는 "인터뷰결과서"라는 회의록과 유사한 형태의 문서산출물을 작성하여 문서화한다. 이는 향후 "요구사항 분석"절차에서 작성이 시작되는 요구사항 명세서의 기초가 되는 산출물이다.

■ 시나리오 기법

소프트웨어와 사용자 간에 상호작용을 시나리오로 작성하거나 비즈니스 프로세스를 시나리오로 작성하여 요구사항을 도출하는 기법이다. 시나리오에 포함해야 할 필수 정보로는 초기 비즈니스 시나리오 시작을 위한 소프트웨어 상태 정보와 정상적 업무의 흐름에 대한 것이다. 시나리오 기법의 대표적인 예는 BPMN(Business Process Modeling Notation)을 활용하여 작성한 다이어그램을 활용하는 것이다. 아래의 그림은 호텔이벤트에 참여하여 크리스마스를 행복하게 보내고자 하는 시나리오를 미리 조사한 BPMN 다이어그램의 일부이다.

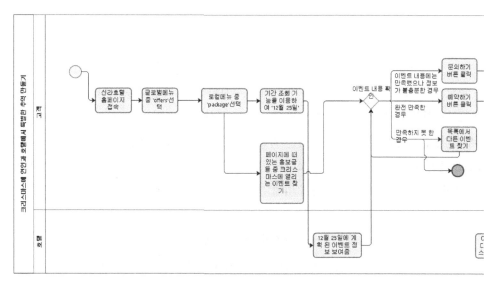

[BPMN 다이어그램의 예]

BPMN 다이어그램에서는 소프트웨어로 구현하여 생산성을 향상시킬 수 있는 핵심 프로세스를 도출하고 이를 솔루션을 통해 경쟁력을 갖도록 하는데 목적이 있다.

■ 관찰

공장자동화 혹은 스마트팩토리(smart factory)를 위해 요구사항을 분석하고자 한다면, 생산현장에 방문하여 직접 살펴보아야 할 것이다. 이러한 활동이 관찰이며, 관찰의 결과도 시나리오로 작성이 되거나 관찰 결과, 의문이 있거나 추가적인 정보를 필요로 할 때, 인터뷰를 요청하여 보완할 필요가 있다. 관찰은 소프트웨어를 솔루션으로 도입하였을 때, 가장 생산성 향상의 효과가 높을 것으로 생각하는 포인트가 어디인지 알아내기 위하여 필요하다. 업무수행 상태를 있는 그대로 소프트웨어로 구현하여 자동화하는 것보다 파괴적으로 새로운 프로세스를 설계하여 전혀 새로운 접근을 통해 생산성 향상을 가져올 수 있는 방법을 고민하기 위한 기초자료로 관찰이 진행되기도 한다. 관찰결과도 요구사항 명세서 작성을 위한 기초로 활용하게 되며, 실제적인 솔루션화에 대한 고민은 설계에서 이루어진다.

5.4.2 요구사항 분석(analysis)

도출된 요구사항을 분석하기 위하여 요구사항에서 문제를 식별하고 이를 이해하는 활동
이 필요하다. 소프트웨어를 개발하기 위해 요구사항 도출 대상자들로부터 추출된 추상적
인 요구사항을 명세서 작성 전에 일관성 있는 요구사항으로 정리하는 것이 본 프로세스의
작업이다. 분석작업에서는 요구사항을 기능적 요구와 비기능적 요구로 분리하여 분석하며,
소프트웨어 품질특성에 입각하여 보다 구체적으로 비기능적 요구사항을 분석할 필요가 있
다. 분석활동은 다음과 같은 기준에 의해 분석된 결과를 나타낼 수 있어야 한다.

- 구현될 소프트웨어를 계층적이고 구조적으로 표현할 수 있어야 한다.
- 외부 사용자와의 인터페이스 및 내부 소프트웨어 모듈 혹은 시스템 구성요소 간의 인터
  페이스를 정확히 분석하여야 한다.
- 분석활동 이후의 설계와 구현을 위한 필요한 정보를 제공할 수 있어야 한다.

요구사항을 분석하는 활동도 몇 가지 기법을 활용할 수 있는데, 이는 기법이라기 보다는
분석을 위한 철학에 가깝다. 분석을 위한 철학이라고 부르는 이유는 소프트웨어 공학의 발
전에 큰 영향을 미친 생각의 변화에 밀접한 관련이 있기 때문이다.

■ 구조적 분석기법(structured analysis)

구조적 분석에서 대표적인 기법은 데이터흐름도(DFD: Data Flow Diagram)이다. DFD를
통해 소프트웨어의 기능을 중심으로 구조적인 이해와 관계성을 분석하다. 소프트웨어 기능
을 정의하기 위해서 프로세스들을 도출하고, 도출된 프로세스 간의 데이터 흐름을 정의한
다. 프로세스에 관련된 조직이나 담당자(외부 엔터티: external entity)와의 데이터흐름을
정의한다. DFD 작성에 대한 상세한 방법은 본 책의 별도의 장에서 다룬다. 다음의 그림은
학교의 수강신청 DFD의 한 예를 보여준다.

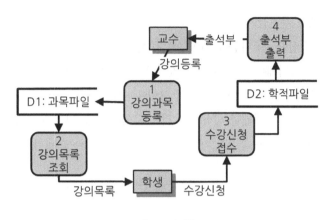

[DFD의 예]

■ 정보공학 분석기법(information engineering analysis)

기능을 분석하는데 초점을 맞추었던 구조적 분석기법에 비하여, 정보공학 분석기법은 조직 전체의 관점에서 정보와 데이터구조에 초점을 맞춘 분석기법이라는 특징이 있다. 과거 구조적 분석기법에 의해 개발된 소프트웨어의 개발 결과, 데이터의 불일치 문제, 조직전체의 전략적인 활용에 효과가 잘 나타나지 않는 문제 등을 극복하기 위한 노력으로 정보공학 방법론이 탄생하게 되었다. 따라서 정보공학 분석기법의 출현으로 조직 전체의 업무활동 모형과 데이터모형이 균형적으로 고려되게 된 것이다. 조직의 전략에 일관성을 가질 수 있는 시스템의 개발은 데이터모형의 일관성이 먼저 기초가 되어야 한다. 정보공학의 창시자라 할 수 있는 제임스마틴(James Martine)의 사상에 대하여 전체 설명하기에는 다소 무리가 있고, 본 책에서는 소프트웨어 공학에 대한 내용에 집중하기 위하여 정보공학 분석 기법에만 초점을 맞추고자 한다.

정보공학에 관련된 여러 기법이 있을 수 있으나, 대표적으로 오늘날까지 상당히 의미가 있는 개체관계모형(ERD: Entity Relation Diagram)을 한 예로 설명하고자 한다. 비록 ERD를 정보공학 기법으로 설명하고 있지만, ERD는 제임스마틴과는 크게 상관이 없다. ERD는 피터첸(Peter Chen)이 창시하였다.

ERD에서의 "개체(Entity)"는 앞서 DFD의 "외부 엔터티"와는 다른 의미를 가진다. DFD에서의 외부엔터티는 프로세스와 관련된 외부의 조직이나 담당자, 때로는 인터페이스가 필요한 시스템을 의미한다. 그리고 데이터 자체는 데이터스토어(data store)라는 곳에 저장된다. DFD가 활발하게 활용되는 시점과 달리, ERD가 각광을 받게 되는 시대는 이미 관계형 데이터베이스가 대세로 자리잡기 시작하던 시절이었으며, ERD에서의 개체, 즉 영어로 엔터티 (Entity)는 데이터의 집합, 즉 나중에 테이블로 표현된 실세계의 사물이다. ERD만으로 정보공학 분석기법을 논하기에는 조금 무리가 있지만, 대표적으로 지금 많이 활용되는 기법으로 보아 본 책에서는 소개하고 있다. 아래의 그림은 ERD의 예를 보여준다. ERD를 통해 데이터베이스의 초기 개념적 설계를 시작하는 것으로 생각할 수 있는데, 개념적 설계는 이미, 분석단계에서 요구사항의 도출결과 개략적인 데이터베이스의 스케치가 되기 시작한다고 보아야 한다.

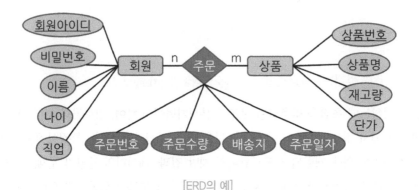

[ERD의 예]

■ 객체지향 분석기법(object oriented analysis)

요구사항을 사용자 중심의 시나리오 분석을 통해 유스케이스(use case)로 분석하는 기법이 대표적이다. 유스케이스의 실체화(realization)과정을 통해 도출된 요구사항을 분석한다. 유스케이스는 사용자를 중심으로 시스템을 바라보는 뷰(view)를 제공하며, 사용자의 입장에서 소프트웨어가 어떠한 동작을 해주기를 바라는가를 파악하는 의미에서 소프트웨어가 제공하는 기능적 시나리오의 분석이라고 할 수 있겠다.

아래의 유스케이스는 도서관 사서의 도서관리시스템에 대한 정상적인 비즈니스 활동을 보여준다. 사서의 입장에서 도서관리시스템은 도서를 검색하여, 원하는 책을 찾고 필요 시 수정 및 삭제를 할 수 있는 기능을 제공한다. 그리고 신규 도서의 경우 등록을 할 수 있도록 하는 기능을 보여주고 있다.

정상적인 비즈니스 시나리오를 토대로 하여 비정상적인 흐름과 예외적 흐름을 추가적으로 기술하게 되는데, 이는 요구사항 명세서에 자세하게 기술할 수 있는 다양한 시나리오가 된다.

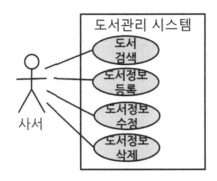

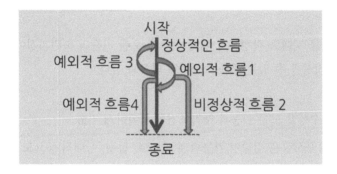

[유스케이스의 예]

5.4.3 요구사항 명세(specification)

분석된 요구사항을 명확하고 완전하게 기록하는 것이 명세이다. 소프트웨어 혹은 시스템이 수행하여야 할 모든 기능적 요구사항과 시스템에 관련된 구현 상의 제약조건 및 개발자와 사용자가 합의한 성능 등 비기능적 요구사항을 명세서로 작성한다.

요구사항 명세의 활동결과, 최종적으로 요구사항 명세서(SRS: Software Requirements Specification)초안이 완성된다. 초안이라고 부르는 이유는 아직 검증과 승인과정이 남아 있기 때문인데, 작성자에 의해 초기 완성된 버전은 0.5 혹은 0.6버전 정도로 표시된다.

요구사항 명세서는 프로젝트 산출물 중에서 가장 중요한 문서이다. 소프트웨어가 어떻게 수행될 것인가(How)가 아닌 무엇을 수행할 것인가(What)를 기술한 문서이다. 소프트웨어가 이루어야 할 목표를 기술하지만 목표를 달성하기 위한 해결방법은 기술하지 않는데, 이러한 해결방안(How)에 대한 고민은 설계단계에서 이루어진다. 요구사항을 명세화하는 과정에서 고려해야 할 사항은 다음과 같다.

- 소프트웨어 품질특성 6가지
- 소프트웨어와 연계되는 외부 인터페이스
- 소프트웨어 개발과 관련된 제약사항
  - 법제도
  - 환경
  - 사업기준 / 규칙
  - 기술의 한계

요구사항 명세서를 제대로 작성하기 위해서는 꽤 오랜 기간의 숙련과정이 필요하다. 하지만 간단하게 잘 작성할 수 있는 팁을 소개하면 다음과 같다.

- 소프트웨어가 수행할 모든 기능과 제약조건을 명확하게 기술
- 기술된 모든 요구사항은 검증이 가능할 수 있도록 품질, 상대적 중요도, 검증 방법 및 기준을 명확하게 제시
- 아직은 특정한 구조나 알고리즘을 사용하여 설계하지 않도록 함
- 관련자들이 소프트웨어의 기능을 이해하거나, 변경에 대한 영향 분석 등을 위하여 계층적으로 구성
- 요구사항을 쉽게 참조할 수 있도록 고유의 식별자(ID)를 부여
- 모든 요구사항이 동등한 것이 아니며, 모든 소프트웨어로 구현하는 것이 아니기 때문에 요구사항을 우선 순위화하고 개발범위를 정할 수 있도록 함

5.4.4 요구사항 검증(verification)

개발될 소프트웨어 혹은 시스템과 관련된 이해관계자의 요구사항이 명세서 상에 올바르게 기술되었는가에 대해 검토하는 활동이다. 요구사항을 검증하는 목적은 기술적으로 실현 가능한 스토리를 담고 있는지 확인하기 위함이다. 요구사항 명세서는 안전, 보안 및 위험성과 관련된 소프트웨어 품질특성 요구사항이 정확한지 검증하는 대상이다. 그리고, 요구사항이 설계기준에 따라 하드웨어 형상항목, 소프트웨어 형상항목 등에 적절하게 할당되었는지 검

증한다.

요구사항 명세서를 검증하기 위한 방법으로 기본적인 체크리스트를 통해 간단한 질문을 해보는 것이 한가지 방법이다. 요구사항명세가 사용자나 고객의 목적을 완전하게 서술되어 있는가? 요구사항 명세가 문서작성 표준을 따르고 있는가? 명세서를 기준으로 설계작업의 진행이 가능한가? 요구사항 명세서가 일관성과 완전성을 가지고 있는가? 등이 대표적인 질문이다.

요구사항 명세서에 대한 검증이 완료되고 고객이 승인하게 되면, 베이스라인을 설정하게 되는데, 이때 요구사항 명세서의 버전이 1.0이 된다. 1.0에서 1.1 혹은 1.2 등으로 버전이 올라간다는 것은 요구사항이 변경되어 관리적인 측면에서 변경된 내용을 반영했다라는 의미이다. 변경이 어떻게 처리되는 것인가에 대한 부분이 바로 요구사항 관리이며, 이력의 기록을 통해 추적성을 확보할 수 있도록 한다.

5.5 요구사항 관리 프로세스

일단 베이스라인으로 설정된 요구사항 명세서는 지속적인 변경가능성을 모니터링하고 변경되고 있는 과정을 추적하는 것이 필요하다. 요구사항에 대한 변경요청은 영향분석을 통해 승인되거나 기각되는 결정과정이 필요하며, 승인된 경우에는 변경이 반영된다. 요구사항 관리 프로세스는 다음과 같다.

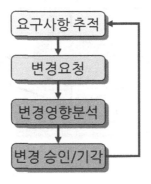

[요구사항 관리 프로세스]

5.5.1 요구사항 추적(requirements trace)

요구사항은 설계와 구현과정을 통해 점진적으로 소프트웨어의 모습을 완성하게 되며, 단계를 통해 전체의 진행경과를 추적할 수 있다. 이러한 추적의 결과는 "요구사항 추적매트릭스"라는 산출물에 의해 증빙이 된다. 아래의 표는 요구사항 추적 매트릭스 양식의 예이다.

분석 단계	설계 단계	구현 단계	테스트 단계
요구사항ID	기능ID	프로그램ID	테스트케이스ID

[요구사항 추적 매트릭스 양식]

요구사항 추적 매트릭스를 자동으로 관리할 수 있도록 하는 도구가 있으며, 도구를 굳이 사용하지 않더라도 스프레드 시트로 관리가 가능하다. 요구사항 추적매트릭스는 고객이나 사용자가 요구한 내역, 즉 요구사항이 기능과 비기능적 항목으로 정의되고, 최종적으로 소프트웨어로 구현이 되었는지 확인할 수 있게 한다. 요구사항의 변경은 관리되어야 할 변경 항목과 이를 저장하여 기록하는 저장소(파일서버로 가능)에 기록 관리될 수 있다.

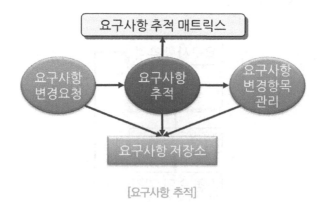

[요구사항 추적]

5.5.2 요구사항 변경요청(requirements change request)

변경요청은 고객이나 사용자가 소프트웨어에 대하여 새롭게 이해함으로써 발생하기도 하고, 외부환경의 원인에 의해 발생하기도 한다. 요구사항의 변경은 다양한 원인에 의하여 발생하며, 대체로 다음과 같은 원인들이 있다.

- 요구사항의 오류, 충돌
- 요구사항 간의 불일치
- 기술적, 시간적인 문제와 비용상의 문제
- 사용자 혹은 고객의 우선순위 변경
- 법/제도, 경제상황 등 환경의 변화
- 조직의 비즈니스 측면에 의한 변경
- 기술의 발전에 따른 신기술 반영결정

요구사항의 변경은 피할 수 없는 경우가 많으며, 다만 이러한 변경을 정해진 절차에 따라 관리하느냐 아니냐가 문제가 될 수 있다. 요구사항의 변경 시, 반드시 "요구사항 변경요청서"를 작성하도록 하고 있는 것이 원칙이다. 베이스라인으로 설정된 요구사항에서 변경이 필요한 요구사항은 행정적인 절차에 따라 요구사항 변경요청서를 작성하도록 한다. 변경이 필요한 담당자는 변경요청서에 의해 공식적으로 변경을 요청해야 한다. 관리되어야 할 변경요청서 항목은 다음과 같다.

〈변경 요청서 항목〉

변경요청서 항목	내용
변경요청번호	프로젝트관리기준에 따름
변경제목	변경요청사항을 나타내는 이름
변경내용	변경이 필요하게 된 이유와 근거문서 등을 자세히 기술
변경처리 기한	요청자가 기대하는 '처리완료일'을 지정
변경요청 유형	단순, 일반, 긴급 등 변경관리 회의 소집여부를 표시

요구사항 변경내역은 다음과 같은 것들이며, 한꺼번에 변경이 발생하는 것도 있을 수 있으며, 개별적으로 발생하는 경우도 있다. 한꺼번에 많은 부분이 변경되는 것은 변경에 따른 영향이 큰 사건으로 보아야 한다.

〈요구사항 변경 항목〉

변경 항목	내용
UI	화면이나 보고서의 신규개발 혹은 변경
데이터베이스	UI의 변경에 따른 DB의 수정, 혹은 새로운 DB생성
타시스템과 인터페이스	데이터의 전송을 위한 새로운 인터페이스의 필요
문서산출물	미리 정의되지 않았던 문서의 생성요청 및 수정
기타	새로운 HW, SW, 기술자 등의 추가투입 여부

5.5.3 변경 영향분석(change effect analysis)

기존의 정의된 요구사항에서 변경이 요청된 요구사항이 수행해야 할 업무범위, 일정, 예산 등의 관점에서 어느 정도의 파급효과를 나타낼 것인지 추정해야 한다. 이러한 영향분석은 변경요청서 상에 기록되어도 되고, 별도의 문서로 생성하여도 된다. 하지만 관리의 편리성을 위해 별도로 작성하는 것 보다, 동일한 문서에 영향도를 파악하는 것이 더욱 관리를 용이하게 한다. 영향분석은 관련된 개발자 혹은 전문가 프로젝트관리자와 함께 영향내역을 분석하여 프로젝트 전체에 미치는 영향 정도를 문서화한다.

〈요구사항 변경 영향분석〉

영향 분석	내용
일정	기존 일정의 변경 및 새로운 일정의 필요 여부
예산	주어진 예산 내에서 처리여부 및 새로운 비용 가능성
위험	전체 프로젝트의 성공에 미치는 위험 분석
심각도	변경 사안의 심각도와 계약관련 이슈사항 검토
해결방안	영향분석 결과, 가능한 해결방안의 모색

5.5.4 변경 승인/기각(approval or reject)

요청된 모든 변경요청서가 받아들여지는 것은 아니며, 프로젝트에 미치는 영향의 평가결과에 따라 기각될 수 있다. 이는 변경통제위원회(CCB: Change Control Board)의 결정이며, 변경통제위원회는 발주자 측 사업책임자와 수주자 측 프로젝트관리자가 함께 협의에 의하여 변경사항에 대한 수용여부를 협의하고 최종 결정한다. 변경통제위원회에서 양측간의 대립으로 결정을 할 수 없는 상황이 발생하는 경우, 상위 의사결정위원회(Steering Committee)로 결정여부를 넘기게 된다. 상위 의사결정위원회는 양측의 경영층으로 구성된 최고의 의사결정기구이며, 결정이 빠른 시일 내에 이루어지지 않을 경우 프로젝트 자체가 위험해질 수 있다.

 **Reference**   에드워드 요던(Edward Yourdon : 1944 ~ 2016)

에드워드 요던은 1964년에 지금은 컴팩에 흡수된 DEC(Digital Equipment Corporation)에서 근무를 시작하였으며, PDP-5를 위한 포트란(FORTRAN) 프로그램과 PDP-8을 위한 어셈블러(Assembler)를 개발하였다. 그는 1965년에 MIT 응용수학과를 졸업하였으며, 이후 대학원에서 전기공학과 컴퓨터과학을 전공하였다. 1960년대 후반과 1970년대 초반에 작은 컨설팅회사에서 일한 경험을 바탕으로 1974년 자신의 이름을 딴 YOURDON Inc.라는 회사를 설립하였다. 이 회사에서 교육과 출판, 그리고 컨설팅 서비스를 수행하였으며, 1986년도에 회사를 매각하게 된다. 이후 다양한 IT 컨설팅회사 이사회의 일원으로 일하면서 1990년대까지 소프트웨어 산업에서 여러가지 연구 프로젝트에 어드바이저(advisor)로 일하였다.

요던은 소프트웨어 개발방법론의 선구자이며, 1970년대 구조적 분석기법을 개발하였다. 1980년대에는 객체지향 분석/설계를 위한 요던/화이트헤드 방법론의 공동개발자이고, 1990년대에는 객체지향 분석/설계를 위한 코드/요던 방법론을 개발하였다. 1997년 요던은 "컴퓨터 명예의 전당(Computer Hall of Fame)"(찰스 배비지, 세이무어 클레이, 제임스 마틴, 그레이스 호퍼, 제럴드 와인버그, 빌 게이츠 등이 등재)에 이름을 올렸으며, 1999년에는 국방소프트웨어공학저널(The Journal of Defense Software Engineering)인 크로스토크(Crosstalk)에 소프트웨어 분야의 가장 영향력있는 10명 중 한사람으로 선정되었다.

2000년대에 들어와서 요던은 프로젝트 관리, 소프트웨어 개발방법론, 그리고 Web2.0개발 등에 전문성을 더욱 높였으며, "American Programmer Magazine(이후 Cutter IT Journal로 개칭)"을 출간하였다. 저서

프로젝트 유형	설명
미션 임파서블 (Mission Impossible)	성공시키기는 몹시 힘들지만, 성공하면 핵심 이해관계자 및 고객이 만족하는 프로젝트
카미카제 (Kamikaze)	프로젝트가 성공하더라도, 프로젝트 팀은 희생당하는 프로젝트
자살 (Suicide)	압도적인 정치적 힘이 프로젝트를 망치고, 결국 프로젝트 팀도 희생당하고 마는 프로젝트

로서 "Decline and Fall of the American Programmer"이외에도 수많은 저서가 있으나, 2003년도에 출간된 "죽음의 행진(Death March)"가 유명하다. "문제 프로젝트를 알아내고 살아남기 위한 가이드 넘버 원"이라는 부제가 있는 그의 저서 "죽음의 행진"에서 요던은 세가지 문제프로젝트 유형에 대하여 말하고 있으며, 이러한 프로젝트에는 투입되지 말 것을 당부하고 있다.

하지만 불행하게도 참여한 프로젝트가 실패하게 되면 투입된 사람들이 할 수 있는 일은 다음의 세가지라고 요던은 말한다.

1. 회사를 그만 둔다
2. 고객에게 진실을 말하고 일의 양을 줄인다
3. 고객에게 진실을 말하고 시간을 획기적으로 늘린다.

요던은 구조적 분석설계를 위한 모델링 도구로 DFD(Data Flow Diagram)를 일반화시켰으며, 요던외에도 다양한 학자 및 기술전문가(Gane & Sarson)들이 DFD를 발전시켰다. 요던은 아직도 트위터와 프리커에서 활동중이며, 프리커에서 그의 다양한 과거 사진을 만나볼 수 있다.

[트위터에서 만난 요던 (http://twitter.com/yourdon)]   [MIT 대학생 시절의 요던]

■ 구조적 분석(Structured Analysis)

구조적 분석은 비즈니스 요구사항을 명세서와 컴퓨터 프로그램, 하드웨어 구성, 관련 업무절차 등으로 전환하기 위한 방법이다. 구조적 분석과 함께 설계 기법까지 1980년대에 유행하였으며, 지금도 많이 사용되고 있다. 구조적 분석기법은 DFD(Data Flow Diagram)로 발전된 초기의 모델링 기법을 제시하였으며, 자료흐름 중심으로 실세계를 시스템 관점에서 개념화한다. 구조적 분석이 인기를 끌게 된 이유는 시스템 규모와 관계없이 높은 수준에서 프로세스와 개념을 직관적으로 이해할 수 있고, 커뮤니케이션 할 수 있도록 하였기 때문이다.

구조적 분석이 논리적 확장을 통해 정보공학(Information Engineering)으로 발전하게 된 것이라고 보는 학자도 있으며, 구조적 프로그래밍이 구조적 설계로 발전했고, 구조적 시스템 설계를 이끌었다라고 보는 견해도 있다. 구조적 분석을 위한 기법은 다이어그램의 사용이 특징인데, 구조적 분석을 위한 자료흐름도, 구조적 설계를 위한 구조차트의 사용이 대표적이다. 이는 사용자와 개발자간의 커뮤니케이션을 도와주고, 분석가와 설계자를 훈련시키는 용도로 활용된다. 이러한 툴은 1980년대에 컴퓨터의 활용을 통해 CASE(Computer Aided Software Engineering)라는 자동화 도구로 발전하였다.

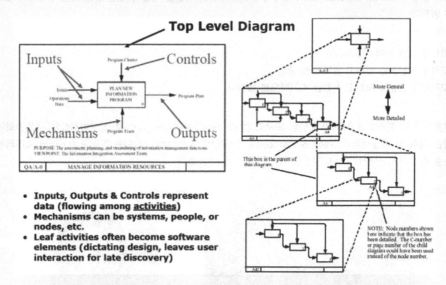

- Inputs, Outputs & Controls represent data (flowing among <u>activities</u>)
- Mechanisms can be systems, people, or nodes, etc.
- Leaf activities often become software elements (dictating design, leaves user interaction for late discovery)

구조적 분석은 계층적 요약 매커니즘을 가지고 있으며, 기능을 더 작은 기능으로 반복적인 분할과정을 통해 프로세스 위주의 입력과 출력, 그리고 통제로 표현해 나간다. 이를 기능적 분할(Functional Decomposition)이라고 부르며, 데이터 구조를 이끌어내기 위한 응집(cohesion)과 결합(coupling)에 초점을 둔다. 구조적 분석의 결과물로는 자료흐름도와 함께 자료사전(DD; data dictionary)과 모듈 명세서(module specification)가 있다. 이러한 결과물은 다음 단계인 구조적 설계(structured design)에 사용된다.

 구조적 분석설계는 1960년대부터 1980년대까지 소프트웨어 개발에서 직면하게 되는 문제를 해결하기 위한 기법으로 각광을 받았다. 이때는 COBOL이나 Fortran, 그리고 C언어와 BASIC으로 프로그래밍되는 시절이었고, 요구사항의 문서화와 설계에 대한 표준이 없었으며, 적절한 프로그래밍에 대한 기법이 성숙되지 못한 시기였다. 구현해야 할 시스템이 점점 커지면서 더욱 복잡해졌고, 시스템 구축은 점점 더 어려운 일이 되었다. 이러한 환경이 구조적 분석설계가 탄생하게 된 배경이 되었다. 다익스트라의 "구조적 프로그래밍(Structured Programming)"을 시작으로 나시-쉬나이드만 다이어그램(Nassi-Shineiderman FlowChart Diagram), 워니어/오르 플로우차트(Warnier/Orr Flowchart), 그리고 요던의 구조적 분석을 위한 자료흐름도(DFD) 등이 등장하게 된다.

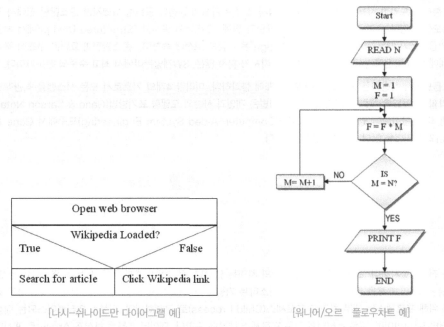

[나시-쉬나이드만 다이어그램 예]   [워니어/오르 플로우차트 예]

구조적 분석에 대해서는 요던 외에도 수많은 전문가들이 다양한 버전의 발전에 공헌하였으며, 대표적인 전문 가로는 Larry Constantine(래리 콘스탄틴), Tom Demarco(톰 디마르코), Peter Chen(피터 첸) 등이 있 다.

■ 요던의 명언 (출처 : 저서 "죽음의 행진")

"프로젝트는 결혼과 비슷하다. 시작할 때에는 희망과 순진한 기대로 가득 차 있지만, 서서히 현실을 깨닫게 되 면서 서로 각자의 기대치를 다시 조정해야 한다. 사람들이 결혼하는 데에는 논리와는 무관한 여러 이유가 있 다는 것도 프로젝트와 비슷한 점이다. "

■ 자료흐름도(DFD: Data Flow Diagram)

구조적 분석과 설계에서 가장 많이 활용되는 모델링 도구인 자료흐름도는 많은 전문가들이 발전에 공헌하였 으며, 대표적인 전문가로는 래리 콘스탄틴(Larry Constantine), 에드워드 요던(Edward Yourdon), 톰 디마 르코 (Tom Demarco), 크리스 게인(Chris Gane), 트리쉬 사슨(Trish Sarson) 등이다. 구조적 분석과 설계 에서 자료흐름도는 프로세스 모델링을 통해 정보시스템에서의 자료흐름을 그래픽으로 표현한 것이다. 자료흐 름도에서는 어떤 데이터가 프로세스의 입력과 출력으로 흘러가며, 어디에 시스템적으로 저장이 되는지 보여 준다.

자료흐름도의 도입과 사용에 대해서는 여러 학자 및 전문가들이 발전에 공헌을 하였지만 콘스탄틴 편에서 자료흐름도를 설명하는 이유는 그가 에드워드 요던과 함께 1975년에 공저한 "Structured Design"에서 처음으로 언급하였기 때문이며, "Structured Design"은 지금도 고전에 속한다. 콘스탄틴과 요던은 구조적 분석과 설계에 대한 발전에 누가 더 공헌이 많은지 따지기 쉽지 않은, SW개발분야에서 최고 수준의 전문가이다.

자료흐름도에서 사용하는 표기법은 아래의 4개에 불과하다. 이러한 4개의 기호로서 모든 시스템을 직관적으로 파악할 수 있도록 해준다. 표현을 위한 표기법은 게인과 사슨의 모델링 표기방법(Gane & Sarson Notation)이 더 일반화되어 있는데, 여러 CASE(Computer-Aided System Engineering)도구에서 Gane & Sarson의 표기법을 많이 활용한 이유로 보인다.

학자와 전문기술자마다 표기법에 있어서 약간의 차이는 있으나, 동그라미 혹은 둥근사각형으로 표현되는 프로세스는 데이터 흐름을 통해 외부로 인터페이스하는 기능을 표현한다. 프로세스를 더욱 상세한 수준까지 표현하기 위해 프로세스는 내부 차일드 프로세스(Child Process)로 구체화된다. 외부로 인터페이스되는 대상이 엔터티(Entity)이며, 내부 엔터티의 경우 프로세스 내부에 속한다. 데이터 흐름은 화살표(Arrow)로 표시되며, 문서파일이나 컴퓨터에 저장된 데이터베이스는 모두 데이터 저장소(Data store)로 표현된다.

위의 표기법을 활용하여 학교의 수강신청에 대한 DFD를 간단한 예로 표현해보았으며 아래의 그림과 같이 그려볼 수 있다.

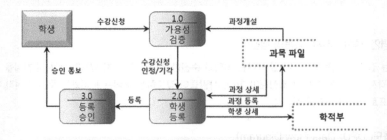

위의 그림에서 프로세스들은 LEVEL 1에 속하며 총 3개의 프로세스를 표현하고 있다. 가장 최상위 프로세스를 표현한 것이 콘텍스트 다이어그램(Context Diagram)이며, 이는 정보시스템에 연계된 외부 엔터티와의 인테페이스를 보여준다. 콘텍스트 다이어그램에서의 프로세스는 최상위 수준인 LEVEL 0 프로세스가 된다. 모든 프로세스는 0 LEVEL에서 Break Down되어 LEVEL 1, LEVEL 2, Level 3 등으로 구체화된다.

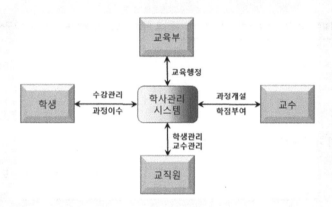

콘텍스트 다이어그램은 시스템의 경계와 이를 넘어서는 데이터의 흐름을 보여주며, 세부적인 프로세스의 구체화는 레벨다운을 통해 더욱 상세한 프로세스를 표현하게 된다.

연습문제

(O,X)

1. 요구사항의 변경을 막을 수 있는 방법은 없다.

> 정답 ○
>
> 해설 현실적으로 요구사항은 환경의 변화에 의해서도 어쩔 수 없이 발생하며, 변화하는 요구사항을 적절히 잘 관리하는 것이 프로젝트를 성공하는 길이다.

4지선다

2. 요구사항 개발 프로세스의 순서가 맞는 것은?

① 도출→분석→명세→검증   ② 분석→명세→검증→도출

③ 명세→검증→도출→분석   ④ 검증→도출→명세→검증

> 정답 ①
>
> 해설 요구사항은 먼저 사용자 혹은 고객으로부터 도출되어야 함

서술형

3. 요구사항을 관리하기 위한 프로세스를 순서대로 말해보세요.

> 정답 추적, 변경요청, 변경영향분석, 변경 승인/기각입니다.
>
> 해설 아직도 잘 외워지지 않나요? 요구사항의 추적은 변경요청이 없어도 해야 하는 업무이며 변경요청이 발생하게 되면, 영향도를 분석하여 승인/기각 결정을 해야합니다.

■ 인터뷰 및 인터뷰 결과서 작성

요구사항을 분석하기 위한 가장 일반적인 일반적인 방법이 소프트웨어 사용자와 인터뷰를 통해 어떤 소프트웨어를 원하는지 물어보는 것이다. 인터뷰는 상대방의 마음을 읽어야 하는 작업이며, 상대방이 원하는 것을 만들어내야 한다. 보통 인터뷰를 하고 있는 소프트웨어 사용자인 상대방도 무엇을 원하는지 잘 모르고 있는 것이 대부분이다. 왜냐하면 지금 인터뷰를 통해 알아내야 하는 소프트웨어는 지금까지 없는 제품이며, 원한다고 하여도 구체적으로 어떤 것을 원하는지 사용자 본인도 잘 모르기 때문이다.

인터뷰는 경험이 많은 전문가가 하는 것이 훨씬 좋은 결과를 나타낸다. 하지만 실습을 위해 학생들도 인터뷰를 진행해볼 필요가 있다. 개발하고자 하는 소프트웨어의 예상되는 사용자를 찾아보자. 만약 소프트웨어 사용을 4~50대 주부로 생각한다면 어머니를, 5~60대 남성으로 잡았다면 아버지를 인터뷰해보라. 아니면 20대 친구 중에서 예상되는 사용자를 골라 인터뷰를 진행해보자

인터뷰 결과는 인터뷰 결과서라는 산출물이 도출되어야 한다. 이렇게 소프트웨어를 개발하는 과정에서 많은 문서가 작성되며, 이러한 문서도 소프트웨어의 구성요소임을 잊지말자.

 팀 프로젝트 실습

[참고양식]

인터뷰 결과서

인터뷰제목			
사업명		작성자	
일시		장소	
참가자	- 인터뷰 대상자 : - 인터뷰 진행자 : - 기타 참가자 :		
인터뷰결과			

1.

2.

3.

4.

[끝].

■ 요구사항 명세서 작성

인터뷰 결과로 "요구사항 명세서"를 작성해야 할 필요가 있다. 문서 산출물로서 가장 중요한 것이 요구사항 명세서이다. 요구사항 명세서에는 인터뷰결과에 대한 내용정리와 분석의 결과로 작성된 기능을 포함하여 사용자가 요구하는 비기능적 요구사항에 대한 내용들이 포함되어야 한다.

[참고양식]

요구사항 명세서

목차

1. 요구사항 개발개요

　가)개발목표

　나) 개발항목

2. 요구사항 목록

　(표로 작성되어야 함)

3. 상세 요구사항 내역

　(표로 작성된 목록별 별도의 1페이지 내역)

팀 프로젝트 실습

[참고양식]

요구사항 목록

구분	번호	요구사항 명	비고
시스템 요구사항	SYS-001	장비구성	
	SYS-002	DB 접근제어	
기능 요구사항	FUR-001	최적화 권역 정보 관리	
	FUR-002	최적화 협약 정보 관리	
	FUR-003	최적화 성과 정보 관리	
성능 요구사항	PER-001	웹 페이지 디스플레이 시간	
	PER-002	응답시간	
보안 요구사항	SER-001	보안 요건, 네트워크 보안 관리, 장비보안 관리	
	SER-002	문서보안 관리	
품질 요구사항	QUR-001	기능 구현 정확성	
	QUR-002	사용성	
프로젝트 관리 요구사항	PMR-001	일정관리	
	PMR-002	품질관리	
	PMR-003	산출물관리	
제약 사항	COR-001	개발 제약사항	
	COR-002	표준 제약사항	
	COR-003	법적 제약사항	
지원 요청사항	PSR-001	사업 수행 일반	
	PSR-002	개발장소	
	PSR-003	개발환경	

팀 프로젝트 실습

[참고양식]

요구사항 내역

요구사항 분류		지원 요청사항
요구사항 고유번호		PSR-002
요구사항 명칭		개발장소
요구사항 상세 설명	정의	개발장소
	세부 내용	1) 소프트웨어개발 사업 수행을 위해 필요한 장소 및 설비 기타 작업환경을 발주기관과 계약당사자가 상호 협의하여 결정함. - 작업장소 등은 발주 사업에 ~~~ 상되어 있으므로 관련 비용을 포함하여 제안 ~~격~~ ~~~~하며, 작업 장소는 동일한 공간을 사용하는 것을 원칙으로 함 - 사업수행사, 고객사와 지원인력이 동일한 공간에서 사업 수행이 가능하도록 사무 공간을 주관사업자가 확보하여야 함
산출정보		설치관리 지침
관련 요구사항		

참고문헌

- 한혁수, 소프트웨어공학의 소개, 홍릉과학출판사, 2008
- Mary Beth Chrissis, Mike Konrad, Sandy Shrum, "CMMi 2nd Edition", Addison-Wesley, 2006
- 류성열, 시스템분석과 요구공학, 한티미디어, 2013
- 위키피디아 : http://en.wikipedia.org/wiki/Edward_Yourdon
- http://en.wikipedia.org/wiki/Structured_analysis
- http://www.pmpia.com/zbxe/75374
- http://www.google.co.kr/imgres?imgurl=http://pds5.egloos.com/pds/200707/13/09/e0041709_12072051.jpg&imgrefurl=http://kjh133.egloos.com/410515&h=514&w=343&sz=54&tbnid=Uccp4xbXjLXjRM:&tbnh=131&tbnw=87&prev=/search%3Fq%3DDeath%2BMarch%2BYourdon%26tbm%3Disch%26tbo%3Du&zoom=1&q=Death+March+Yourdon&hl=ko&usg=__KidKUKi32OYDktnxHadnsgY-5k0=&sa=X&ei=tST4TsOCMMWaiQeOltS9AQ&ved=0CFEQ9QEwFQ
- http://twitter.com/yourdon
- http://www.flickr.com/photos/yourdon/2121448590/in/photosof-yourdon/
- http://en.wikipedia.org/wiki/Nassi%E2%80%93Shneiderman_diagram
- http://100.naver.com/100.nhn?docid=719294
- http://en.wikipedia.org/wiki/Data_flow_diagram

CHAPTER **6**

구조적 분석기법

6.1 구조적 분석이 뭔가요?

소프트웨어 공학이 1970년대에 빠른 발전을 이룩하는 과정에서 구조적 분석이라는 개념이 탄생하게 되었다. 구조적 분석은 추상화의 원칙, 정형화의 원칙, 분할정복의 개념, 계층적 구조의 개념 등의 원리로 요약할 수 있다.

- 추상화의 원칙: 특정 대상에 대한 실체를 분리하기 위하여 '어떻게'가 아닌, '무엇'으로 표현하는 간소한 방법. 사소한 것에 제약을 받지 않고 문제를 해결할 수 있게 함.
- 정형화의 원칙: 소프트웨어의 제어와 산출물의 품질관리를 위한 기초가 됨. 형식이 생각과 명령을 자동화시킬 수 있는 근거를 제공
- 분할정복: 복잡하고 큰 시스템을 좀 더 작고 독립적인 서브시스템으로 나누고, 작게 분할된 시스템들을 쉽게 개발 및 해결하고자 하는 개념.
- 계층적 구조: 분할정복을 위해 나누어진 모듈들을 상호 연관 관계 및 구조에 대한 이해도 향상에 도움이 될 수 있도록 함. 의사소통과 제어 문제를 다룰 수 있음

구조적 분석기법에 활용하는 기법은 자료흐름도(DFD: Data Flow Diagram), 자료사전(DD: Data Dictionary), 소단위명세서(Mini-spec) 등이 대표적이다. 구조적 분석은 하향식 기능분해라는 특징을 가지고 있으며, 프로그래밍에 적용되어 좋은 프로그래밍을 만들기 위한 방법으로도 활용되었다. 구조적 분석기법과 밀접한 관련된 것이 구조적 프로그래밍이다. 구조적 프로그래밍(structured programming)은 다익스트라(Dijkstra)에 의해 창시되었다라고 해도 과언이 아니다. 다익스트라는 GOTO문이 없는 프로그램의 개발을 주장하였고, 프로그램의 복잡도를 낮추기 위하여 모듈단위로 프로그램을 분할하는 방법을 활용하였다. 다익스트라는 프로그래밍

[다익스트라]

이 목표로 하는 것은 프로그램 자체가 아니고 그 프로그램이 생성할 동적인 진행과정이라는 점에 주목하였다. 올바른 프로그램을 만드는 것보다 올바른 진행과정을 만들어 내는데 초점을 맞추어야 한다는 것이다.

다익스트라가 구조적 프로그래밍에서 계층적 제어구조를 구성한 것은 순차(concatenation), 선택(selection), 반복(repetition)이다.

- 순차: 구문순서에 따라서 순서대로 수행된다는 것
- 선택: 프로그램의 상태에 따라서 여러 구문들 중에서 하나를 수행하는 것
- 반복: 프로그램이 특정 상태에 도달할 때까지 구문을 반복하여 수행하거나, 집합체의 각각의 원소들에 대해 어떤 구문을 반복 수행하는 것

구조적 분석은 효율성을 증대시키고, 분석의 질적 향상을 가져왔다. 그리고 의사소통 문제의 해결과 중복성을 최대한 배제할 수 있게 하였다. 또한 소프트웨어를 일관성 있게 이해할 수 있도록 하였다.

6.2 구조적 분석의 발전

구조적 분석의 발전은 모듈러 프로그래밍(modular programming)의 발전으로 이어졌으며, 이는 프로그램의 독립성을 강조한다. 프로그램을 기능과 서브루틴으로 모듈화하여 구조적인 프로그래밍이 더욱 발전할 수 있게 되었다. 콘스탄틴(Constantine)은 모듈러 프로그래밍의 선구자에 해당한다. 모듈러 프로그래밍은 코드의 가독성을 높이고, 재사용성을 증가시켰으며, 코딩의 효율성과 기능파악을 용이하게 하였다. 이로 인하여 코딩에 소요되는 시간은 단축되었으며, 코드의 길이도 과거에 비하여 짧아지게 되었다. 하지만 데이터의 생성과 소멸에 따른 자원의 소모가 발생하였으며, 연산자를 기반으로 작성되어 데이터기반보다는 불편한 점이 있었다.

콘스탄틴과 함께 구조적 분석에 공헌을 한 인물은 요던(Yourdon), 드마르코(DeMarco), 게인(Gane), 사슨(Sarson) 등이 있다. 요던은 소프트웨어 개발방법론을 발전시켰으며, 특히 구조적 분석기법과 프로젝트 관리의 발전에 공헌하였다. 드마르코(DeMarco)는 구조적 분석 및 명세화 방법을 발전시켰다. 게인과 사슨은 DFD의 도식화에 공헌하였으며, 소프트웨어 개발 현장에서는 "게인 앤 사슨 표기법(Gane and Sarson Notation)"에 의한 DFD를 많이 활용하는 경향이 있다.

6.3 DFD 작성을 위한 기호

자료흐름도에서 사용되는 표기법 기호는 4개에 불과하다. 이러한 4개의 기호로서 모든 시스템을 직관적으로 파악할 수 있도록 해준다. DFD는 학자와 전문가에 따라 표기법에 있어서 약간의 차이가 있다. 동그라미 혹은 둥근사각형으로 표현되는 "프로세스"는 "데이터흐름"을 통해 외부로 인터페이스하는 기능을 표현한다. 프로세스를 더욱 상세한 수준까지 표현하기 위해 프로세스는 내부 "아들 프로세스(child process)"로 구체화된다. 외부로 인터페이스되는 대상이 "외부 엔터티(external entity)"이며, 내부 엔터티의 경우 프로세스 내부에 속한다. 데이터흐름은 화살표(arrow)로 표시된다. 문서파일이나 컴퓨터에 저장된 데이터베이스는 모두 "데이터저장소(data store)"로 표현된다.

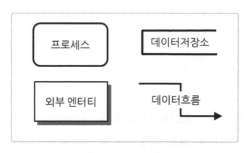

[DFD 작성 기호]

6.3.1 프로세스(process)

전환되거나 저장되거나 분배되기 위한 데이터를 관리하는 작업 또는 행동을 표현하는 것이 프로세스이다. 모서리가 둥근 사각형으로 표시한다. 프로세스는 전산화가 되기 이전에는 주로 수작업의 활동을 의미하며, 데이터를 처리하는 작업이다. 근무일지에 기록한다든지, 영수증을 발급하는 등등의 작업이 이에 해당한다. 때로는 계산을 하거나, 확인하는 작업도 표시될 수 있다.

6.3.2 데이터저장소(data store)

전산화가 되기 이전에는 종이로 작성된 문서철이나 관리대장 등이 이렇게 데이터저장소로 표시될 수 있는데, 전산화 과정에서 파일이나, 데이터베이스로 시스템화될 수 있는 부분이 데이터저장소이다. 데이터저장소의 경우에도 데이터사전에서 더욱 상세한 내역을 표시할 필요가 있기 때문에 작명에 신중을 필요로 한다. 데이터베이스로 개발될 경우를 대비한다면 충분한 수준으로 분리되어 데이터 저장소를 개별화시킬 필요가 있다. 데이터 저장소는 ID를 부여하기 위하여 데이터 저장소마다 번호를 부여할 수 있는데, "D1: 과목파일", "D2: 수강신청파일" 등으로 표시된다.

6.3.3 외부 엔터티(external entity)

원래 외부 엔터티는 그냥 엔터티라고 불렀다. 하지만 엔터티가 ERD(Entity Relation Diagram)에서 개체, 즉 모델링으로 표현하고자 하는 사물로 표시되면서 중복을 피하기 위하여 지금은 외부 엔터티, 혹은 인터페이스(interface)등으로 이름이 바뀌었다. 어떤 책에서는 데이터의 출발이며 종착이라고 하여 소스/싱크(source/sink)라고 부르기도 한다. 외부 엔터티는 데이터를 제공하거나 제공받는 주체이다. 이는 사람이거나, 조직 혹은 외부의 시스템이기도 하다. 외부 엔터티는 객체지향 분석기법의 유스케이스에서 액터(actor)와 관련이 있다. 액터가 외부 엔터티와 일치하는 것은 아니며, 개념상의 차이도 있다. 하지만 서로 연관성을 가지고 있기 때문에 DFD를 참고하여 유스케이스를 생성한다면 참고가 될 수 있다.

6.3.4 데이터흐름(data flow)

이동하고 움직이는 데이터의 흐름을 표현한다. 화살표로 표시되며, 데이터를 표현하기 위해서 의미 있는 이름을 선택하여 화살표 주변에 기술한다. 데이터 흐름의 이름은 나중에 데이터사전(DD: Data Dictionary)에 상세한 표현을 필요로 하기 때문에 작명에 있어서 명쾌하고 통합적인 이름의 부여가 필요하다.

6.4 DFD 작성

위의 표기법을 활용하여 학교의 수강신청에 대한 DFD를 간단한 예로 표현해보자. 학생들의 수강신청은 어떻게 진행될까? 우선 교수가 시스템에 개설할 강의를 등록한다. 학생은 개설된 강의의 목록을 보고 자신이 수강할 강의를 선택하여 시스템에 수강신청 한다. 교수는 신청된 학생의 목록을 참고하여 출석부를 출력할 수 있다.

■ 배경도(context diagram)

수강신청 프로세스를 DFD로 표현하기 위하여 가장 먼저 해야 할 작업은 배경도(context diagram)를 작성하는 것이다. 배경도에는 프로세스가 하나이며, 개발하게 될 시스템의 명칭을 부여한다. 시스템과 관련된 외부 엔터티를 배경도에 정의하여 관련된 모든 외부 엔터티를 확인할 수 있다.

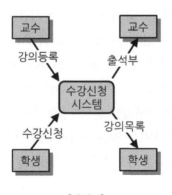

[배경도]

■ 0수준 DFD

구체적인 수강신청 DFD의 작성을 위해 시스템 분석가는 학생과 교수를 인터뷰하여 개략적인 DFD초안을 작성한다. 그리고 작성된 초안은 다시 학생과 교수의 확인 및 검증을 통해 구체화되고 개선된다.

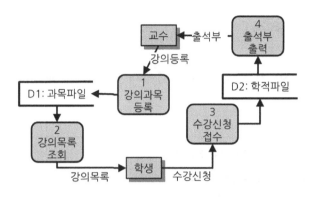

[0수준 DFD]

■ 1수준 DFD

0수준 DFD는 더욱 분할되어 최종적으로 프로그램 구현이 가능한 수준까지 DFD는 상세화될 수 있다. 위의 DFD에서 "4 출석부 출력"은 더욱 작은 단위의 아들 프로세스(child process)로 나누어지며, 이를 1수준 DFD라고 부른다. 아들 프로세스는 계속해서 더 작은 아들 프로세스를 생성할 수 있으며, 2수준 DFD, 3수준 DFD 등으로 나누어지게 된다. 프로세스 번호는 2수준, 3수준 등 더 작은 프로세스로 드릴다운(drill down)될 때마다 "프로세스 4"의 아들 프로세스에는 4.1 4.2 4.3과 같은 번호가 매겨지며, 4.1프로세스의 아들 프로세스에는 4.1.1 4.1.2 4.1.3 등과 같은 번호가 매겨진다.

더 이상 구체화되기 어려운 수준으로 정의된 프로세스는 이후 "소단위 명세서(mini-spec)"로 작성하여 내용이 서술된다. 이는 거의 코딩으로 구현될 수 있는 수준을 의미한다. 프로세스를 더 이상 분할할 수 없을 정도의 작은 단위로 나누어진 것을 "원초적 프로세스(primitive process)"라고 부른다.

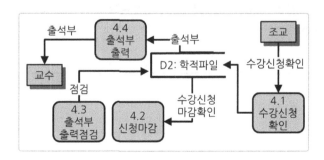

[1수준 DFD]

6.5 자료사전(data dictionary) 작성

자료사전은 DFD의 자료저장소와 데이터흐름에 대한 구체적인 내용을 설명하기 위해 작성한다.

과목파일 = 과목번호, 과목명, 담당교수, 강의실

학적파일 = 학번, 성명, 수강신청과목, 과목교수

6.6 소단위 명세서(mini-spec) 작성

"소단위 명세서"는 DFD만으로는 분석결과를 바로 프로그램으로 개발하기에 부족하기 때문에 중간에 소단위 명세서를 두어 분석과 구현의 중간과정으로 활용하기 위해 작성한다. 더 이상 구체화되지 않는 프로세스 최소단위, 즉 "원초적 프로세스"에서 프로세스에 대한 구체적인 설명을 글로 서술하는 것이 소단위 명세서이다. 화면 혹은 보고서 출력에 대한 처리과정과 처리조건을 글로서 표현하거나 "처리로직((process logic)" 혹은 "알고리즘(algorithm)"으로 표현한다. 다음은 간단한 소단위 명세서의 예이다.

과목목록 = FIND_DB(과목목록, 연도, 학기)

DO WHILE 과목목록의 과목명 중 1개

출석부 = FIND_DB(출석부, 연도, 학기, 과목명)

      DO WHILE 출석부의 학생 중 1명

            결석수 = 출석부의 학생 결석수를 더한 수

            성적부의 성적 = 성적부 성적 - 결석수 *2

      END DO

END DO

6.7 DFD 작성시 주의사항

■ 상위수준에서 하위수준으로 일관성 유지

배경도에서 없었던 새로운 외부 엔터티 추가 시, 배경도를 수정하여야 한다. 즉, 조교가 수강신청을 확인하는 것이 하위 수준의 DFD에서 나타났다면 배경도에도 조교가 표시되어야 한다는 것이다. 따라서 배경도에서 모든 외부 엔터티의 확인이 가능하다. 0수준, 1수준, 2수준 등으로 계속해서 DFD는 구체화될 수 있으며, 더 이상 구체화될 수 없는 경우 소단위 명세서를 기술하게 된다.

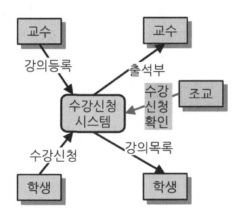

[배경도에 외부엔티티 추가]

■ 자료저장소의 구체화

자료저장소는 자료사전으로 표현되어야 한다. 자료사전은 향후 DB로 구축될 것을 염두에 두고 내용을 분석해야 한다. DFD가 구조적 분석기법으로 활용되던 시절에는 관계형 DB가 탄생하기 전의 일이다. 그 당시 데이터 저장소는 데이터파일로 시스템화되는 시절이었다. 지금은 관계형 DB가 일반화되어 있는 시점이며, 만약 DFD로 작성된 다이어그램을 기반으로 관계형 데이터베이스를 설계하려고 한다면 데이터저장소가 향후 관계형 데이터베이스의 엔터티, 즉 테이블로 변환될 가능성을 고려하여 자료저장소를 구체화하여야 한다.

6.8 DFD 작성 지침

6.8.1 모든 DFD에 적용되는 규칙

프로세스로 들어가는 입력 데이터는 그 프로세스로부터 나오는 출력 데이터와는 달라야 한다. 만약 다르지 않은 결과 데이터가 출력된다면 프로세스는 의미 없는 활동을 한 것이다. 아무런 활동을 하지 않았기 때문에 데이터 값에 아무런 변화가 없는 것으로 볼 수 있다.

기호로 표현한 DFD상의 데이터저장소, 프로세스, 외부엔터티, 데이터흐름은 각자 유일한 명칭을 가져야 한다. DFD를 복잡하게 그리지 않으려면 데이터 저장소나 데이터 흐름을 중복해서 나타낼 필요가 있다. 하지만 동일한 명칭을 가진 것은 바로 동일한 것이어야 한다. 약간이라도 이름이 다른 것은 다른 것을 표현하기 위하여 다른 명칭을 부여한 것으로 보아야 한다. DFD를 표현하기 위한 도구를 활용하는 경우에 DFD를 그리게 되면 이러한 명칭을 자동으로 모아서 보고서로 만들 수 있다. 이때 데이터저장소와 데이터흐름을 모아서 자료사전으로 만들어주는데, 명칭 들이 다른 이름을 가지면 다른 것으로 인식하여 표시하게 된다.

6.8.2 기호별 작성규칙

■ 프로세스 규칙

출력만 있는 프로세스는 있을 수 없다. 입력만 있는 프로세스도 있을 수 없다. 프로세스는 외부 엔터티 혹은 자료저장소로부터 데이터를 받아서 변환하거나 계산하거나 보고서로 만들게 된다. 이것이 프로세스의 역할이다. 프로세스의 이름은 동사형의 작명규칙을 가진다. 즉 명칭의 끝에 '한다'라는 말을 붙여서 어색하지 않아야 한다. 만약 프로세스 명칭이 '도서검색'이라면, '한다'를 붙여 '도서검색 한다'라고 하였을 때 어색하지 않다. 하지만 '택시'라고 명칭을 부여한 프로세스라면 '택시 한다?'로 되고 어색하다. 이러한 경우, '택시호출'이라고 프로세스 명칭을 부여하면 어색하지 않을 것이다.

■ 데이터 저장소 규칙

데이터 저장소는 한 데이터 저장소로부터 다른 데이터 저장소로 직접 이동할 수는 없다. 데이터는 외부 엔터티로부터 데이터 저장소로 직접 이동할 수도 없다. 데이터는 데이터 저장소에서 외부 엔터티로 직접 이동할 수도 없다. 데이터 저장소와 외부 엔터티 간의 데이터 전달은 반드시 프로세스를 통해 가능하다. 프로세스가 하는 일이 바로 데이터의 변환을 통해 어디론가 데이터를 전달하는 일이다. 데이터 저장소의 명칭은 명사형으로 작명되어야 한다. 즉, '성적파일', '물품대장' 등과 같은 명칭을 부여하는 것이 적절하다.

■ 외부 엔터티 규칙

데이터는 외부 엔터티로부터 다른 외부 엔터티로 직접 이동할 수 없다. 때로는 비즈니스 시나리오를 설명하기 위하여 외부 엔터티 간의 메시지 전달 혹은 상품과 같은 실물을 전달하는 것에 대한 표시를 하고 싶은 경우가 있다. 하지만 이는 현재 개발하고자 하는 소프트웨어 혹은 시스템 입장에서 관심사항이 아니다. 이러한 것을 표현하기 시작하면 세상 모든 일에 관여하게 된다. 외부 엔터티의 이름은 명사형으로 작명된다.

■ 데이터 흐름 규칙

데이터 흐름은 기호 사이에 오직 한 방향의 흐름을 가진다. 데이터 흐름은 한번 지나간 동일한 프로세스로 직접적인 역행이 불가능하며, 새로운 데이터흐름을 생성하여 표현하면 된다. 데이터 저장소로의 데이터흐름은 갱신(삭제 또는 수정)을 의미한다. 데이터 저장소로부터의 데이터 흐름은 추출이나 사용(조회)을 의미한다. 데이터 흐름의 이름은 명사형으로 작명하는 것이 좋다.

데이터 흐름에 있는 "분기"는 동일한 위치로부터 정확히 같은 데이터가 둘 이상의 다른 프로세스, 데이터 저장소, 또는 외부 엔터티로 이동한다는 것을 의미한다. 데이터 흐름에 있는 "결합"은 둘 이상의 다른 프로세스, 데이터 저장소, 또는 외부 엔터티로 부터 정확히 동일한 데이터가 동일한 위치로 이동한다는 것을 의미한다. 그림에서 수강신청 마감은 동일한 데이터가 분기되어 프로세스 4.1과 4.2로 이동되고 있음을 보여준다.

수강신청마감확인 데이터는 프로세스 4.1과 4.2로부터 결합되고 있음을 보여준다. 언제 분기되고 언제 결합되는지에 대한 표기는 없다. DFD에서는 시간개념이 존재하지 않는다. 다

만 데이터의 논리적인 흐름만을 보여주며, 이를 참고하여 시스템으로 개발되는데 참고할
수 있도록 한다.

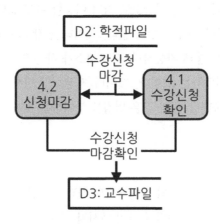

[데이터 흐름의 분기와 결합]

6.8.3 DFD의 기능적 분해(functional decomposition)

■ 완전성(completeness)

DFD는 모델링 하고자 하는 시스템에 필요한 모든 구성요소를 포함하여야 한다. 필요한 구
성요소인데 이를 누락시키게 되면 결국 시스템 설계 및 구현 시 누락되게 된다. 구성요소는
"데이터"이거나 "기능"이 되며, 특히 데이터는 자료저장소에 완전히 기술되어야 한다.

■ 균형성(balance)

프로세스의 분할과정에서 상위 수준의 프로세스가 1레벨이면, 하위 프로세스는 2레벨이 된
다. 이렇게 레벨의 다운 시 상위수준의 입력과 출력은 보존되어야 한다. 상위 수준과 하위
수준의 레벨 다운에 따른 균형이 맞지 않으면 논리적으로도 말이 되지 않는 경우가 생긴다.

DFD를 전문으로 그리는 도구에서는 이를 체크하여 규칙위반(rule violation)으로 경고 메
시지가 나타날 수 있다. 하지만 대부분의 학습자 들은 이러한 전문 도구를 활용할 기회가
많지 않기 때문에 논리적인 흐름에서 면밀하게 균형성을 유지하여야 한다.

▪ 타이밍(timing)

DFD는 시간개념을 제대로 표시하지 못한다. 즉, 시간에 대한 개념을 가지고 있지 않다라고 보는 것이 더 맞는 표현이다. 모델링하고 있는 시스템이 가동되지도 않고 멈추고 있지도 않은 것처럼 작성하는 것이 DFD작성의 최선이다.

▪ 반복적 개선(iterative enhancement)

DFD는 한번에 제대로 그려지기 어렵다. 시스템 분석가는 여러 번 반복해서 DFD를 수정보완 하면서 개선해나가야 한다. 사용자 혹은 고객은 DFD를 검토하면서 필요한 부분은 추가하고 불필요한 부분은 제거하면서 분석가와 함께 검증한다. 분석단계 말에 충분한 검토를 끝낸 DFD도 설계단계에서 수정이 발생할 수 있다.

▪ 분해의 중단(stop of decomposition)

프로세스를 지속적으로 분해하는 과정에서 어느 시점에서는 더 이상 상세한 수준으로 더 분해되지 않는 시점이 온다. 이를 분해의 중단이라고 하며, 다음과 같은 경우 분해가 중단된다.

- 각각의 프로세스를 하나의 의사결정이나 계산, 또는 단일 데이터베이스의 조작하는 수준 (SQL문장으로 처리할 수 있는 수준)까지 줄였을 때
- 각각의 데이터 저장소가 단일 개체에 대한 데이터를 나타날 때, 즉 테이블로 표현 가능한 수준까지 충분히 상세하게 정의되었을 때
- 소프트웨어 개발자가 더 상세한 세부사항을 보고자 하지 않을 때, 즉 이 정도 수준이면 코딩이 가능하다고 판단이 될 수 있는 수준이 되었을 때
- 모든 데이터가 다양한 방법으로 처리된다는 것을 보여주기 위해 더 이상 분해할 필요가 없을 때
- 단일 데이터 흐름으로 각각의 사업 양식이나 거래, 컴퓨터 온라인 디스플레이, 그리고 보고서를 충분히 보여줬다고 생각될 때

[DFD 작성 실습]

아래의 도서대출과 관련된 요구사항 분석을 참조하여 DFD를 그려보자.

- 학생은 도서에 대한 내역을 작성한 도서대출 신청서를 대출카드와 함께 제출한다.
- 접수직원은 도서대출신청서가 제대로 작성되었는지 대출카드가 유효한지를 확인한다
- 도서관리원은 유효한 대출신청서에 기재된 도서가 보유도서인지 확인하기 위해 도서목록철을 참조한 후 보유도서인 경우 대출철을 확인하여 기대출되지 않은 도서이면 대출지시서를 서고로 보내고 대출카드에 해당사항을 기입하여 대출철과 함께 보관한다
- 이때, 기대출된 도서에 대해서는 반납예정일자를 학생에게 통보한다
- 만약 미보유도서인 경우, 구매대장에 해당사항을 기록하고 정기적으로 일괄처리한다
- 대출지시된 도서는 서고에서 학생에게 대출된다.

에스커 다익스트라(Edsger Wybe Dijkstra : 1930 ~ 2002)   Reference

에스커 다익스트라는 네델란드 로테르담에서 태어났다. 그의 이름이 특이한 이유가 바로 네델란드 사람이기 때문이다. 그는 4남매 중 세번째로 태어났으며, 아버지는 고등학교 화학교사이고, 어머니는 수학에 조예가 깊었다고 한다. 그는 어머니로부터 수학에 대한 깊은 영향을 받았다. 고등학교 졸업반 시절 그는 법대를 지망하였으나 마지막 기말고사에서 우수한 과학분야 성적을 보고 부모님과 선생님은 그를 과학의 길로 가도록 설득하였다. 그래서 그는 Leiden University(라이덴 대학교)에 입학하여 물리학을 전공하게 되었다.

1951년 그의 아버지는 영국의 캠브리지 대학교에서 개설한 컴퓨터 프로그래밍 과정의 광고를 보게 되었고, 아들이 물리학을 더 잘할수 있도록 하기위해서는 컴퓨터 프로그래밍이 필요할 것으로 생각하여 3주 교육과정에 등록하였다. 에스커는 그때 처음으로 네델란드를 떠나보게 되었고, 영어로 말하는 사람들을 처음 만났다고 한다. 그리고 금방 프로그래밍을 좋아하게 되었다. 그는 물리학의 어려운 계산문제에 프로그래밍을 적용하게 되었으며, 곧 자기자신이 컴퓨터에 더 흥미가 있음을 깨닫게 된다. 이미 1년전에 캠브리지에서 같은 과정을 이수했던 아더 반 빙카르덴(AaD Van Wijngaarden)은 다익스트라가 같은 프로그래밍 과정을 마쳤다는 것을 알게 되었고, 그가 연구소장으로 있는 암스테르담의 Mathematisch Centrum(국립 컴퓨터과학 &수학 연구소)의 프로그래머 업무를 다익스트라에게 제안하였다. 하지만 아직 대학을 졸업하기 전인 다익스트라는 1952년부터 파트타임으로 일하게 되었으며, 드디어 1956년도에 대학을 졸업하게 된다.

다익스트라는 Mathematisch Centrum에서 여러 프로젝트에 참여하면서 최단경로 알고리즘 등을 발표하게 되었다. 이후 1959년에는 University of Amsterdam(암스테르담 대학교)에서 박사학위를 받게 되었고, 1962년에는 Eindhoven University of Technology(아인트호벤 기술대학교)에서 강의를 하게 되었다. 그 당시 아인트호벤 기술대학교에는 컴퓨터과학과가 없었고, 그는 수학과내에 컴퓨터과학팀을 만들었으며, 1965년 학생들에게 출제한 'dining philosophers problem'(만찬의 철학자들 문제)는 지금도 유명하다. 그는 아인트호벤 대학교에서 'THE' OS(THE운영체제)를 만들었으며, THE는 Technische Hogeschool te Eindhoven의 약자로 아인트호벤 기술대학교를 말한다. THE의 특징은 이후 모든 컴퓨터OS의 표준이 되었다. 1972년에 다익스트라는 컴퓨터 과학분야의 최고영예라고 할수 있는 Turring Award(튜링 상)을 수상하게 되었다. 그는 이후 1973년부터 1980년대 초반까지 Burroughs Corporation에서 연구직을 맡아 일하였으며, 동시에 아인트호벤 대학교의 특별 교수직도 겸하였다.

그는 아인트호벤 기술대학교로 자리를 옮기면서 1년이상 글을 제대로 쓸수 없는 심각한 작문장애를 겪게 되는데, 스스로 심각하게 고민한 결과 그 이유를 알게되었는데, 그가 암스테르담의 연구소 동료들이 좋아할 글을 쓰게 되면 아인트호벤의 대학교 동료들은 무슨 말인지 이해를 못했다. 반면 아인트호벤의 동료들이 좋아할 만한 글을 쓰게되면, 그의 암스테르담에 있는 전직 연구소 동료들은 그를 경멸했다. 그래서 그는 자기자신을 위한 글을 쓰기로 마음먹었으며, 이후 만년필로 정성껏 글을 쓰는 습관이 생겼다. 그의 작문은 그의 영문명 이니셜을 따서 EWD로 시작하는 일련번호(예, EWD-123)로 작성되었으며, 전세계 컴퓨터과학 분야에 관심을 갖는 여러 동료들에게 복사본이 퍼져나갔다. 그의 정성스럽게 씌여진 글은 이후 1984년에 미국의 텍사스대학교(University of Texas at Austin)에서 2000년에 은퇴할 때까지 계속되었으며, 텍사스 대학교에는 그의 EWD문서가 약 1300건 보관되어 있다. 텍사스대학교는 지금도 그의 손으로 씌여진 글들을 온라인으로 조회

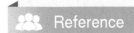

할 수 있는 서비스를 제공하고 있다.

컴퓨터과학분야에 끼친 그의 영향은 다익스트라 알고리즘으로 알려진 shortest path algorithm(최단경로 알고리즘)과 multiprogramming system(멀티프로그래밍 시스템) , 그리고 멀티프로그래밍 환경에서 공유자원을 제한하는 semaphore (세마포어)개념의 정립 등이다. 분산컴퓨팅분야에서 다익스트라는 self-stabilization(셀프 안정화)라는 개념을 논문('Self-stabilizing Systems in Spite of Distributed Control')을 통해 발표하였다. 이는 분산시스템 분야의 선구자적인 업적이며, self-stabilization분야의 시초가 되었다.

그는 1950년부터 기계언어에 대한 프로그래밍을 하면서 GOTO문장에 대한 고민을 갖게 되었고, 1968년 "A Case against the GO TO Statement"라는 논문(이후 'Go To Statement Considered Harmful'로 제목을 변경)에서 GOTO문장을 사용하지않고 프로그래밍을 하는 방법으로 선택적 제어구조를 제시하였다. 이러한 개발방법이 Structured Programming(구조적 프로그래밍)이라고 알려지게 되었으며, 1972년 C.A.R Hoare와 Ole-Johan Dahm과 공동으로 "Structured Programming"이라는 책을 저술하였다.

다익스트라는 BASIC언어(GOTO문장이 많기로 유명)에 강력히 반대하는 입장이었으며, ALGOL-60의 팬이었다. 그는 ALGOL-60을 위한 첫 컴파일러를 만드는 팀에 합류하여 일했으며, 같이 일한 동료인 Jaap Zonneveld와 프로젝트가 완수되기 전까지 수염을 깎지 않기로 합의하기도 하였다. 그가 완성한 컴파일러는 재귀적 명령문을 지원하는 첫 컴파일러가 되었다.

그는 2002년 네델란드 Nuenen(뉘넨)에서 암투병 끝에 사망하였다. 이듬해에 ACM(Association for Computing Machinery)의 PODC Influential Paper Award in distributed computing(분산컴퓨팅분야에 영향을 끼친 논문상)의 이름은 그의 업적을 기려 Dijkstra Prize(다익스트라 상)으로 바뀌었다.

■ 다익스트라의 여러 가지 모습

[동료와 담소하는 다익스트라]

■ 다익스트라의 'dining philosophers problem'(만찬의 철학자들 문제)

컴퓨터과학에서 만찬의 철학자들 문제는 동시성 제어를 위한 이슈와 기술을 보여주기 위해 자주 사용되는 예제이다. 5명의 말하지 않는 철학자들이 스파게티 접시가 있는 테이블에 둘러앉아 있다. 각각의 철학자 앞에는

스파게티 접시 하나와, 왼쪽과 오른쪽에 하나씩 포크가 놓여 있다. 스파게티를 먹기 위해서는 왼쪽과 오른쪽의 포크를 모두 들어 올려야 가능하다. (그림참조).

• 각 철학자는 잠시 동안 생각을 하고, 잠시 동안 먹고 난 다음, 잠시 동안 기다린다.

• 먹을 때는 반드시 오른쪽 포크와 왼쪽 포크를 모두 집어야 한다.

• 철학자들은 포크를 집어 들거나 내려놓는 것만으로 의사소통을 한다. (말을 할 수도 글을 쓸 수도 없다.)

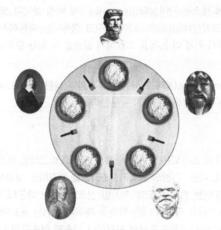

[만찬의 철학자들]

■ 철학자들 각자가 먹기 위해서 사용하는 알고리즘

 i) 오른쪽 포크를 사용할 수 있을 때 그것을 집어 올린다. (오른쪽에 앉은 사람이 이미 포크를 들고 있을 경우엔 기다린다.)

ii) 왼쪽 포크를 사용할 수 있을 때 그것을 집어 올린다. (왼쪽에 앉은 사람이 그것을 들고 있을 경우엔 기다린다).

iii) 먹는다.

• 교착 : 모든 철학자들이 동시에 먹기 시작하려고 결심한다면 그들은 (i)단계에는 모두 성공하겠지만 (ii)단계에서는 영원히 기다려야만 하는 결과가 될 것이다.

• 기아 : 동료 철학자들이 모두 한 개의 포크만을 들고 있는 것을 보면서 (ii)단계에서 기다리고 있던 어떤 철학자가 자신의 오른쪽 포크를 내려놓고 잠깐 동안 조용히 앉아 오른쪽 사람이 먹는 것을 지켜볼 수 있다. 이렇게 되면 이타적인 철학자는 결코 먹지 못하게 될 가능성이 있다.

• 공평성의 결여 : 모든 철학자가 먹는다 하더라도 일부가 다른 사람들보다 많이 먹지 못할 수 있다.

이 문제는 컴퓨터 내에서 구현 중인 프로그램인 프로세스의 활동을 나타낸다. 컴퓨터에서 프로그램을 실행시키면 프로세스가 생성되어 구동한다. 이 프로세스는 컴퓨터로부터 자원을 할당 받아 일하고 우리는 그 결과를 받아본다. 이것이 우리가 프로그램을 실행하고 구동하는 방법이다. 쉽게 생각해서 철학자가 두 개의 포크로 스파게티를 먹는 행위는 포크라는 자원(CPU와 메모리 등)을 이용해서 스파게티라는 과제를 처리하는 것이다. 물론 이런 방식으로 하나의 프로세스만 동작한다면 문제가 없지만 우리가 사용하는 컴퓨터는 여러 프로세스가 동시에 일을 처리하고 자원을 원하기 때문에 문제가 발생한다. 컴퓨터는 원활한 자원의 사용을 위해서는 작업의 규칙을 정하고 수행시기를 조정하는 동기화가 필요하다. 만약 규칙이나 동기화 없이 한 프로세스가 자원을 독점한다면 다른 프로세스는 기아상태(Starvation)에 빠질 것이다. 또 모든 프로세스가 하나의 포크만 들고 기다린다면 그들은 교착상태(deadlock)에 빠지고 컴퓨터는 작동하지 않을 것이다. 다익스트라는 이런 상호간의 문제들을 해결하기 위해 이 논제를 고안하여 발생할 수 있는 문제들을 생각해보고 해결 방법을 찾았다.

우선 다익스트라가 고안한 Semaphore(세마포어)는 공유자원에 대한 접근을 제한하여 문제를 해결한다. 그러나 세마포어가 모든 교착상태 문제를 해결해주지는 못한다.

■ Semaphore(세마포어)

세마포어는 두 개의 원자적 함수로 조작되는 정수 변수로서, 멀티프로그래밍 환경에서 공유 자원에 대한 접근을 제한하는 방법으로 사용된다. 이는 "만찬의 철학자들 문제"를 해결하는 고전적인 해법이지만 모든 교착 상태를 해결하지는 못한다. 세마포어는 원래 철도의 '까치발 신호기' 또는 해군의 '수기 신호'라는 뜻으로, 운영체계 또는 프로그램 작성 내에서 공유 자원에 대한 접속을 제어하기 위한 용도이다. 병행 내지 병렬로 동작되는 둘 이상의 프로세서 사이에서 마이크로프로세서 시간이나 입출력 접속구와 같은 공유 자원을 동시에 사용할 수 없기 때문에, 한 프로세서가 사용하고 있는 동안에 세마포어를 세워서 다른 프로세서를 대기시키고 사용이 끝나면 해제시키는 방법으로 사용한다.

■ 구조적 프로그래밍

다익스트라는 어셈블리 언어를 제외한 나머지 고급 언어에서 "GOTO 문법 자체는 빼야한다"라고 주장하였다. 이것은 프로그램을 조직하는 방법을 근본적으로 변화시켰다.

1968년 Communications of ACM의 편집자에게 보내는 편지에 의해 출판된 기고문은 프로그래밍의 역사에 있어 대단한 의미를 갖는다. 이 글로 인해 구조적 프로그래밍에 대한 관심이 크게 일기 시작했고, 여러 언어의 형성에 큰 영향을 끼쳤다. 이 글이 나오고 난 이후 지금까지도 구조적 프로그래밍에 대한 논쟁은 그치지 않고 있다.

다익스트라는 프로그래밍이 목표로 하는 것은 프로그램 자체가 아니고 그 프로그램이 생성할 동적인 진행과정이라는 점에 주목하였고, 올바른 프로그램을 만드는 것보다 올바른 진행과정을 만들어 내는 데 포커스를 맞춰야 한다라고 생각하였다. 그런데 프로그래머가 직접 만지는 것은 프로그램이고, 거기서 동적인 진행과정을 만들어내는 것은 컴퓨터라는 것이다. 그러므로 프로그램과 과정 간에 서로 영향을 미치는 상응성이 개입하게 되는 것이다. 프로그램은 공간(텍스트 공간)에 존재하고 과정은 시간에 존재한다. 하지만 인간의 인지 구조는 정적인 관계를 이해하는 데 더 적합하게 되어 있다. 시간에 따라 변하는 동적인 과정을 시각화하는 것은

인간으로서는 매우 어려운 일이다. 이것이 프로그래밍이 어려운 이유가 된다는 것이다.

저수준의 관점에서 구조적 프로그래밍은 간단하고, 계층적인 프로그램 제어 구조로 구성된다. 이 제어 구조들은 하나의 구문으로 간주되며, 동시에 더 간단한 구문들을 결합시키는 방법이다. 더 간단한 구문들은 또 다른 제어 구조일 수도 있고, 할당문이나 프로시저 호출과 같은 기본 구문일 수도 있다. 에스커 다익스트라가 확인한 3가지 형태의 구조는 순차, 선택, 반복이다.

- 순차(concatenation)는 구문 순서에 따라서 순서대로 수행된다는 것이다.

- 선택(selection)은 프로그램의 상태에 따라서 여러 구문들 중에서 하나를 수행하는 것이다. 주로 if..then..else..endif, switch, case와 같은 키워드로 표현한다.

- 반복(repetition)은 프로그램이 특정 상태에 도달할 때까지 구문을 반복하여 수행하거나, 집합체의 각각의 원소들에 대해 어떤 구문을 반복 수행하는 것이다. 보통 while, repeat, for, do..until 같은 키워드로 표현한다. 종종 반복 영역의 시작점을 하나로 하는 것이 추천되며 몇 가지 언어에서는 이것을 꼭 지켜야 하도록 하고 있다.

고수준의 관점에서 구조적 프로그래밍에서는 코드 작성자가 큰 조각의 코드를 이해하기 쉬운 크기의 작은 하부 프로그램(함수, 프로시저, 메서드, 블록, 등)으로 나누어야 한다는 것이다. 일반적으로 프로그램은 전역 변수는 거의 사용하지 않아야 하고 대신에 하부 프로그램은 지역 변수를 사용하거나, 값이나 참조에 의한 인자를 받아야 한다. 이런 기법은 전체 프로그램을 한번에 이해하지 않고, 분리된 작은 코드 조각을 쉽게 이해하는 데 도움을 준다.

20세기의 막바지에 이르자, 대부분의 컴퓨터 과학자들은 구조적 프로그래밍의 개념을 배우고 적용하는 것은 유용하다고 확신했다. 포트란, 코볼, 베이직과 같이 프로그래밍 구조가 원래 취약한 고급 프로그래밍 언어들은 이제 그런 구조를 가지고 있다. GOTO문 제멋대로 사용하는 것을 받아들이는 프로그래밍 교육자들은 찾기가 힘들어졌다.

다익스트라가 구조적 프로그래밍을 표준 교육과정에 편입시키는 데는 성공했지만 엄격한 조건을 고수하는 데는 성공하지 못하였다. 하지만 그가 제시한 구조적 프로그래밍은 수많은 개발자들이 무원칙하게 프로그래밍해왔던 태도에 큰 변화를 가져왔고 이후의 소프트웨어 공학의 각종 방법론들이 발전하는 데 큰 영향을 끼쳤다.

연습문제

(○,×)

1. 대표적인 구조적 분석기법은 DFD이다.

　정답　○
　해설　DFD(Data Flow Diagram)은 대표적인 구조적 분석기법이다.

4지선다

2. DFD의 네가지 기호 중 "데이터의 전환이나 분배를 수행하는 작업"을 표현한 것은?

① 데이터 흐름　　　　　　　　　　　② 프로세스

③ 데이터 저장소　　　　　　　　　　④ 인터페이스

　정답　②
　해설　입력된 데이터를 작업에 의해 적절한 형태로 처리하는 과정을 표현하는 것은 프로세스이다.

서술형

3. DFD 기능적 분해는 무엇일까요?

　정답　상위 DFD를 더 작은 하위단위의 DFD 혹은 프로세스로 구체화하는 작업
　해설　조금 어렵죠! 0수준에서 1수준, 2수준 등등 계속 낮은 수준으로 분해하는 작업입니다.

■ DFD 작성

요구사항을 분석한 결과, 좀더 구체적인 기능을 알아보기 위하여 DFD를 작성해보는 것이 좋다. DFD는 본문에서 작성하는 방법을 이미 숙지한 것으로 가정한다. DFD를 처음 작성할 때에는 뭔가 잘 알지도 못하는 소프트웨어에 대하여 아직 DFD작성법도 숙지되지 않았는데 그려야 하기 때문에 많이 당황스러울 것이다. 하지만 조잡하게라도 그려보기 시작하면 곧 익숙해지고, DFD를 통해 프로젝트임원들끼리 의사소통에 많은 도움이 될 것이다.

DFD작성을 위한 도구도 여러가지가 있다. 대표적인 DFD작성도구로는 이드로우맥스(Edraw Max)가 있다 (https://www.edrawsoft.com) . Edraw Max는 DFD뿐만 아니라 소프트웨어공학에 관련된 다양한 다이어그램을 그려볼 수 있는 도구이다. DFD의 표기법(notation)에는 학자마다 조금 다를 수 있는데, 유튜브 (youtube)에서 Edraw Max 사용방법을 배울수 있다.

수업시간에 동영상을 통해 미리 사용법을 숙지한다면 훨씬 실습하기 수월할 것으로 생각한다. 한번 작성된 DFD는 버전관리가 필요하며, 지속적으로 개선과정을 거치면서 훨씬 품질이 높은 문서로 개선될 것이다. 한번 작성해본 것으로 끝이 아니며, 지속적으로 미비한 부분을 점검하고 향후 본 교재 9장의 '데이터베이스 설계'를 배울 때에도 참고를 하기 바란다.

■ DFD 작성순서

- 배경도 작성

- DFD 1차분할

- DFD 2차분할

- DFD 전체 검토 및 일관성 확인

- 요구사항 명세서에 DFD를 추가하여 명세서 버전업

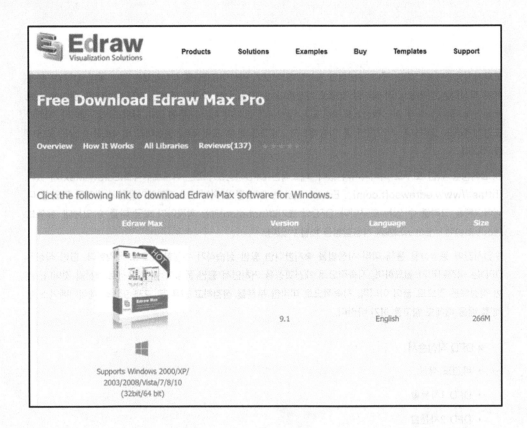

참고문헌

- 한혁수, 소프트웨어공학의 소개, 홍릉출판사, 2008

- 류성열, 시스템분석과 요구공학, 한티미디어, 2013

- Valacich, George, Hoffer 공저, 서우종, 홍태호 공역, "시스템분석 및 설계", 생능출판사, 2013

- http://dijkstrascry.com/node/54

- http://www.systemsguild.com/tdm.htm

- 위키피디아 : http://www.gap-system.org/~history/Biographies/Dijkstra.html

- 한글위키피디아 :http://ko.wikipedia.org/wiki/%EC%84%B8%EB%A7%88%ED%8F%AC%EC%96%B4

- 한글위키피디아 :http://ko.wikipedia.org/wiki/%EA%B5%AC%EC%A1%B0%EC%A0%81_%ED%94%84%EB%A1%9C%EA%B7%B8%EB%9E%98%EB%B0%8D

- http://www.gap-system.org/~history/Biographies/Dijkstra.html

- http://en.wikipedia.org/wiki/Dining_philosophers_problem

- 네이버지식사전 : http://terms.naver.com/entry.nhn?docId=32035

- http://www.google.co.kr/imgres?imgurl=http://www.adeptis.ru/vinci/edsger_dijkstra5.jpg&imgrefurl=http://www.adeptis.ru/vinci/m_part7.html&h=458&w=400&sz=84&tbnid=FTTOoFsLYwzikM:&tbnh=128&tbnw=112&prev=/search%3Fq%3DEdsger%2BDijkstra%26tbm%3Disch%26tbo%3Du&zoom=1&q=Edsger+Dijkstra&hl=ko&usg=__PPpOCl8zhEy1PfUGrJWqcAHWTFA=&sa=X&ei=A53mTtDOF-6TiQf7iPjsCA&ved=0CCYQ9QEwBA

- https://www.edrawsoft.com/download-edrawmax.php

CHAPTER **7**

객체지향적 분석기법

7.1 객체지향적 분석기법이 뭔가요?

소프트웨어를 데이터와 프로세스로 분리하지 않고, 실 세계에 존재하는 사물이나 개념, 즉 객체(object) 자체를 소프트웨어로 구현하고자 하는 분석기법이 객체지향 분석기법이다. 실 세계를 객체로 분리하고 이를 프로그램으로 개발하고자 하는 것이며, 소프트웨어의 개발과 현실 세계를 최대한 일치시키고자 하는 개념이다. 객체(object)는 실 세계에 존재하는 어떤 사물이나 개념이다. 실 세계에서 볼 수 있는 모든 것들을 추상화하여 객체로 표현할 수 있다라는 생각에서 출발한다.

7.2 객체지향 분석의 발전

1990년대에 새로운 변화의 바람이 불기 시작하였다. 컴퓨터의 발전은 더 많은 기능과 데이터 처리가 가능해진 반면, 분석기법에서는 구조적 분석이 한계를 드러낸 것이다. 기술적 발전에 의한 변화와 구조적 분석기법이 가진 한계는 다음과 같다.

- 소프트웨어의 대형화
- 시스템의 복잡화 심화
- 분석과 설계간의 불완전한 연결
- 웹(web)의 활성화
- 객체지향 프로그래밍의 각광

1990년대 중반까지 수많은 객체지향 모델링 방법이 발표되었다. 럼바우(Rumbaugh)의 OMT(Object Modeling Technique), 부치(Booch)의 OOD(Object-Oriented Design), 야콥슨(Jacobson)의 OOSE(Object-Oriented Software Engineering)등이 대표적이다. 서로 다른 수많은 객체지향 모델링 기법에 의해 산업계와 학계는 많은 혼란을 겪게 되었으며, 1997년 UML(Unified Modeling Language)로 통일되면서 객체지향 분석기법은 표준화가 가능해졌다.

UML(Unified Modeling Language)은 객체지향 소프트웨어 개발에 필요한 제반사항을 표준화하였다. 즉, 의사소통을 용이하게 하기 위한 모델링 기법을 표준화하였고, 관계와 다이어그램에 대하여 표준화하였다. 그리고 반복/점진적 개발 프로세스를 지향하고 있다. UML은 OMG(Object Management Group)에서 표준으로 채택되었다. UML의 대표적인 다이어그램이 유스케이스 다이어그램, 클래스 다이어그램, 시퀀스 다이어그램이다.

7.3 객체지향 개념의 구성요소

7.3.1 클래스(class)

유사한 객체(object)들이 갖는 일련의 데이터와 함수들을 추상적으로 정의한 것이 "클래스"이다. 클래스는 "클래스명(class name)", "속성(attribute)", "메소드(method)"로 표현된다. 객체를 추상적으로 정의한 것의 실 세계 존재하는 사물은 "인스턴스(instance)"라고 부른다. 이는 추상화된 것이 아닌 추상화되기 이전의 실 세계 사물이며, 객체의 현실적 존재이다. 객체와 인스턴스가 많이 헷갈릴 수 있다. 객체가 바로 인스턴스와 같은데 왜 인스턴스라는 것이 별도의 의미를 가지는 것일까. 객체는 실 세계를 크게 보아서 이러한 객체

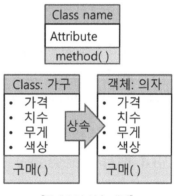

[클래스의 상속 개념]

들이 존재한다라는 개념으로 추상화할려는 생각이 이미 깔려있다. 추상화하고 나서 다시 추상화되기 이전의 실물이 뭐지? 라고 생각한다면 이것이 인스턴스인 것이다.

가구라는 클래스로 추상화된 가구에는 의자도 있고, 책상도 있다. 즉, 의자도 책상도 가구에 속하는 객체이다. 만약 여러분이 앉아있는 의자가 있다면 이는 실 세계에 존재하고 있는 인스턴스이며, 의자라는 객체이면서, 가구라는 클래스로 추상화될 수 있는 실 세계의 사물이다.

클래스의 종류에는 경계(boundary), 제어(control), 엔터티(entity) 클래스가 있다.

- 경계 클래스: 시스템과 외부의 연결을 담당
- 제어 클래스: 시스템이 제공하는 실질적인 기능을 제공
- 엔터티 클래스: 정보를 관리하고 저장하는 기능. 데이터베이스를 위한 기초를 제공

7.3.2 속성(attribute)

의자와 책상은 가구의 속성을 상속받을 수 있으며, 상속되는 것은 속성이다. 속성은 선택된 객체의 성질을 설명 또는 정의한 것이다. 엔터티 클래스의 속성은 향후 데이터베이스의 테이블에서 칼럼으로 변환될 가능성이 있다. 즉, 관리가 필요한 부분을 속성으로 정의하고 이를 토대로 데이터베이스에 테이블의 칼럼으로 관리할 수 있도록 설계를 할 것이 미리 예상이 된다는 것이다.

7.3.3 메소드(method)

클래스가 속성을 사용하여 처리하는 알고리즘이 메소드이다. 메소드는 "오퍼레이션(operation)"이라고도 한다. 향후 프로그램으로 구현될 가능성이 있다. 객체가 갖는 함수를 클래스로 표현한 것이 메소드이다.

7.3.4 메시지(message)

객체와 객체간의 의사소통을 가능하게 하는 방식은 메시지를 주고 받는 것이다. 프로그램은 메시지 전송을 통해 명령을 전달하고 필요한 데이터도 이동할 수 있도록 한다. 메시지를 통해 송신 객체가 수신 객체에게 동작이나 행위를 명령할 수 있다.

7.4 객체지향 분석의 특징

7.4.1 상속성(inheritance)

객체들간에는 관계(relationship)를 가지고 있다. 서로 연관(association)관계를 갖는다는 것이 상속의 핵심이다. 상속은 이미 만들어진 코드의 재사용을 위해 등장하였다. 기본 클래스를 상속받아 서브클래스로 구현함으로써 기본 클래스에서 정의한 코드를 재사용할 수 있다.

- 수퍼 클래스: 상속해 준 부모 클래스
- 서브 클래스: 상속을 받은 자식 클래스

7.4.2 캡슐화(encapsulation)

속성과 메소드가 결합되어 있는 상태이다. 세부적인 내부 구현사항들을 외부 세계와 분리시키는 개념이다. '무엇'인지는 알고 있지만, '어떻게'는 알 필요가 없다는 개념이다. 인터페이스의 구조를 단순화할 수 있는 장점이 있다.

7.4.3 정보은닉(information hiding)

객체가 가지고 있는 데이터와 메소드를 외부에 전혀 보여주지 않는 개념이다. 다른 객체로부터 직접적인 접근을 허락하지 않고 메시지 전달을 통해 간접적으로 접근할 수 있다. 캡슐 내부에 있는 정보항목에 대하여 외부에 전혀 노출시키지 않고자 하는 것이다. 한 객체의 수정이 다른 객체에 주는 영향을 최소화할 수 있는 장점이 있다.

7.4.4 추상화(abstraction)

객체를 모델링할 때 중요하거나 주목하고 싶은 측면을 강조하여 특정 속성과 메소드를 추출해내는 것이 추상화이다. 문제를 개념화시켜 표현하는 원리이며, 분석의 초점을 명확하게 정의하는 장점이 있다.

7.4.5 다형성(polymorphism)

기본 클래스에서 정의된 멤버를 서브 클래스에서 재정의할 수 있도록 제공하는 클래스의 기능이다. 하나의 개체, 즉 프로그램에서 여러 개의 인터페이스를 구현할 수 있도록 한다. 메시지 명령어의 단순화와 처리 메모리의 절약이라는 장점이 있다.

7.5 유스케이스 다이어그램(use case diagram)

7.5.1 유스케이스 다이어그램의 구성요소

사용자의 관점에서 시스템의 서비스와 기능 및 그와 관련된 외부요소를 보여주는 다이어그램이 "유스케이스(use case)"이다. 유스케이스 다이어그램의 구성요소는 다음과 같다.

- 시스템(system)
- 액터(actor)
- 유스케이스(use case)
- 관계(relationship)

■ 시스템(system)

구현하고자 하는 소프트웨어와 기능의 범위를 설정한다. 범위를 정확하게 설정하는 것은 항상 어려운 일이며, 일부 고객은 이렇게 범위에 대하여 정확하게 선을 긋는 것을 대단히 싫어한다. 범위설정이 반드시 필요하고, 이렇게 하는 것이 소프트웨어 개발 프로젝트의 실패 가능성을 줄이는 것으로 연구결과가 나와있기도 하지만, 현실적으로 고객들은 적은 예산으로 많은 일을 시키고 싶어한다. 하지만 그런 마음가짐으로 프로젝트를 수행하게 되면 결코 만족스러운 소프트웨어를 만들 수 없다. 시스템의 경계는 분명히 하되 요구사항의 변경은 가능한 것이다.

[시스템의 표현]

■ 액터(actor)

시스템의 외부에 있으면서 시스템과 상호작용을 하는 사람 혹은 다른 시스템을 액터라고 한다. 액터의 도출에 의해 시스템을 바라보는 뷰(view)라는 관점이 생기게 된다. 액터의 관점에서 시스템을 바라보면서 무슨 기능을 수행하게 될 것인가를 생각해낼 수 있다.

[액터의 표현]

■ 유스케이스(use case)

시스템이나 액터에게 제공해야 하는 기능의 집합이다. 기능은 액터가 업무를 수행할 수 있도록 도와주는 것을 의미하며, 시스템에서 제공되는 기능에 의해 액터는 자신의 업무를 제대로 수행할 수 있다.

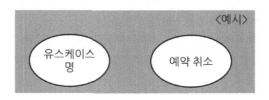

[유스케이스의 표현]

■ 관계(relationship)

시스템이나 액터 사이의 관련 사항을 표현하는 것이 관계이다. 관계에는 여러 가지 종류가 있다.

• 연관관계(association): 서로 상호작용이 존재함
• 일반화관계(generalization): 세부적인 유스케이스를 상위 수준의 추상개념으로 표시
• 포함관계(include): 다른 유스케이스의 실행을 전제로 할 때 형성되는 관계
• 확장관계(extend): 다른 유스케이스를 선택적으로 실행시킬 수 있는 관계

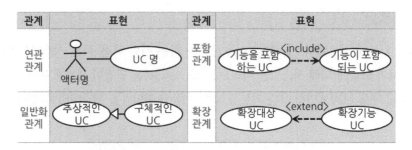

[관계의 표현]

7.5.2 유스케이스 다이어그램의 작성순서

유스케이스 다이어그램은 ①문제의 인식, ②시스템의 정의, ③액터 도출, ④유스케이스 식별, ⑤관계 정의 순서로 작성하게 된다. 본 작성순서에 맞추어 아래의 도서관 업무를 대상으로 유스케이스 다이어그램을 작성해보고자 한다.

> • 참깨대학교는 수작업으로 진행되던 도서관 업무를 시스템으로 자동화하고자 하였다.
> • 도서관을 이용하는 사용자와 보유 중인 장서에 대한 관리, 그리고 도서 대출 및 반납과 이미 대여 중인 도서에 대해서는 예약을 할 수 있는 기능 등이 예상된다.
> • 구체적인 기능의 파악을 위해 시스템 분석가 오메가씨는 인터뷰를 진행한다.

■ 문제의 인식

구현하고자 하는 소프트웨어가 무엇인지 식별하고 파악한다. 전체의 범위를 인식하고 구현해야 할 소프트웨어 개발업무가 어느 정도의 규모가 될 것인지 추정해야 한다. 일정관리에서 실패를 하지 않으려면 문제를 잘 인식하여 구현하고자 하는 소프트웨어의 최종 이미지를 구상할 수 있어야 한다. 문제의 인식에서는 '도서관 정보시스템'을 개발할 필요성을 인식하고, 주요기능이 무엇인지 분석을 통해 파악하여야 한다. 파악된 결과는 다음과 같다.

> • **도서관 정보시스템의 필요성**
>   도서관 정보시스템이 어떠한 기능을 수행해야 할지 개요를 정의
> • **도서관 정보시스템의 주요기능**

[사용자 관리]
 – 사용자인 사서와 회원만이 이용
 – 가입은 DB를 통해 일괄적으로 이루어짐
 – 시스템에서는 로그인과 로그아웃, 회원정보 수정만이 가능
 – 사용자의 아이디는 모두 숫자로 이루어짐
[도서관리]
 – 사서는 인터넷이나 오프라인 서점을 통해 신규도서를 구입
 – 도서관 정보시스템을 이용하여 도서정보를 등록
 – 시스템에 등록된 도서정보는 사서에 의해서만 그 정보를 수정 및 삭제가능
[도서대출]
 – 도서정보의 등록이 완료되면, 회원은 도서정보를 시스템에서 검색
 – 검색된 내용을 바탕으로 원하는 도서가 있을 경우, 회원은 대출을 사서에게 신청
 – 사서는 연체정보를 확인하고 회원이 연체이력이 없을 경우 대출함(5권이상 제한)
[도서반납]
 – 도서반납은 사서를 통해 이루어짐
 – 도서반납 시 연체정보 확인 및 연체료 부과
[도서 예약]
 – 회원은 도서검색 후 자신이 원하는 도서가 없을 경우 도서예약을 할 수 없음
 – 연체도서가 있을 경우 예약을 할 수 없음
 – 예약한 도서는 도서가 반납할 경우 우선적으로 대출함
 – 회원은 예약을 취소할 수 있음

■ 시스템의 정의

전체 시스템의 경계를 식별하여 "도서관 정보시스템"이라는 큰 아웃라인을 설정하고, 그 안에 주요 하부단위 기능들을 정의한다. 도서관 정보시스템의 하부단위 기능은 다음과 같다.

• 도서관리 시스템
• 도서예약 시스템
• 도서대출 및 반납시스템
• 사용자관리 시스템

[도서관 정보시스템의 정의]

■ 액터 추출

시스템 분석결과, 액터는 사서, 회원, 사용자로 추출되었다. 아직 이들이 도서관 정보시스템에서 수행하고자 하는 기능은 정의되지 않았지만 액터를 대상으로 추가적인 인터뷰가 진행될 수 있으며, 이를 통해 각 액터의 뷰(view)를 파악할 수 있다.

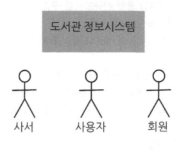

[액터의 추출]

■ 유스케이스의 식별

각 액터는 도서관 정보시스템에서 필요한 자신들의 기능을 정의하였다. 도서대출 및 반납의 경우에도 회원이 이용하는 기능이다.

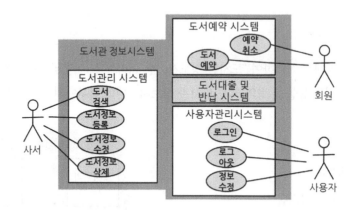

[유스케이스의 식별]

■ 관계 정의

위의 유스케이스의 식별에서 사서와 도서검색도 이미 연관관계를 설정한 것에 해당한다. 하지만 더욱 상세한 관계설정으로 유스케이스 간의 포함관계와 확장관계의 정의가 필요하다.

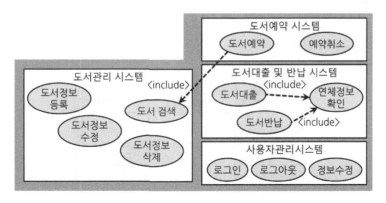

[관계의 정의]

지면 관계 상 위의 관계 정의에서 액터를 살짝 생략하였는데, 액터를 앞에서 정의한 유스케이스 식별에 있는 것처럼 그대로 그리게 되면, 최종적인 유스케이스 다이어그램이 완성되게 된다.

7.6 클래스 다이어그램(class diagram)

클래스 다이어그램은 클래스와 클래스 간의 관계를 통해 시스템의 전체적인 모습을 보여준다. 클래스 다이어그램은 정적인 특징을 가지고 있다. 클래스 다이어그램의 작성순서는 ①클래스의 선정, ②속성 정의, ③메소드 추출, ④관계 설정의 순서로 작성하게 된다.

7.6.1 클래스의 선정

클래스는 유스케이스에서 추출한다. 유스케이스에서 클래스를 추출하기 위해서 경계(boundary) 클래스, 제어(control) 클래스, 엔터티(entity) 클래스를 소프트웨어 구현의 관점에서 식별하고 분리한다.

[클래스의 종류]

도서관 정보시스템에서 추출된 클래스는 지면 관계상 모두 표현할 수는 없고, 일부 샘플링하여 표현하면 다음과 같다.

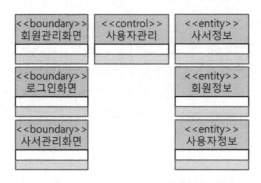

[도서관 정보시스템 클래스 추출]

7.6.2 속성의 정의

선정된 각 클래스가 갖고 있는 속성을 정의하기 위하여 클래스 종류별 속성에 대한 특성을 먼저살펴 볼 필요가 있다. 경계 클래스와 제어 클래스는 속성이 존재하지 않고, 엔터티 클래스만이 속성을 도출할 수 있다.

• 경계 클래스는 유저인터페이스 부분으로 직접적으로 표현되는 속성이 없음
• 제어 클래스는 사용자의 요청에 의해 처리할 부분을 엔터티 클래스에 넘겨주는 역할을 담당하므로 속성이 나타나지 않음
• 엔터티 클래스는 데이터베이스에 저장될 데이터속성이 도출됨

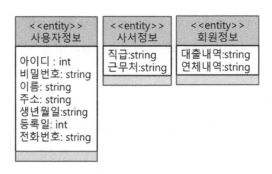

[엔티티 클래스의 속성 도출]

7.6.3 메소드의 추출

클래스의 속성을 추출하고 나면 클래스가 행위를 필요로 하는 메소드를 추출한다.

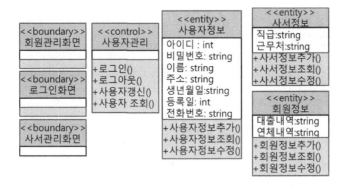

[메소드의 추출]

7.6.4 관계 설정

클래스 간의 관계를 설정한다. 그리고 관계는 액터 간의 관계설정과 클래스 간의 관계 설정
이 모두 필요하다. 액터 간의 관계에서는 사서와 회원이 모두 사용자이다. 사서는 회원보다
높은 보안등급과 사용기능을 가질 필요가 있다.

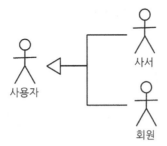

[액터의 관계설정]

클래스 간의 관계에서 경계클래스는 제어클래스와 연결되고, 사서정보 엔터티클래스와 회
원정보 엔터티클래스는 사용자정보 엔터티클래스에 대하여 일반화관계를 갖는다.

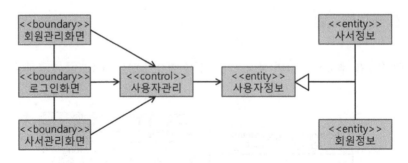

[클래스의 관계 설정]

7.7 시퀀스 다이어그램(sequence diagram)

객체 간의 "동적 상호작용(메시지 전송)"을 시간의 흐름에 따라 나타낸 것이 "시퀀스다이어
그램"이다. 클래스 다이어그램에서 이벤트의 흐름을 파악하여 작성한다. 사용자는 경계 클
래스를 통해서만 시스템의 기능을 이용할 수 있다. 경계 클래스에서 행한 작업을 제어 클래
스에서 엔터티 클래스로 데이터를 요청하거나 직접 처리하게 된다.

시퀀스 다이어그램의 특징은 객체의 메소드와 속성을 상세히 정의한다는 것이다. 객체 간
의 상호작용을 정의하는 과정에서 객체들이 가져야 하는 메소드와 속성이 구체적으로 드러
나기 때문에 상세히 정의될 수 밖에 없다. 객체는 다른 객체가 의뢰하는 일을 처리해야 한
다. 이를 "객체의 책임(responsibility)"이라고 한다. 유스케이스를 프로그램으로 실현하기
위해서는 시퀀스다이어그램으로 설계되어야 한다.

7.7.1 시퀀스 다이어그램의 기호

- 객체: 메시지에 관련되는 동작을 포함한 클래스 혹은 액터
- 메시지: 전달받는 객체의 메소드를 수행하도록 함
  - 동기 메시지: 송신 객체가 수신 객체의 응답이 올 때까지 기다림
  - 비동기 메시지: 송신 객체가 수신 객체의 응답을 기다리지 않고 여러 개의 메시지를
    보낼 수도 있음
  - 응답 메시지: 수신 객체에서 송신 객체로 호출한 메소드의 리턴 값을 보내는 것을 표현

- 생명선: 실제 시간의 흐름에 따라 객체의 생명주기 동안 발생하는 이벤트를 명시
- 실행: 객체가 메소드를 실행하고 있음을 보여주며, 실행시간을 고려하여 길이는 적당히 늘이거나 줄일 수 있음

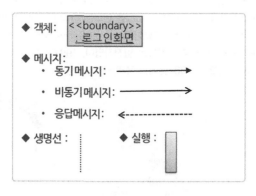

[시퀀스 다이어그램의 기호]

7.7.2 시퀀스 다이어그램의 작성

사용자 관리 부분 중 로그인 부분만 작성해보면 다음과 같다.

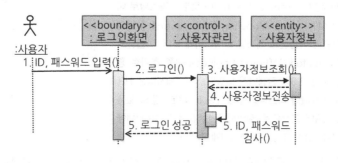

[시퀀스 다이어그램의 예]

 Reference   **UML 스토리**

UML(Unified Modeling Language)은 소프트웨어 공학 분야에서 모델링을 위한 언어라고 할 수 있다. 언어라고 하니까 프로그램언어로 착각할 수 있지만, 프로그램 언어는 아니며, 시스템 모델링 및 설계를 위한 표준 기법이다. 1994년과 95년 사이에 래쇼날 소프트웨어(Rational Software)라는 회사에서 부치, 야콥슨, 럼바우 세사람이 개발하였으며 1996년까지 지속적으로 발전하였다. 1997년에는 OMG(Object Management Group)에 의해 표준으로 채택되었으며, 2005년에는 국제표준이 되었다.

[부치]   [럼바우]   [야곱슨]

초기 통일되지 않은 UML 버전은 1980년대와 90년대 초반에 객체지향 프로그래밍을 위해 기법이 개발되기 시작하였지만, 표준이 정립되지 않았다. 래쇼날 소프트웨어에서 근무하던 부치의 기법을 기반으로 1994년 GE(General Electric)으로부터 래쇼날로 이직한 럼바우의 OMT(Object-Modeling Technique)를 통합하게 되었다. 1995년에 야콥슨도 래쇼날로 이직하게 되어, 야콥슨의 OOSE(Object Oriented Software Engineeing)를 추가로 통합하여 1996년 UML 1.0이 탄생하게 되었다. 이후 세사람은 HP, DEC, IBM, Microsoft와 파트너쉽을 맺게되고, 파트너들의 도움으로 UML은 OMG에 표준으로 제안되게 된다. 결국 1997년에 OMG에 의해 UML 1.1이 표준으로 채택되게 되었다.

UML 2.0은 2005년에 개정되었으며, 2009년에 UML 2.2, 2010년에 UML 2.3으로 개선되었다. UML 2.5는 2012년에 릴리즈되었다.

UML 다이어그램은 시스템모델의 두가지 view를 제공한다. 하나는 static view이고, 나머지 하나는 dynamic view이다.

- Static(structure) view : 객체, 속성, 메소드와 관계를 사용하는 시스템의 정적인 구조를 강조한다.
- Dynamic(behavior) view : 객체들 간의 협력과 객체 내부의 상태변화를 보여줌으로써 시스템의 동적인 활동들을 강조한다.

UML의 다이어그램도 Structure diagram(대표적으로 class diagram, component diagram, deployment diagram)과 Behavior diagram(usecase diagram, sequence diagram)으로 분류된다.

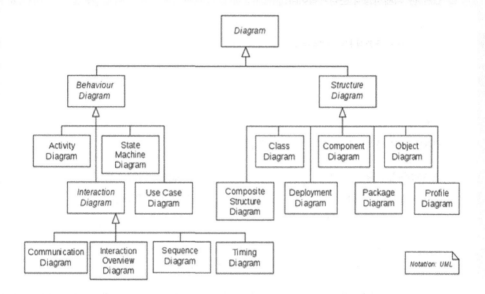

연습문제

(○,×)

1. DFD는 객체지향적 분석기법이다.   (○,×)

> 정답 ×
> 해설 DFD는 구조적 분석기법입니다.

4지선다

2. 객체지향적 분석기법에 속하는 다이어그램이 아닌 것은?

① 유스케이스 다이어그램   ② 클래스 다이어그램
③ 시퀀스 다이어그램   ④ ER 다이어그램

> 정답 ④
> 해설 ER 다이어그램은 구조적 분석기법에서부터 활용되는 기법이며, 객체지향 분석설계에서도 많이 활용되고 있
> 긴 합니다만 객체지향 분석기법으로 보기에는 무리가 있네요.

서술형

3. 객체지향 분석이 탄생하게 된 배경은 무엇일까요?

> 정답 1960년대의 소프트웨어 위기와 유사한 상황이 웹의 탄생에 따라 1980년대에 나타나게 되었으며 이를 극복
> 하기 위한 방안으로 객체지향 분석기법이 탄생함
> 해설 조금 어렵죠! 객체지향 분석기법이 한 순간 탄생한 것은 아니며 많은 사람들의 노력으로 발전하여 오늘에 이
> 르게 되었습니다.

■ 유스케이스 다이어그램 작성

DFD로 작성한 요구사항 분석 결과를 객체지향 분석에 의해 다시 유스케이스 다이어그램으로 작성해보자. 유
스케이스 다이어그램의 작성도 도구의 도움을 받는 것이 좋다. 유스케이스 다이어그램은 객체지향 분석도구
인 스타유엠엘(StarUML)을 활용해보자.

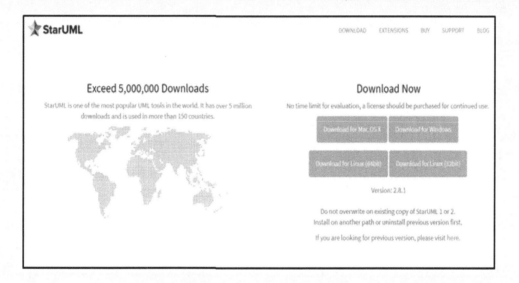

StarUML은 한국산 소프트웨어 개발 도구이며, 유스케이스 다이어그램 뿐만 아니라 객체지향 분석을 위한
다양한 모델링 작업에 활용할 수 있다. StarUML로 시퀀스 다이어그램의 작성도 해보는 것이 좋겠지만, 수업
시간의 여러 제약 때문에 쉽지는 않다. 하지만 시간이 허락한다면 한번 시도해 보기 바란다.

■ 요구사항 명세서 최종 검증 및 최종본 제출

설계를 시작하기에 앞서 분석된 결과에 대하여 한번 최종적인 점검과 검증이 필요하다. 요구사항 명세서가 이
미 기술되어 제출되었지만, 미비한 점이 많을 수 있으며, 전체가 일관성이 떨어질 수도 있다. 요구사항 명세서
는 소프트웨어 개발 프로젝트 전체에 있어서 가장 중요한 문서이다. 설계를 진행하면서 수시로 변경하기엔 너
무 많은 시간이 소모될 수 있기 때문에 비록 향후 일부 변경이 발생할 수 있지만 최종적인 베이스라인은 정하
고 가는 것이 필요하다.

검증시 오탈자는 물론이고, DFD 혹은 유스케이스 다이어그램과 기능목록의 일치성, 기능에 대한 충분한 설
명의 여부 등을 확인한다. 프로젝트 현장에서는 QA(Quality Assurance)가 문서산출물의 품질까지도 담당
을 하지만, 지금 실습시에 전문적인 QA가 산출물의 품질을 점검해줄 수는 없기 때문에 팀원 전체가 서로 각

자의 맡은 작성부분을 서로 점검해주는 것이 필요하다. 이를 일명, "동료검토"라고 한다. QA가 있다면 동료검토를 공식화하여 "인스펙션(inspection)"이라는 품질검토회의를 진행할 것이다. 품질관리에 관련된 내용은 본 책의 12장에서 좀더 충실하게 다루도록 하겠다.

참고문헌

- 한혁수, 소프트웨어공학의 소개, 홍릉출판사, 2008

- Mary Beth Chrissis, Mike Konrad, Sandy Shrum, "CMMi 2nd Edition", Addison-Wesley, 2006

- Valacich, George, Hoffer 공저, 서우종, 홍태호 공역, "시스템분석 및 설계", 생능출판사, 2013

- https://en.wikipedia.org/wiki/Unified_Modeling_Language

- 허원실, 시스템 분석과 설계, 한빛아카데미, 2015

- https://en.wikipedia.org/wiki/Unified_Modeling_Language

- https://upload.wikimedia.org/wikipedia/commons/thumb/3/39/Grady_Booch%2C_CHM_2011_2_cropped.jpg/220px-Grady_Booch%2C_CHM_2011_2_cropped.jpg

- http://www.ithistory.org/sites/default/files/honor-roll/James%20Rumbaugh.jpg

- https://en.wikipedia.org/wiki/Ivar_Jacobson

- http://staruml.io/download

CHAPTER 8

설계의 이해와
소프트웨어아키텍처

8.1 설계는 어떻게 해야 하나요?

소프트웨어 설계는 구현에 앞서 데이터베이스(database), 유저인터페이스(user interface), 처리로직(process logic)을 미리 강구하여 프로그램 개발의 청사진이 제시될 수 있도록 준비하는 활동이다. 각 구성 요소의 제어와 데이터들 간의 연결에 대한 구체적인 방법을 정의하는 것이 설계이며, 시스템의 각 구성요소들의 내부구조, 동적 행위 등을 결정한다.

설계를 위해서는 앞서 분석에서 구조적 분석을 진행하였는지 혹은 객체지향 분석을 진행하였는지에 따라 설계의 방향이 달라질 수 있다. 하지만 구조적 분석이든 객체지향 분석이든 기본적인 설계의 원칙이 있다. 분석에도 적용되었던 원칙이지만, 설계에서는 다른 의미를 가질 수 있다. 즉, 분석에서는 문제를 정의(what)하고자 하는 측면에서 원칙을 적용하지만, 설계에서는 문제를 해결(how)하고자 적용한다. 분석에서는 모델의 결정에 제한적이지만, 설계에서는 창의성을 위한 자유를 감안하여 모델을 결정한다. 그리고, 분석에서는 문제를 이해하기 위한 목적으로 원칙을 적용했다면, 설계에서는 해결을 위한 최선책을 마련하기 위해 원칙을 적용한다. 설계의 원칙에 입각하여 개발자가 임의로 해석하여 개발하지 않도록 정밀하고 객관적인 설계결과를 산출물로 도출할 수 있어야 한다.

설계에 적용되는 원칙은 추상화, 단계적 분해, 모듈화이다.

- 추상화(abstract): 자세한 구현에 앞서, 상위 레벨에서 소프트웨어의 설계결과를 먼저 생각해보고 요약하는 것
- 단계적 분해(stepwise refinement): 문제를 상위 개념에서부터 더 구체적인 단계로 분할하는 하향식 기법의 원리
- 모듈화(modularization): 수행가능한 명령어를 잘라서 작은 독립단위로 나누어서 설계하는 것

8.2 설계의 원칙

8.2.1 추상화

추상화는 처음부터 자세한 부분까지 다루지 않고 점차 구체화하는 개념이다. 우리가 실생활에서 복잡한 것을 설명하기 위하여 칠판에 개략적인 아웃라인을 그리거나, 길을 쉽게 찾을 수 있도록 약도를 그려줄 때 실제의 현상을 요약하여 추상화하고 있는 것이다. 추상화에는 다음과 같은 종류가 있다.

- 절차 추상화: 수행절차의 자세한 단계를 고려하지 않고, 상위 수준에서 수행흐름만 먼저 설계해보는 것. 절차 추상화는 시스템을 기능적인 모듈로 나눈다.
- 데이터 추상화: 데이터 구조 혹은 데이터를 대표할 수 있는 표현으로 대체하여 설계해보는 것. 데이터 추상화는 객체지향 개념이 탄생되는 계기가 되었다.
- 제어 추상화: 조건에 따라 다양한 경우의 수를 표현하는 것. 제어 추상화는 프로그램의 실행에 의한 제어흐름과 같은 개념이다.

8.2.2 단계적 분해

문제를 해결하기 위해 "분할과 정복(devide and conquer)"라는 개념을 적용하는 것은 아주 오랜 역사를 지닌다. 이미 2000년전 로마는 카이사르 황제 시절부터 외부의 이민족을 정복하기 위하여 분할과 정복의 개념을 군사전략으로 활용하였다. 소프트웨어 설계에 있어서도 문제를 다루기 쉽고 해결할 수 있는 수준으로 잘게 잘라서 작은 조각 별로 해결한다면 어렵지 않게 문제를 해결할 수 있는 것이다. 단계적 분해는 문제를 상위 개념부터 더 구체적인 단계로, 즉 하향식으로 분할하는 기법

[니클라우스 비르트]

이다. 비르트(Niklaus Wirth)에 의하여 제안된 단계적 분해에 의한 소프트웨어 설계 개념의 과정은 다음과 같다.

- 문제를 하위 수준의 독립된 단위로 나눈다.
- 구분된 문제의 자세한 내용은 가능한 한 뒤로 미룬다.
- 점증적으로 구체화 작업을 계속한다.

소프트웨어의 작은 조각들은 전체적으로 협력하고 통신하도록 하여, 유기적으로 활동할 수 있도록 구성되어야 한다. 이는 다시 복잡성을 증가시킬 수 있지만, 조각의 크기를 적정 수준으로 유지하게 되면 복잡도의 증가를 줄이고, 소프트웨어의 기능도 적절한 수준의 성능을 유지할 수 있다.

8.2.3 모듈화

수행 가능한 명령어를 잘라서 작은 독립단위로 나누어서 설계하는 것을 모듈화라고 하는데, 모듈은 자신의 이름을 가지고 있으며, 독립적으로 컴파일이 되고, 다른 모듈을 호출할 수 있다. 완전한 독립 프로그램 혹은 라이브러리 함수 등이 모듈의 예이다. 단계적 분해의 결과로 적정한 크기의 모듈이 설계된다.

적당한 크기로 잘라 놓았다고 하여 소프트웨어가 모듈화된 것은 아니다. 모듈화가 제대로 되려면 모듈 사이에 인터페이스를 명확하게 하여, 주고받는 메시지와 통신이 원활하여야 한다. 모듈화에는 기준이 있는데, "응집도(cohesion)"과 "결합도(coupling)"가 바로 그 기준이다.

■ 응집도(cohesion)

모듈 내부에 수행하는 기능 간의 서로 관련되어 있는 정도가 응집도이다. 응집도는 강하면 강할수록 좋은 설계라 할 수 있다. 응집도가 높다는 것은 모듈 내부의 기능이 공통의 목적을 달성하기 위하여 관련성이 높게 나타난다는 의미이다. 모듈의 응집도가 높은 정도를 마이어스(Myers)는 일곱 가지 수준으로 구분하였다. 각각의 자세한 의미는 본 책에서는 생략한다.

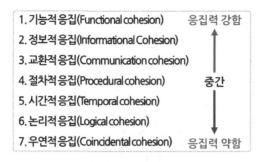

[응집도 수준]

■ 결합도(coupling)

모듈 간에 연결되어 상호 의존하는 정도가 결합도이다. 낮은 결합도(loosely coupled)를 갖는 모듈을 만드는 것이 좋은 설계이다. 모듈끼리 서로 독립성을 갖는 것이 결합도를 약하게 하는 것이며, 소프트웨어를 다루기 쉽게 한다. 모듈 간의 결합도는 5가지 수준으로 구분할 수 있다.

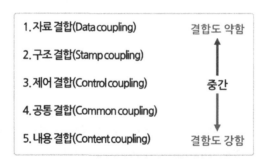

[결합도 수준]

8.3 구조적 설계

구조적 설계는 DFD를 기반으로 "구조도(structure chart)"를 작성하여 나타내는 것이다. 구조도는 소프트웨어를 어떤 모듈들로 나누었는지 보여주는 다이어그램이다. 구조도에서 모듈 간의 구조적인 관계와 모듈 사이의 입출력, 인터페이스를 파악할 수 있다. 구조도에서 사용하는 기호는 "모듈간의 호출", "자료흐름", "제어흐름", "모듈"이다.

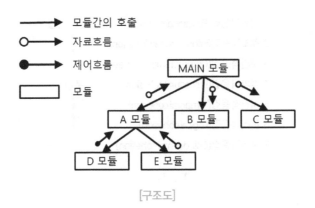

[구조도]

자료흐름은 변수나 자료구조의 전달을 의미한다. 위의 그림에는 표시되어 있지 않지만 어떤 자료가 전달되는지 화살표 주변에 표기할 수 있다. 제어흐름은 상태를 알려주거나, 의사결정에 필요한 "플래그(flag)", 즉 신호를 전달한다. 구조도는 전체적으로 균형을 이루어야 하며, 한쪽으로 치우치지 않도록 설계되어야 한다. 그리고 너무 깊게 내려가거나, 횡적으로 너무 넓게 퍼져도 효율적인 처리가 되지 못한다. DFD를 이용하여 소프트웨어 구조를 추출하는 방법에는 "변환분석(transform analysis)"과 "트랜잭션분석(transaction analysis)"이 있다.

8.3.1 변환분석(transform analysis)

소프트웨어에서 각 모듈은 입력하는 기능이거나, 변환하는 기능이거나, 출력하는 기능이다. 이는 시스템 개념에 의해 이해할 수 있어야 한다. 변환분석은 변환기능을 수행하는 모듈을 중심으로 입력 모듈과 출력모듈을 찾아내는 분석과정이다. 앞서 "제 6 장. 구조적 분석기법"을 참조해보자. [1수준 DFD]에서 출석부를 출력하는 프로세스(4.4)는 다음과 같이 더욱 상세한 DFD로 표현될 수 있다.

변환분석은 DFD를 입력 기능, 변환기능, 출력기능으로 분할하여 시스템 구조도로 단계적인 계층을 이룰 수 있도록 한다. 최상위 MAIN모듈에서 입력기능 모듈, 변환기능 모듈, 출력기능 모듈을 직접 호출하고 제어될 수 있도록 모듈을 배열한다. 입력기능 모듈은 변환기능을 위해 준비한다. 변환기능은 자료에 변환을 처리하여 MAIN모듈에 전달한다. MAIN모듈은 변환결과를 출력기능 모듈에 전달하고 출력기능은 최종적으로 출력이 가능하도록 한다. 아래의 구조도는 출석부 출력을 중심으로 입력기능, 변환기능, 출력기능을 구조적으로

모듈화한 것이다. 최상위 MAIN모듈은 DFD전체를 아우르는 모듈이 될것이며, 이 중에서
출석부 출력은 일부의 기능만을 나타낸 것이다.

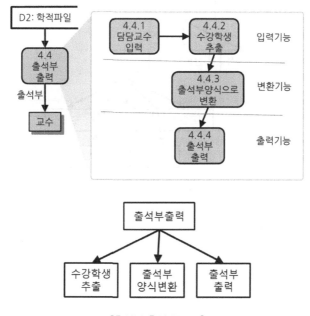

[출석부 출력 구조도]

최상위 MAIN모듈에서부터 시작하여 자료흐름도의 모든 프로세스를 만족할 때까지 구조도
를 확장해나간다. DFD의 모든 프로세스가 구조도로 표현될 때까지 기능을 분할하여 구조
적이고 계층적인 형태의 구조도를 완성할 수 있다. 프로그램 구현을 위해 DFD가 모두 구
조도로 변환될 필요는 없다. 구조도가 소프트웨어의 모듈구조를 설명할 수 있지만 DFD의
소단위 명세서가 프로그램 개발을 위해 더 유용하게 활용될 수 있다.

8.3.2 트랜잭션분석(transaction analysis)

트랜잭션분석은 DFD의 한 프로세스에서 여러 개의 데이터흐름이 유출되는 경우에 이를 분
석하기 위하여 활용된다. 은행업무의 경우 인터넷뱅킹에서 예금의 인출, 계좌이체, 잔고조
회, 이체이력조회 등의 처리를 위해 처리 분석이 필요하다. 이러한 처리는 모듈을 어떻게
묶을 것인가를 검토하여야 한다. 처리분석을 위해 구조도에 새로운 기호가 추가된다. 바로
마름모꼴의 표기가 새로운 기호이다. "마름모" 기호의 의미는 여러 모듈 중에서 선택적인

호출을 할 수 있도록 하는 '선택'의 표시이다. 아래의 그림은 처리분석의 결과, 구조도를 계층적으로 표현한 것이다.

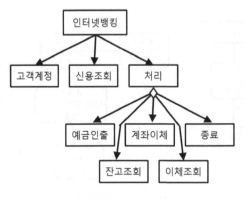

[트랜잭션분석의 예]

8.4 객체지향적 설계

구조적 분석설계보다 객체지향적 분석설계는 분석에서 설계로의 전환이 보다 유기적이라는 의견이 있다. 이는 유스케이스 분석서를 더욱 구체화하여 유스케이스 설계서를 만들기 때문에 분석에서의 작업이 영속성이 생긴다. 클래스 다이어그램과 시퀀스다이어그램도 분석에서 작성되었다면, 설계단계에서 더욱 구체화될 수 있다.

객체지향 분석에서 유스케이스 다이어그램, 클래스 다이어그램, 시퀀스 다이어그램을 본 책 "제 7 장"에서 소개하였다. 기타 몇 가지 다이어그램이 분석과정에서 추가될 수 있지만, 이를 기반으로 기술적 상세내역들을 지속적으로 추가해 나가는 것이 설계이다. 설계 단계에서 화면설계가 필요하다면 화면 인터페이스를 나타내는 경계클래스를 추가하면 된다. 설계에서 처리 로직을 상세화하는 과정에서 절차, 반환 값들을 규정할 필요가 생기면 모든 메소드(혹은 오퍼레이션)을 자세하게 정의하면 된다. 관계형 데이터베이스를 활용할 경우에는 객체 클래스들과 관계성에 대하여 "기본키(primary key)"와 "외래키(foreign key)"를 설정하고 ERD를 작성하면 된다. 이처럼 객체지향적 설계는 분석단계에서 도출된 내역을 더욱 진화 발전시키면 되는 것이다.

8.4.1 유스케이스 설계

분석단계에서 얻어진 분석 수준의 유스케이스 다이어그램을 설계 수준으로 구체화하는 것이 유스케이스 설계이다. 개별 유스케이스 단위 별로 유스케이스 분석서와 개발표준에 의거하여 유스케이스 내부 시나리오를 설계하고, 화면(경계클래스)과 추가 클래스간의 상호작용을 시퀀스 다이어그램으로 설계한다. 이 과정에서 도출된 컴포넌트와 클래스들 간의 연관관계를 파악한다. 파악된 결과는 클래스 다이어그램으로 추가 작성이 가능하다.

8.4.2 시퀀스 다이어그램 설계

분석단계에서 도출된 분석 시퀀스 다이어그램을 기반으로 구현 설계 요소(클래스, 컴포넌트 인터페이스)들간의 상호 작용을 반영하여 다시 작성한다. 참여하는 설계요소(클래스, 컴포넌트)들에게 책임을 부여하여 구현이 가능한 수준으로 시퀀스 다이어그램을 완성한다. 시퀀스 다이어그램은 아래와 같은 사항을 확인하면서 설계한다.

- 새로운 컴포넌트와 패키지로 뽑아낼 공통적인 하부흐름(Sub Flow)은 없는지 체크한다.
- 상호작용의 추상화 레벨을 일정하게 맞추어야 하며, 이에 따라 필요한 경우 새로운 하부흐름(Sub Flow)을 별개의 컴포넌트로 캡슐화시켜 추상화 레벨을 맞춘다. 이렇게 함으로써, 복잡도를 낮추고, 컴포넌트 내부의 세부 설계를 분리하여 컴포넌트의 병렬 개발 수행 및 향후 컴포넌트의 대치 가능성을 높인다.
- 클래스, 속성, 메소드의 이름이 적절한지 체크하고, 동의어나 유사한 이름을 점검하여 혼란을 야기하는 경우 적절하게 변경하는 것을 고려하도록 한다.
- 동일한 개념을 나타내거나 같은 속성을 나타내는 클래스들은 행위가 다르더라도 하나로 합친다.
- 필요하다면 추상화 클래스를 도출하여 상속 관계를 만들어 낸다.

설계단계를 진행하는 동안에 분석단계에 없었던 새로운 다이어그램이 추가되는데, "컴포넌트 다이어그램(component diagram)"과 "디플로이먼트 다이어그램(deployment diagram)"이 그것이다.

8.4.3 컴포넌트 다이어그램 설계

컴포넌트 다이어그램은 소프트웨어 컴포넌트 혹은 모듈들 간의 종속관계를 보여준다. 가령 수강신청을 위한 일정을 생성하고 수강신청을 한다는 절차를 소프트웨어로 개발하고자 한다면, 다음과 같은 컴포넌트를 생성해 볼 수 있다.

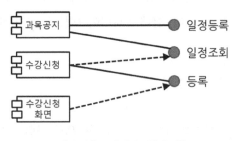

[컴포넌트 다이어그램의 예]

위의 그림에서 '과목공지', '수강신청', '수강신청화면'은 3개의 컴포넌트이다. 작은 원은 인터페이스를 나타낸다.

8.4.4 디플로이먼트 다이어그램 설계

디플로이먼트 다이어그램은 시스템의 물리적 아키텍처의 배치 방식을 보여준다. 디플로이먼트 다이어그램은 하드웨어(서버, 클라이언트PC, 통신장비 등)와 소프트웨어(컴포넌트 등)가 분산되어 있는 방식을 보여준다. 아래의 그림은 대학의 수강신청에 관한 디플로이먼트 다이어그램을 시스템의 전체 상황으로 도식화한 것이다.

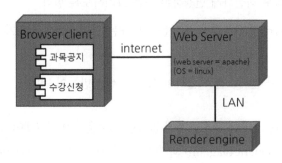

[디플로이먼트 다이어그램의 예]

8.5 모듈내부의 설계

소프트웨어 모듈의 내부에서 일어나는 일은 순차적이거나, 선택적이거나 반복적인 구조를 갖는다. 이를 "알고리즘(algorithm)"이라고 말하며, 모듈 내부의 설계는 이러한 알고리즘을 어떻게 설계할 것인가 하는 것이다. 내부 설계의 결과는 설계서로 표현되며, 개발자는 설계서를 보고 쉽게 코딩을 할 수 있어야 한다. 알고리즘에 의해 설계된 처리로직에 따라 데이터는 변환되거나 계산되거나, 혹은 새로운 결과값을 도출한다.

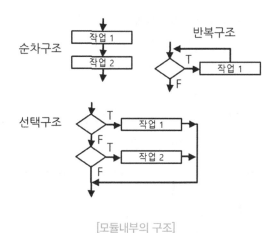

[모듈내부의 구조]

모듈의 내부는 순차, 선택, 반복의 로직을 구체적으로 서술하여야 한다. 모듈 내부의 설계는 처리로직에 대한 설계서로 문서화된다.

8.6 소프트웨어 아키텍처(software architecture)

보통 '아키텍처'라고 하면 건물의 기본구조를 말하는 경우가 많은데, 건물을 계획하고 설계하며 구축하는 과정 혹은 이와 관련된 산출물을 흔히 일컫는다. 하지만 아키텍처는 건축에서만 사용되는 용어는 아니며 기업의 조직구조를 말할 때에는 조직 아키텍처, 사업구조를 설명할 때에는 비즈니스 아키텍처 등의 용어를 사용한다.

8.6.1 건축에서의 아키텍처

소프트웨어 아키텍처를 설명하기에 앞서 건축에서 사용하는 아키텍처를 논하는 이유는 비교적 오랜 역사를 지닌 건축학에서 아키텍처에 대한 깊이있는 이해를 구할 수 있기 때문이다. 건물을 짓기 위해 먼저 설계를 진행하는데, 단순한 평면도만으로는 제대로 된 건축의 아키텍처가 설명되어질 수는 없다. 건축을 의뢰한 사람과 의사소통하기 위해서는 먼저 평면도가 가장 설명하기 쉽고, 집의 구조를 설명하기 쉽기 때문에 필요한 것이다. 건축업자들은 가끔 아파트 분양을 잘되게 하기 위하여 프로토타입으로 만들어진 소형 모델하우스를 만들어서 보여주기도 한다. 하지만 집이 제대로 살수 있는 공간이 되기 위해서는 전기, 난방온수공급, 상수도, 하수도, 전화선, 데이터통신, TV케이블 등 다양한 주제영역별 설계도가 필요하다. 전기배선공사를 맡은 기술자의 입장에서는 평면도에 전기배선을 어떻게 배치해야 할지를 설명하는 자료가 필요하며, 상하수도 기술자는 배관공사를 어떻게 해야 할지 알수 있어야 한다. 기타 통신케이블이나 전화 등등도 동일한 이유로 새로운 설비의 설치를 알수 있는 아키텍처 결과가 작성되어야 할 것이다.

[평면도]

[전기 배선도]

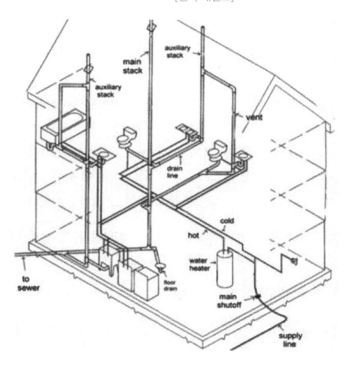

[상하수 배관도]

8.6.2 소프트웨어 아키텍처와 모델링

소프트웨어 아키텍처도 위의 건축에서와 유사하게, 개발하고자 하는 소프트웨어의 여러 관점을 제시하는 역할을 한다. 소프트웨어 공학에서 말하는 소프트웨어 아키텍처는 먼저 소프트웨어가 담겨서 작동하는 전체 시스템의 전반적인 구조를 먼저 개략적으로 설계한 다음, 세부적인 서브시스템 혹은 소프트웨어 모듈들이 상호작용하는 방식을 이해하기 쉽게 분해하여 보여준다. 이렇게 보여지는 결과를 모델(model)이라고 하기도 하며, 분해하는 과정과 결과를 작성하는 과정을 모델링(modeling)이라고 한다.

여러 책이나 자료들을 찾아보면 소프트웨어와 시스템이 많이 혼용되어 사용되는 경우가 있다. 이는 소프트웨어 만을 논하기에는 한계가 있기 때문이며 실제 소프트웨어의 작동도 하드웨어 혹은 시스템을 통해 가능하기 때문이다. 시스템이라고 하면 하드웨어, 네트워크, 외부 인터페이스 등을 포함하는 개념이 되는데, 하드웨어를 만들고자 하는 것이 소프트웨어 공학의 목적은 아니기 때문에 시스템을 언급하되 어디까지나 소프트웨어를 개발하고자 하는 취지에서 벗어나지 않음을 이해하면서 학습하길 바란다.

8.6.3 소프트웨어 아키텍처 설계

시스템은 서브시스템들로 분해할 수 있으며, 서브시스템을 식별하고 서브시스템의 제어와 통신, 그리고 서브시스템끼리의 상호작용을 위한 프레임워크를 설정하는 설계 프로세스를 아키텍처 설계라고 한다. 아키텍처 설계를 통해 만들어진 소프트웨어 아키텍처 모델은 문서화되어진다. 소프트웨어 아키텍처를 설계하여 문서화함으로써 얻게되는 장점에 대하여 베이스(Bass)와 클레멘츠(Clements) 등은 다음과 같이 세가지로 요약하고 있다.

- 의사소통 : 아키텍처는 소프트웨어 개발을 담당하는 이해당사자 간, 설계자와 개발자 간, 그리고 개발자끼리 높은 수준의 시스템 표현으로 활용

- 시스템 분석 : 아키텍처 설계시 여러가지 결정은 시스템의 성능, 신뢰성, 유지보수성과 같은 중요한 요구사항들의 만족여부에 큰 영향을 미치며, 시스템 분석 초기단계에 아키텍처를 명시적으로 만들 필요가 있다.

- 재사용 : 시스템 아키텍처 모델은 시스템의 구성요소들이 어떻게 상호작용하는지를 보

여주며, 유사한 요구사항을 가진 시스템은 거의 동일하기 때문에 재사용을 지원할 수 있다.

소프트웨어 아키텍처를 설계하는 방식에는 두가지가 있는데, 기능지향적으로 시스템을 분해하는 방식과, 시스템을 서로 통신하는 객체들로 분해하는 방식이 있다. 이미 앞에서 배운 구조적 분석기법은 기능지향적이며, 객체지향적 분석기법은 객체들로 분해하는 방식이다.

구조적 분석기법은 데이터 흐름을 위주로 분석하며 서브 시스템이 데이터를 입력받아서 처리한 후 다음 서브시스템으로 그 결과를 넘겨주는 과정으로 이루어진다. 데이터흐름 모델은 일명, "파이프 필터(pipe and filter)"구조로 알려져있으며, 순차적 변환처리에 의한 데이터변환 시스템에 적합한 아키텍처이다.

- 필터 : 연속된 데이터 스트림을 입력한 후 처리 및 변환하여 다른 데이터 스트림으로 출력하며 보내는 방식

- 파이프 : 필터끼리의 데이터 스트림 입출력을 연결한다.

객체지향 분석기법에 의한 아키텍처 설계는 UML로 표현하여 모델링된 결과를 도출한다. UML에는 4+1 관점이라는 것이 있다.

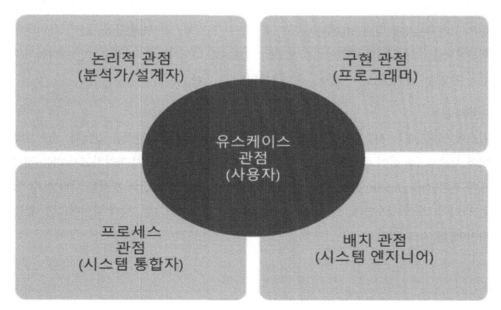

[UML의 4+1 관점]

1) 유스케이스 관점

사용자의 입장에서 바라보는 관점이며, 시스템의 기능에 관심을 둔다. UML의 다이어그램 중에서 유스케이스 다이어그램이 대표적이다. 분석가/설계자는 유스케이스 다이어그램을 가지고 사용자와 대화하며 시스템의 기능을 구체화한다.

2) 논리적 관점

분석가와 설계자는 시스템 기능을 구현하기 위하여 시스템 내부에 관심을 가지며, 이를 논리적 관점(logical view)이라고 한다. 기능을 구현하기 위해 필요한 클래스와 종류, 그리고 이들 클래스 간의 관계에 관심을 가진다. 논리적 관점을 표현하기 위하여 UML의 클래스 다이어그램, 시퀀스 다이어그램, 상태 다이어그램, 통신 다이어그램 등이 관련이 있다.

3) 구현 관점

프로그래머는 설계된 결과를 프로그램으로 구현하기 위하여 소프트웨어 모듈들이 어떻게 구조를 가질 것인지 관심을 갖는다. 이를 구현관점(implementation view)이라고 하며 UML의 컴포넌트 다이어그램, 통신 다이어그램, 활동 다이어그램 등이 있다.

4) 프로세스 관점

시스템 통합자는 전체 시스템이 작동 가능하도록 실제 구동환경에 관심을 가진다. 프로세스 관점(process view)은 시스템의 옳바른 작동을 위해 시스템의 성능이나 동기화, 확장성 등을 고려해야 하는데, UML에서는 동적 클래스인 프로세스와 쓰레드(thread)를 표현하기 위하여 협동 다이어그램, 활동 다이어그램, 컴포넌트 다이어그램, 디플로이먼트 다이어그램을 활용함으로써 시스템 내부의 구조를 파악할 수 있다.

5) 배치 관점

시스템 엔지니어는 시스템을 구성하는 기기들의 물리적 배치에 관심을 갖는다. 소프트웨어와 서브시스템 들이 물리적 환경에서 어떻게 연관되어 실행되는지 파악하고자 하는 것이 배치 관점(deployment view)이다. 물리적 환경과 시스템 노드 간의 관계를 나타낼 수 있는 다이어그램이 필요한데, UML에서는 디플로이먼트 다이어그램, 상태 다이어그램, 활동 다이어그램 등이 있다.

래리 콘스탄틴(Larry LeRoy Constantine: 1943 ~)   Reference

래리 콘스탄틴은 미국의 미네소타주 아노카(Anoka, Minnesota)에서 자랐다. 1961년에 고등학교를 졸업하기전 배우활동 뿐만아니라 다양한 토론과 과외활동을 수행하여, 학교급우로부터 "가장 성공할 것 같은 사람(Most Likely to Succeed)"라는 별명을 얻었다. 1967년에 MIT경영대학원(MIT Sloan School of Management)에서 정보시스템과 심리학을 특별전공으로 졸업하였고, 1973년에는 보스톤가족연구소(Boston Family Institute)에서 2년과정의 석사후 훈련 프로그램으로 가족치료사 자격증을 취득하였다.

콘스탄틴은 1963년부터 MIT의 원자력과학연구소(MIT Lab for Nuclear Science)에서 기술프로그래머로 경력을 시작하였으며, 1966년까지 컨설턴트겸 프로그래머와 시스템 분석가로 일했다. 1966년부터 1968년까지는 "정보시스템연구소(Information & System Institute)의 사장으로 일했으며, 이 와중에 1967년부터는 펜실베니아 대학교의 와톤스쿨(Wharton School of Business, University of Pennsylvania)에서 대학원 후기과정(post-graduate program) 강사가 되었다.

1968년부터 1972년까지는 IBM의 시스템연구소(System Research Instute)에 소속되었으며, 또한1973년부터 1980년까지 투프츠 대학교 의대(Tufts University School of Medicine)에서 정신과 조교수로 재직했다. 이후 1987년까지 코넥티컷대학교(University of Connecticut)에서 "인간개발&가족연구(Human Development and Family Studies)"의 조교수로 재직했다. 또한 동시에 1984년부터 1986년까지 매사추세츠주 피츠버거의 한 회사에서 "청소년가족중재(Adolescent and Family Intervention)"의 의료감독관으로 일했다. 1987년부터 1993년까지는 독립적인 컨설턴트로 일했으며, 1993년부터는 콘스탄틴&록우드사(Constantine & Lockwood Ltd)의 수석과학자겸 대표 컨설턴트로 일했다.

1994년부터 1999년까지 호주의 시드니기술대학교(University of Technology Sydney)에서 정보기술학과 교수로 재직하였으며, 2006년이후에는 포르투갈의 마데이라 대학교(University of Madeira)에서 수학/공학과(Mathmatics and Engineering Department) 교수로 재직했다. 여기서 그는 "사용자중심 소프트웨어연구소(Lab for Usage-Centered Software Engineering)"의 수장을 역임하면서, 소프트웨어공학의 인간적 측면에 대해 연구하였다. 이후 2010년에는 "마데이라 기술연구소(Madeira Interactive Technologies Institute)"의 펠로우(Institute Fellow)가 되었다.

1999년에 콘스탄틴은 그의 책 "Software for Use"로 졸트상(Jolt Award)을 수상하였으며, 이후에도 ACM 등 수많은 상을 받았다. 2009년에는 소프트웨어와 시스템개발을 위한 방법과 저술활동에 대한 공로를 인정받아 스티븐슨상(Stevens Award)을 수상하였다. 그는 여러단체의 정회원이며, 또한 미국 과학과 환상소설 작가회(The Science Fiction and Fantasy Writers of America)의 활발한 회원이다.

콘스탄틴은 소프트웨어개발의 인간적 측면에 대하여 전문성을 가지고 있으며, 에드워드 요던과 함께 공동저술한 "Structured Design"은 고전으로 남아있다. 그는 소프트웨어 개발에 있어서 "모듈러 프로그래밍(Modular Programming)"에 대한 선구자이며, 구조적 설계에 있어서 초창기 선두적인 학자이다. 또한 그는 구조차트(Structure Chart), 자료흐름도(DFD : Data Flow Diagram) 등을 발전시켰다.

[콘스탄틴의 강연하는 모습]

■ **모듈러 프로그래밍(Modular Programming)**

프로그램을 모듈화하여 독립성을 갖게 함으로써 다른 모듈에 영향을 받지 않고 모듈의 일부 개량이나 재번역을 가능하게 하는 프로그래밍 기법이다. 각 모듈인 기능(function)이나 서브루틴(subroutine)은 국소적 변수를 써서 독립성을 높이고 있으며, 통합된 기능별로 모듈화한다.

모듈러 프로그램 작성의 목적은 크고 복잡한 문제를 좀 더 작고 단순한 모듈로 나누어서 프로그램 작성이나 작성된 프로그램의 유지를 쉽게 하고, 신뢰성을 높이는 것이다. 모듈러 프로그래밍에서 중요한 점은 하나의 모듈은 한 가지 일만 하도록 작성해야 한다는 것이다. 이런 프로그램이 유지보수 또한 당연히 간편하다. 모듈은 오직 한 개의 상태만 가질 수 있는데, 일반적인 기능을 하는 프로시져를 다른 하나의 모듈로 묶어서 각각의 모듈이 독립적인 데이터를 가질 수 있도록 한다. 이 말은 모듈 내의 프로시져가 호출됨으로써 생기게 되는 변경사항에 대해 해당 모듈이 이를 관리할 수 있다라는 말이며 독립성을 강조한 것이다.

장점	단점
• 코드의 빠른 가독성 • 모듈의 재사용성 증가 • 코딩의 효율성과 기능 파악 용이 • 코드의 길이가 짧아짐 • 코딩에 소요되는 시간의 단축	• 데이터의 생성과 소멸에 따른 자원할당 • 모듈은 연산자를 기반으로 작성되고 데이터를 기반으로 하지 않음에 따라 객체지향 방식보다 불편함 • 컴파일러는 데이터의 무결성에 책임을 지지 않음

연습문제

(○,✕)

1. 분석이 "how"라면 설계는 "what"에 대한 답을 찾는 것이다. (○,✕)

정답 ✕
해설 분석이 "what"에 대한 답을 찾는 것이고, 설계는 "how"에 대한 답을 찾는 것이다.

4지선다

2. 설계의 원리 중 문제를 상위개념부터 더 구체적인 단계로 분할하는 하향식 기법의 원리를 무엇이라고 하는가?

① 추상화 ② 단계적 분해

③ 모듈화 ④ 위에 답이 없음

정답 ②
해설 단계적 분해가 답이며, 점진적이고 진화적으로 구체화해나가는 과정으로 설계가 이루어진다.

단답형

3. 수행가능한 명령어를 잘라서 작은 독립단위로 나누어서 설계하는 것은 무엇일까요?

정답 모듈화
해설 모듈이라는 작은 독립단위로 잘라서 전체적으로 응집도는 높이고, 결합도는 낮도록 설계하는 것이 설계의 목표이다.

팀 프로젝트 실습

■ 유스케이스 설계서 작성 및 제출

객체지향적 분석기법의 장점은 자연스럽게 설계단계로 이행된다는 점이다. 객체자향적 분석기법의 대표적인 다이어그램으로 우리는 앞서 유스케이스 다이어그램을 작성해보았다. 설계단계에서는 이미 작성한 유스케이스 다이어그램을 검토하고의 미비사항을 파악해야 한다. 미비하다는 의미는 프로그램으로 구현하기에는 아직 정확하게 어떻게 구현되어야 할 것인지 구체적이지 않은 부분을 파악하는 것이며, 구체화하는 것은 이를 프로그램으로 구현할 수 있는 수준으로 세부적인 내역을 기술하는 것이다.

작성된 설계서는 한번 더 최종적인 점검과 검증이 필요하다. 아직도 일부 미비한 점이 있을 수 있으며, 전체가 일관성이 떨어질 수도 있다. 설계서를 보다 구체적으로 작성하려고 노력하는 이유는 프로그램 개발을 진행하면서 수시로 변경하기엔 너무 많은 시간과 노력이 소모될 수 있기 때문이다. 설계서도 최종적인 베이스라인을 정하고 가는 것이 필요하다.

■ 유스케이스의 정상흐름과 비정상흐름에 대한 시나리오

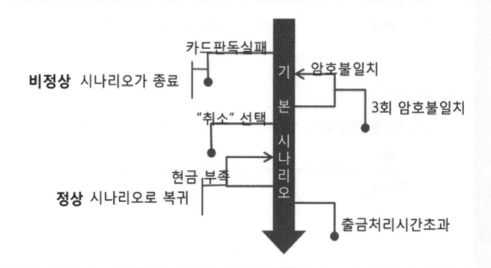

■ 유스케이스 시나리오 검토기준

- 유스케이스에서 관련된 모든 액터가 상호작용하는 행위를 기술해야 한다

- 시나리오는 명확하고 이해가 용이하게 작성되어야 한다

- 비즈니스 도메인에서 활용하는 용어를 사용하여 기술한다

- 능동형 문장으로 기술한다

- 유스케이스와 액터와의 입출력을 명확하게 정리하여야 한다

- 시스템의 궁극적인 목적을 파악할 수 있어야 한다

- 액터가 인식할 필요가 없는 유스케이스 내부의 동작은 구체화하지 않는다

- 예외적인 흐름과 대안적인 흐름을 정상흐름에 대비하여 설명한다

팀 프로젝트 실습

[참고 양식]

유스케이스 설계서		
조원		
팀명		
유스케이스 리스트		
유스케이스 ID	유스케이스 명	유스케이스 개요

항목		내용
유스케이스 ID		
관련 액터	주 액터	
	보조 액터	
선행조건		
후행조건		
시나리오	정상흐름	
	예외 흐름	
	비정상 흐름	
기타		

참고문헌

- 한혁수, 소프트웨어공학의 소개, 홍릉출판사, 2008
- 김연희, 데이터베이스 개론, 한빛아카데미, 2013
- 김치수, 쉽게 배우는 소프트웨어 공학, 한빛아카데미, 2017
- 최은만, 객체지향 소프트웨어 공학, 한빛아카데미, 2017
- Ian Sommerville 지음, 권기태, 남영광 옮김, 소프트웨어 공학, 홍릉과학출판사, 2008
- https://en.wikipedia.org/wiki/Niklaus_Wirth#/media/File:Niklaus_Wirth,_UrGU.jpg
- https://en.wikipedia.org/wiki/Architecture
- https://www.edrawsoft.com/template-basement-wiring-plan.php
- http://homedecomastery.com/tips-to-select-the-right-trailer-house-plans-before-buying-it/
- https://www.pinterest.co.kr/dehart0023/plumbing/
- Len, Bass, Clements Paul, and Kazman Rick. "Software architecture in practice." Boston, Massachusetts Addison (2003).
- 최은만, "소프트웨어 공학", 정익사, 2011

CHAPTER **9**

데이터베이스 설계

9.1 데이터베이스는 어떻게 설계하나요?

데이터베이스를 설계한다고 하면, 거의 관계형 데이터베이스를 설계하는 것으로 보아야 한다. 지금은 관계형 데이터베이스가 대세인 시대이다. 관계형 데이터베이스가 무엇인지 잘모른다면 "데이터베이스론"이라는 과목을 먼저 공부하는 것이 좋을 것이다. 하지만 대충관계형 데이터베이스라는 것에 대한 감을 잡고 있다면, 다음과 같은 얘기를 들어보았을 것이다. 데이터베이스는 현실세계를 개념적으로 설계하여 논리적 설계와 물리적 설계로 데이터베이스를 설계해 나가는 것이 일반적이다. 물리적 설계는 최종적으로 데이터베이스를 구축하기 위한 설계서 역할을 한다. 여기서 개념적으로 설계한다거나, 논리적으로 설계한다는 등의 얘기가 무슨 말인지 모른다면 일단 본 9장에서 가장 쉽게 데이터베이스 설계에 대한 기초를 이해해보자.

9.2 파일시스템의 문제점

1960년대와 1970년에는 파일을 모아둔 것이 데이터베이스라고 생각하던 시절이었다. 각응용프로그램은 개별적으로 자신의 데이터를 파일(file)로 관리하고 유지하였다. 개발자는각 프로그램에서 해당 파일을 열고, 읽고, 새로운 데이터파일을 생성하거나 기존의 파일을갱신하였다.

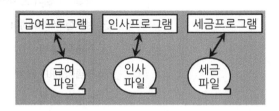

[파일 시스템]

하지만 파일시스템은 여러 가지 문제가 있었다. 데이터가 중복저장 되거나, 시간이 지나면서 데이터 간의 불일치가 발생하여 실제 현실세계의 모습을 제대로 시스템이 반영하지 못하는 것이다.

- 데이터의 중복저장
  - 동일한 데이터를 여러 파일에 분산하여 저장해야 프로그램이 처리할 수 있음
- 데이터의 불일치
  - 하나의 데이터가 변경될 경우, 전체 파일을 검색하여 불일치가 생기지 않도록 정합성을 맞추어야 함

9.3 관계형 데이터베이스의 개념

9.3.1 관계형 데이터베이스의 탄생

1970년대 코드(Edgar Codd)에 의해 제안된 것이 관계형 데이터베이스이다. 코드는 "A Relational Model of Data for Large Shared Data Banks"라는 논문에서 관계형 데이터베이스 개념을 처음으로 제시하였다. 이후 1977년 래리 엘리슨(Larry Ellison)이 코드의 아이디어를 활용해 오라클의 전신이 되는 SDL을 설립하였고, 관계형 데이터베이스인오라클 제품을 출시하였다. 1990년대에 들어와서 관계형 데이터베이스의 시대라고 할 수 있을 정도로 각광을 받게 되었으며, IBM의 DB2, Sybase 등의 여러 관계형 데이터베이스 관리시스템(DBMS: Data Base Management System)들이 시장에서 활발하게 인기를 끌게 되었다. 또한 관계형 데이터베이스는 SQL(Structured Query Language)의 표준화로 어떤 관계형 DB 제품을 활용하던지 표준화된 언어를 활용하여 쉽게 데이터를 관리할 수 있게 되었다.

9.3.2 관계형 데이터베이스의 구성

관계형 데이터베이스는 먼저 엔터티라고 하는 테이블(table)과 테이블을 구성하는 애트리뷰트, 즉 칼럼(column)을 알아야 한다. 테이블은 데이터를 관리하기 쉽게 하기 위하여 표와 같은 형식으로 만든 것이다. 아래의 그림은 학생 테이블의 예이다.

학번	성명	전화번호	주소

테이블의 예

[학생 테이블의 예]

학생 테이블에서 학번, 성명 등이 칼럼이라는 속성들이다.

학번	성명	전화번호	주소

학생 테이블의 주소 칼럼

[테이블에서 칼럼]

학생 테이블에 학생들의 내역을 저장하게 되는데, 이러한 데이터가 입력된 내역이 인스턴스(instance)이다.

학번	성명	전화번호	주소
001	홍길동	123-0987	홍판서길 238
002	좌청룡	234-9876	좌포도청길 77
003	우백호	345-5432	우포늪 5

학생 테이블의 '홍길동' 인스턴스

[인스턴스]

9.3.3 관계형 데이터베이스의 3단계 구조

관계형 데이터베이스는 스키마(schema)에 의해 3단계구조를 가진다. 스키마는 데이터베이스에 저장되는 데이터구조와 제약조건을 정의한 것이다. 3단계 구조는 외부 스키마, 개념 스키마, 내부 스키마 구조이다.

- 외부 스키마: 개별 사용자가 데이터베이스를 어떻게 보는가를 표현하여 정의한 것
- 개념 스키마: 사용자들의 관점을 통합하여 조직 전체의 관점에서 이해하고 표현한 것
- 내부 스키마: 저장장치에 저장하기 위한 관점에서 이해하고 표현한 것

[데이터베이스의 3단계 스키마구조]

9.3.4 데이터베이스 설계의 절차

관계형 데이터베이스는 개념적 설계, 논리적 설계, 물리적 설계의 절차로 설계가 이루어져 있다. 실제 SDLC(Software Development Life Cycle)의 설계단계에서 데이터베이스 설계가 이루어지기 때문에 별도의 분석단계 없이 바로 설계로 들어가는 것처럼 보일 수 있다. 하지만 데이터베이스를 설계하기 위한 분석은 이미 분석단계에서 요구사항을 분석하여 엔터티와 애트리뷰트를 추출할 수 있는 준비를 해두었다라고 보는 것이 좋겠다. 바로 DFD의 데이터저장소(data store)가 데이터베이스 설계를 위한 기초적인 분석 산출물이 되거나, 객체지향 분석의 엔터티 클래스 다이어그램이 기초적인 분석 산출물이 된다. 데이터베이스 설계의 산출물은 엔터티관계도(ERD: Entity Relation Diagram)이다.

- 개념적 설계
  - 요구사항 분석의 결과를 기초 입력자료로 활용하여 설계를 시작함
  - 데이터 요소와 요소 간의 관계를 표현
  - 개념 ERD로 도식화하면서 설계를 진행함
- 논리적 설계
  - 개념적 설계 단계에서 생성한 개념적 데이터베이스 구조를 기반으로 논리적 구조를 설계함
  - ERD를 테이블 스키마로 변환하여 향후 물리적 설계 이후 데이터베이스 관리시스템 (DBMS)이 처리할 수 있는 수준으로 상세화 함

- 물리적 설계
  - 논리적 설계의 결과를 기반으로 저장장치에 DB가 구현될 수 있도록 함
  - 저장장치에 실제로 데이터를 저장하기 위하여 내부 저장장치와 접근경로 등을 설계함
  - 저장장치에 적합한 인덱스 구조와 탐색기법 등을 정의함

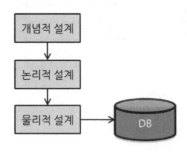

[데이터베이스설계 절차와 DB구현]

9.4 개념적 설계

분석단계에서 진행된 요구사항의 분석결과를 기반으로 현실 세계에서 중요한 데이터 요소
인 개체, 즉 엔터티(entity)를 추출한 후 개체간의 관계를 결정하여 ERD로 표현하는 것이
개념적 설계이다. 개념적 설계를 위한 절차는 먼저 개체와 속성을 추출하고, 관계를 추출한
후, 이를 ERD로 표현하여 도식화하는 것이다.

[개념적 설계과정]

9.4.1 개체와 속성의 추출

만약 구조적 분석을 진행하여 DFD가 산출물로 도출되었다면, DFD에서 데이터저장소의
데이터사전(DD: Data Dictionary)을 참고하여 개체와 속성을 추출할 수 있다. 개체는 테이

블로 전환되어야 할 부분이고, 속성은 칼럼으로 전환되어야 할 부분임을 염두에 두고 추출하면 쉽게 추출이 가능하다. 객체지향 분석기법에 의해 분석이 이루어진 경우, 클래스 다이어그램에서 엔터티 클래스의 내역을 추출하면 개체와 속성을 추출할 수 있다.

■ 구조적 분석에서 개체와 속성을 추출

개체	속성
과목	과목번호, 과목명, 담당교수, 강의실
학적	학번, 성명, 수강신청과목, 과목교수

■ 객체지향 분석에서 개체와 속성을 추출

개체	속성
사용자	아이디, 비밀번호, 이름, 주소, 생년월일, 등록일, 전화번호

가령 슈퍼마켓의 회원관리 소프트웨어를 개발하고자 한다면, 요구사항의 분석결과 다음과 같은 개체와 속성이 추출될 수 있을 것이다.

개체	속성
회원	회원아이디, 비밀번호, 이름, 나이, 직업
상품	상품번호, 상품명, 재고량, 단가
제조업체	제조업체명, 전화번호, 위치, 담당자
게시글	글번호, 글제목, 글내용, 작성일자

개체와 속성에 대한 개념적 ERD를 작성하기 위한 초기 모델링은 다음과 같이 도식화할 수 있다. 회원 개체에서 회원아이디에 언더바가 표시되어있는 이유는 회원아이디가 "기본키(primary key)"로 되기 때문이다. 관계형 데이터베이스에서 기본키의 개념은 대단히 중요하다. 기본키는 반드시 유일성(unique)을 가져야 하고, 속성값이 비어있으면 안 된다. 이를 "not null"이라고 한다.

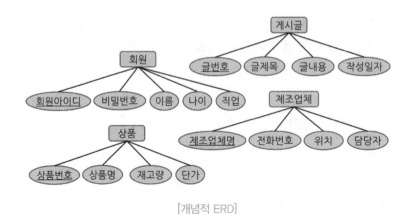

[개념적 ERD]

9.4.2 관계 추출

관계는 개체 간의 의미 있는 연관성이다. 일반적으로 관계는 요구사항을 표현한 문장에서 동사의 역할을 한다. 개체간의 관계는 마름모꼴의 기호를 추가하여 동사형 명사를 관계명으로 부여한다. 동사형 명사라는 것은 명사인데 그 동사의 끝에 '한다'라는 말을 붙였을 때 의미가 무리가 없이 통하는 것이다. 즉 '주문'이라는 관계는 '주문한다'로 의미가 통한다.

관계를 추출한 후에는 추출한 관계에 대한 "카디널리티(cardinality)"와 참여특성을 결정한다. 여기서 카디널리티라는 것은 관계를 맺고 있는 두 개체에서 한 개체 인스턴스(instance)가 관계를 맺고 있는 상대 개체의 인스턴스와 어떠한 수적인 관계를 갖는가를 의미한다. 회원 개체와 상품 개체 간의 관계에서 주문한다라는 관계는 다:다(多:多), 즉 많다와 많다의 관계를 가진다. 회원은 여러 상품을 주문할 수 있고, 상품은 여러 회원에게 주문된다. 회원이 하루 슈퍼마켓에 와서 여러 상품을 주문하였다. 그리고 다음날 다시 와서, 또 동일한 상품을 주문하였다. 관계를 추출하기 위한 기준으로 기본키를 중심에 두고 현실을 해석해보

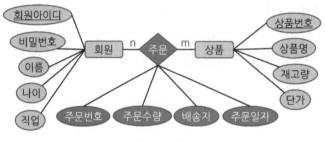

[관계 추출]

는 것이 도움이 된다. 한 회원아이디에 상품아이디가 여러 번 중복되도록 데이터가 저장되는 상황이 발생하는 것이다.

하지만 회원이 게시판에 댓글을 남긴다고 생각해보자. 회원은 한번 게시판에 글을 남길 때마다 한번만 남기게 된다. 다음날 다시 글을 남길 때에는 새로운 글번호가 생성되어 앞서 남긴 글과는 다른 글번호이다. 이러한 경우 회원은 여러 번 글을 남기지만, 동일한 글번호는 다시 발생하지 않기 때문에 1:다(1:多)의 관계를 형성하게 된다.

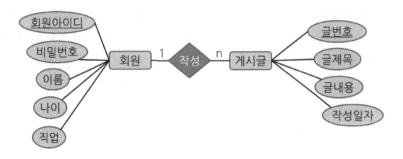

[관계에서 카디널리티]

9.5 개념적 ERD 완성

슈퍼마켓 소프트웨어의 데이터베이스에 대한 분석 결과에서 개체, 속성, 관계를 추출하고 ERD로 종합적인 완성을 하면, 개념적 설계가 완성된다. 개념적 설계의 결과로 나타나는 것

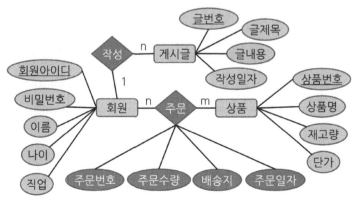

[개념적 ERD 완성]

이 개념 스키마이며, 개념적 ERD라고도 한다. 개념적 ERD가 언뜻 보기에는 논리적 ERD보다 쉽게 느껴질 수 있지만, 초기 개념적 모델링이 제대로 되지 않을 경우에 추후 큰 혼란을 겪게 되기 때문에 경험이 있는 전문가가 개념적 ERD 모델링을 하는 것이 필요하다.

9.6 논리적 설계

개념적 설계가 DBMS와는 독립적인 개념 스키마를 설계하는 것이었다면, 논리적 설계는 DBMS가 처리할 수 있는 데이터베이스의 논리적 구조를 설계하는 것이다. 앞서 개념적 설계의 결과물인 개념적 ERD는 내부 스키마로 변환되는 작업을 통해 테이블과 관계로 구체화된 논리적 ERD를 작성하게 된다. 개념적 ERD에서는 다중 값 속성이나 복합속성의 표현을 허용하지만, 논리적 ERD에서는 "다중값 속성"과 "복합속성"을 허용하지 않는다. 다중값 속성과 복합속성이 무엇인지는 차후 설명을 하도록 하겠다. 개념적 ERD를 기반으로 하여 논리적 ERD로 변환하기 위한 규칙이 있다.

9.6.1 모든 개체는 테이블로 변환한다

개념적 ERD에서의 개체, 즉 회원, 게시글, 상품은 테이블로 변환한다. 개체 이름은 그대로 테이블이름으로 활용하며, 개체가 가진 속성은 테이블의 속성이 된다. 개체가 가진 키 속성은 테이블의 "기본키(primary key)"로 변환한다.

■ 회원 테이블

회원아이디	비밀번호	이름	나이	직업

■ 상품 테이블

상품번호	상품명	재고량	단가

■ 게시글 테이블

글번호	글제목	글내용	작성일자

위의 테이블에서 요구사항이 변경되어 회원의 주소를 추가적으로 관리해야 할 필요가 생겼다고 할 경우, 주소는 다음과 같은 복합속성을 가진 논리적 ERD가 된다. 복합속성은 '우편번호', '기본주소', '상세주소'라는 단순속성으로 구성되어 있는데, '주소'라는 복합속성을 제거하고 단순속성만으로 테이블의 속성을 정의한다.

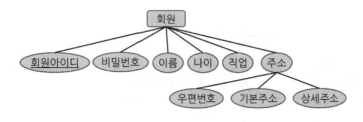

[복합속성]

■ 회원 테이블

회원아이디	비밀번호	이름	나이	직업	우편번호	기본주소	상세주조

9.6.2 (다:다)의 관계는 테이블로 변환한다

개념적 ERD에서 주문은 (다:다)의 관계를 가지는 관계이며, 이는 새로운 테이블을 생성하여 해결한다. 즉 주문 테이블이 생성되는 것이다. 이때 주문의 관계를 가지는 회원과 상품의 기본키인 회원아이디와 상품번호는 주문 테이블의 외래키가 되어야 회원 테이블과 상품 테이블의 관계를 유지할 수 있다.

■ 주문 테이블

주문번호	회원아이디	상품번호	주문수량	배송지	주문일자

논리적 설계에서는 위의 관계를 아래와 같이 논리적 ERD로 표현하는 것이 편하다. 아직은 속성에 대한 부분과 관계에 대한 부분을 표현하고 있지만, 각 속성별 타입과 길이를 추가할 필요가 있다.

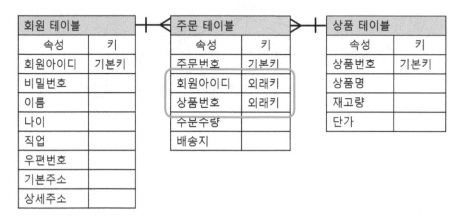

[관계를 테이블로 변환]

9.6.3 (1:다)의 관계는 외래키를 추가한다

회원 테이블과 게시글 테이블의 관계는 (1:다)의 관계이다. 즉 회원은 다수의 게시글을 남길 수 있는 것이다. 게시글 테이블에서 누가 글을 작성하였는지 알기 위해서는 회원아이디를 추가할 필요가 있는데, 이는 회원 테이블의 기본키인 회원아이디를 게시글 테이블에 추가하는 것을 의미한다. 다른 테이블의 기본키를 자신의 테이블에 추가하는 것이 바로 외래키이며, 이 외래키를 중심으로 (1:다)의 관계를 설정하게 된다.

회원 테이블	
속성	키
회원아이디	기본키
비밀번호	
이름	
나이	
직업	
우편번호	
기본주소	
상세주소	

게시글 테이블	
속성	키
글번호	기본키
회원아이디	외래키
글제목	
작성일자	

[외래키의 추가]

9.6.4 다중값 속성은 별도의 테이블을 추가한다

회원테이블에서 직업은 "다중값 속성"이 될 수 있다. 즉 직업이 겸임교수이면서 회사의 대표를 맡고 있는 회원의 경우, 대표라는 직업을 입력할 수도 있지만, 교수라는 직업을 입력할 수도 있다. 때로는 직업의 분류에 따라 회원을 분류할 경우, 다중값을 갖는 속성에 의해 분류에 포함되기도 하고 포함되지 않기도 하여, 개인의 불이익이나, 마케팅 전략의 효과적 달성이 되지 않을 수 있다. 이러한 다중값을 갖는 속성의 문제를 해결하기 위하여 새로운 값을 추가할 수도 있지만 중복을 발생시킬 수 있으며, 기본키가 유일하지 않은 문제가 발생한다.

회원아이디	비밀번호	이름	나이	직업
101	3922203346	김희영	38	겸임교수
101	3922203346	김희영	38	대표이사

다른 해결방안은 별도의 테이블을 생성하여 관계를 설정하는 것이다. 즉 직업 테이블을 분리하는 것이다. 아래의 회원테이블과 직업테이블의 관계는 (1:다)의 관계가 형성된다.

■ 회원 테이블

회원아이디	비밀번호	이름	나이
001	3922203349	김희영	38

■ 직업 테이블

회원아이디	직업
101	겸임교수
101	대표이사

이때 외래키 2개를 묶어서 기본키가 될 수 있다. 즉 회원아이디와 직업을 동시에 하나의 기본키로 처리하는 것이다. 회원이 동일한 직업을 추가할 수 없을 뿐만 아니라, 필요하다면 3개 혹은 4개까지도 새로운 직업을 추가로 가질 수 있게 된다.

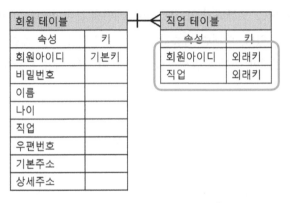

[다중값 속성을 위한 테이블 추가]

9.7 물리적 설계

물리적 설계는 특정 DBMS제품에 맞는 설계를 의미하며, 이미 선정되어있는 하드웨어의 특성을 고려하여 필요한 인덱스의 구조나 내부 저장장치 등에 대한 물리적 구조를 설계하는 것이다. 즉, 물리 데이터 모델링은 논리 데이터 모델링에서 정의한 모델을 기준으로 논리 모델을 물리 모델로 변환하는 절차를 수행한다. 저장공간 설계, 무결성 설계, 인덱스 설계 등 DBMS 의 물리적 요소를 적용한 물리 모델링을 수행한다. 물리적 설계에 의해 DBMS에 데이터베이스 구조가 구축될 수 있는 준비가 완료된다.

9.7.1 저장공간 설계

데이터베이스의 초기 사이즈, 증가 사이즈, 트랜잭션 관련 옵션, 최대 사이즈와 자동 증가 등을 고려하여 테이블 저장 용량을 분석한다. 데이터 증가 예상 건수, 주기, 저장 테이블의 총 길이(Row Length)등을 고려하여 테이블 용량을 분석한다. 테이블 인덱스에 대한 크기를 기준으로 오브젝트 별 용량을 산정한다. 테이블 저장공간별 용량의 합계로 전체 테이블 용량으로 산정한다. 테이블 스페이스에 따른 디스크 용량과 I/O 분산 설계를 통해 디스크 용량을 산정한다.

9.7.2 무결성 설계와 인덱스 설계

데이터 무결성은 실체 무결성, 영역 무결성, 참조 무결성, 사용자 정의 무결성의 순서로 점검한다. 인덱스는 테이블에 접근하는 모든 경로를 수집하고 수집된 결과를 분석하여 종합적인 판단에 의해 결정한다. 반복 수행되는 접근 경로, 분포도가 양호한 칼럼(속성을 물리적 모델에서는 칼럼이라는 명칭으로 흔히 사용됨), 조회 조건에 사용되는 칼럼, 자주 결합되어 사용되는 칼럼, 데이터 정렬 순서와 그룹핑 칼럼, 일련번호를 부여한 칼럼, 통계 자료 추출 조건, 조회 조건이나 조회 조건 연산자 등의 유형을 고려하여 인덱스 생성이 필요한 칼럼들에 대해 먼저 접근 경로를 수집한다. 수집 된 접근 경로 칼럼들을 대상으로 분포도를 조사한다.

인덱스 후보 목록을 이용하여 접근 유형에 따라 어떤 인덱스 후보를 사용할 것인지 결정한

다. 누락된 접근 경로가 있다면 분포도 조사를 실시하고 인덱스 후보 목록에 추가 작업을
반복한다. 단일 칼럼의 분포도가 양호하면 단일 칼럼 인덱스로 확정하고 하나 이상의 칼럼
에서 조합이 필요한 경우는 인덱스 선정 가이드를 활용하여 인덱스 칼럼 순서를 결정한다.
설계된 인덱스를 적용하고 접근 경로 별 인덱스가 사용되는지 확인한다.

9.7.3 물리적 설계의 데이터베이스 구축

물리적 설계의 결과를 물리적 스키마라고 부르며, SQL명령어 중 하나인 "CREAT" 문에 의
해 물리적 설계를 기초로 하여 데이터베이스가 구축된다. 물리적 설계는 본 책에서는 깊이
있게 다루지 못하는 점을 양해하기 바란다. 본 책은 소프트웨어 공학에 대한 전반적인 이해
와 활용을 위해 집필된 것이며, 데이터베이스 설계에 대하여 깊이 있는 이해를 원하는 독자
는 시중에 있는 데이터베이스론 책들을 참조하면 훨씬 풍부한 내용을 공부할 수 있다. 특
히 물리적 설계는 특정 DBMS 제품에 따라 의존적이기 때문에 실무에서 사용할 DBMS가
선정되면 공급한 업체에서 제공하는 교육을 받는 것이 도움이 된다.

에드가 코드(Edgar Frank Codd: 1923 ~ 2003)

에드가 코드는 영국의 포트랜드(Isle of Portland, England)에서 태어났다. 옥스포드의 엑스터 칼리지(Exeter College, Oxford)에서 수학과 화학을 전공하였으며, 2차대전 중에는 영국공군(Royal Air Force)의 조종사로 활약했다.

1948년에는 미국 뉴욕으로 이주하여 IBM에서 프로그래머로 일하였으나, 1953년에는 미국 공화당 상원의원인 매카시(Joshph McCarthy: 공산주의 반대활동으로 유명함)에 분개하여 캐나다 오타와(Ottawa Canada)로 이주하였다.

10년후 다시 미국으로 돌아와서 미시간대학교(University of Michigan in Ann Arbor)에서 컴퓨터과학으로 박사학위를 받았다. 그의 논문주제는 "자기복제(self-replication)"이며, 폰 노이만의 업적을 확장한 것이다. 그의 자기복제 컴퓨터 설계(design for a self-replication computer)는 2010년에 와서야 현실화되었다.

학위를 받은 후 캘리포니아 산호세(San Jose, California)로 이주하여 IBM의 산호세연구소(IBM San Jose Research Lab)에서 근무하게 된다. 1960년대와 1970년대에 그는 데이터배열(data arrangement)에 대한 이론과 관련하여 연구하였는데, 1970년에는 Communicatoins of the ACM에 논문, "A Relational Model of Data for Large Shared Data Banks"를 싣게 된다. 그는 IBM내부의 느린 검토와 승인으로 인해 1년이나 논문등재가 지체된 것에 크게 실망하였다. 코드의 관계형 모델에 대한 논문을 읽고 크게 감명받은 래리 엘리슨(Larry Ellison)은 1977년 SDL(Software Development Laboratories)이라는 회사를 설립하게 되는데, 이 회사가 나중에 이름을 바꾸게 되는 바로 ORACLE이다.

사실 IBM은 기존의 IMS/DB의 매출을 유지하기 위해 관계형 모델제품을 만드는 것을 거부하고 있었으며, 코드는 IBM고객에게 관계형 모델의 가능성을 보여주고 IBM을 압박하였다. 그러자 IBM은 퓨처시스템(Future Systems)프로젝트에 시스템R(System R)이라는 부속 프로젝트를 만들어 개발에 착수하였다. 하지만 코드가 제시한 아이디어를 제대로 이해하지 못한 개발자들은 코드를 따돌림했다. 그 결과 코드가 만든 알파 랭귀지(Alpha Language)를 개발자들이 사용할 수 없었고, 비관계형 언어인 SEQUEL을 새로 개발하게 되었다. SEQUEL은 관계형 언어로 다시 대체되는데 이것이 SQL(Structured Query Language)이다.

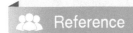

코드는 그의 관계형 모형을 계속 발전시켰고, 때로는 그의 동료 크리스 데이트(Chris Date)와 함께 작업하였다. 정규화(normalization)중 하나인 보이스-코드 정규화(Boyce-Codd normal form)는 그의 이름을 딴 것이다. 그는 관계형 모델에 대한 이론을 계속 발전시켜 코드이론(Codd's Theorem)으로 정립시켰다. 관계형 모델은 1980년대에 대유행하였고, 1981년에 그는 튜링상(Turing Award)을 받았다.

그는 관계형이 아닌 데이터베이스 업체가 "relational"이라는 용어를 함부로 사용하는 것에 대하여 캠페인을 벌여 투쟁하였다. 그는 캠페인의 일환으로 관계형 데이터베이스를 정의하기 위한 "12법칙"을 저술하였으며, 이러한 활동은 그의 IBM에서의 위치를 위태롭게 했다. 그는 1983년경에 IBM을 떠나 크리스 데이트 등 동료들과 함께 독립적인 컨설팅회사를 설립하였다. 코드는 "OLAP(On-Line Analytical Processing)"라는 용어를 처음 만들었으며, 어떠한 소프트웨어 업체도 이 용어의 사용에 대하여 대금을 지불하지 않았다.

그의 1990년의 저서, " The Relational Model for Database Management, version 2"조차도 잘 팔리지 않았지만, 그는 1994년에는 ACM(Association for Computing Machinery)의 펠로우가 된다. 그는 데이터베이스 설계이슈를 해결하기 위해 관계형 DB에 대한 그의 아이디어를 확장한 RM/T(Relational Model/Tasmania)를 발표하였으며, 이후 그 중요성이 입증되었다.

그는 2003년 79세의 나이로 플로리다 자택에서 심장마비로 숨을 거두었다. 코드가 숨을 거둔이후 2004년도에 SIGMOD(ACM의 대용량DB관리에 대한 특별분과)는 그의 업적을 기려, 기존의 SIGMOD상의 이름을 SIGMOD Edgar F. Codd Innovations Award로 개명하였다.

■ 관계형 모델(Relational Model)

관계형 모델은 1969년에 관계형 데이터베이스를 구축하기 위하여 Codd에 의해 처음으로 제시되었다. 관계형 모델은 데이터와 쿼리(query)를 구체화하기 위해 선언적(declarative) 방법을 제공한다. 이는 사용자가 데이터베이스에 어떤 정보가 있는지, 그리고 데이터베이스로부터 도출하고자 하는 데이터가 무엇인지 직접 언급하는 것이다. 또한 선언적 방법은 데이터베이스 관리시스템(DBMS)의 소프트웨어가 데이터구조를 기술하고 관리하도록 하며, 이는 데이터를 소팅(sorting)하고 쿼리에 응답하기 위한 검색절차를 위한 것이다.

Codd의 아이디어에 의하여 여러 관계형 DBMS가 탄생하게 되는데, IBM의 DB2, Sybase, Oracle, Microsoft SQL Server, PostgreSQL, MySQL 등이다. 이러한 대부분의 DBMS는 데이터 정의 및 검색 언어인 SQL을 활용한다. SQL 데이터베이스 스키마(schema)에서 테이블(table)은 변수를 선언하는데, 테이블의 내용은 관계를 갖게 되고, key칼럼으로부터 제한을 받는다.

관계형 데이터 모델은 표현하고자 하는 엔티티의 모든 데이터와 데이터 사이의 관계를 2차원의 테이블(Table)형태로 기술한다. 테이블의 각 행(Row)은 하나의 엔티티를 나타내고, 테이블의 각 열(Column)은 엔티티의 각 속성을 나타낸다. 하나의 테이블은 보통 여러 개의 행들로 구성되므로 엔티티 집합은 테이블 구조로 표현된다고 할 수 있다.

관계형 모델에서는 이와 같은 테이블을 릴레이션(Relation)이라 하고, 행은 튜플(Tuple) 혹은 레코드라 부른다. 또 테이블의 각 열은 필드(Field) 혹은 속성이라 한다.

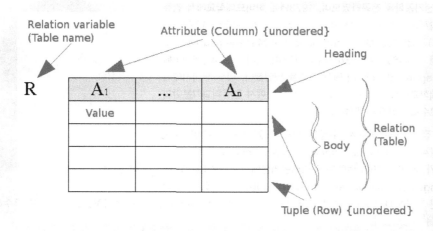

[관계형 모델의 개념]

   **피터 첸 Peter Pin-Shan Chen : 陳品山 (1943 ~)**

피터 첸은 대만의 다이충에서 태어났다. 1968년에 국립대만대학교에서 전기공학을 전공하였으며, 1973년에 하버드대학교에서 컴퓨터과학/응용수학으로 박사학위를 받았다. 1974년부터 1978년까지 MIT경영대학원(MIT Sloan School of Management)에서 조교수를 역임하였으며, 1978년부터 1984년까지 UCLA경영대학원(Management School)에서 교수를 역임했다. 이후 루이지애나 주립대학교(Louisiana State University)에서 컴퓨터과학분야의 석좌교수로서 강좌를 개설하였다.

첸은 정보기술분야에서 수많은 상을 받았으며, 1998년에는 ACM(Association for Computing Machinery)의 펠로우(Fellow)가 되었다. 2000년에는 데이터관리명예의 전당(the Data Management Hall of Fame)에 올랐다. 2001년에는 소프트웨어 방법론 혁신에 대한 공로를 인정받아 스티븐스 어워드(Stevens Award)를 수상하였고, 이후에도 무수히 많은 상을 수상하였다.

첸은 무엇보다 ER모델(Entity-Relationship Model)을 만든 사람으로 유명하다. ER모델은 CASE(Computer-Aided Software Engineering)툴과 레포지토리(repository)시스템, 그리고 시스템 분석/설계 방법론을 위한 기초로서 활용된다. 1976년도, MIT조교수 시절에 학술저널인 "ACM Transations on Database Systems"에 등재한 논문, "The Entity-Relationship Model-Toward a Unified View of Data"는 ER모델을 창시한 논문이며, 이후 수많은 논문에서 이를 인용하고 있다. 사실 첸이 이 개념을 발명한 것은 아니라고 한다. 실무에서 활용하던 브라운(A.P.G Brown)이라는 사람이 원저작자로서 1975년도에 이미 한 유명하지 않은 저널에 글을 올린 적이 있으나, 첸은 학술적 가치가 인정되는 저널에 공식적이면서 또한 모델을 더욱 널리 알릴 수 있도록 한 것이다. ER모델은 미국산업표준으로 채택되었으며, 포춘지 500회사의 설문결과 시스템 개발을 위한 최고의 기법이며, 데이터베이스 설계를 위한 최고의 방법론으로 선정되었다.

첸의 업적은 소프트웨어 공학에 있어서 이정표가 된다. 특히 CASE에 있어서는 1980년대 후반과 1990년대 초반에 있어서 IBM의 AD/Cycle(Application Development Cycle)과 DB2레포지토리의 기초가 되었다. DIGITAL사의 CDD+역시 ER모델에 기초하였으며, 첸의 구조적 시스템 개발방법론에 대한 전세계 강연과 그의 연구결과는 CASE산업에 심대한 영향을 끼쳤다. ER모델은 이후 CA(Computer Associates)의 ERWIN을 포함하여 ORACLE의 Designer/2000, Sybase의 PowerDesinger, 심지어 MicroSoft의 VISIO에까지도 영향을 미쳤다.

웹의 하이퍼텍스트(hypertext)조차도 ER모델의 주요 개념이 비슷하다고 하며, 첸은 W3C(World Wide Web Consortium)의 XML워킹그룹에 전문가로 초청되어 하이퍼텍스트의 연결관계 등에 조사역으로 참여하고 있다고 한다. ER모델은 객체지향 분석설계 방법론과 시멘틱웹(Semantic Web)의 기초로서도 최근에 활용되고 있으며, UML모델링 언어에서도 ER모델이 기본적인 맥락을 가진다.

Reference

[칭와(清華)대학교 초청강연 모습]   [강연 후]

■ ER모델 (Entity-Relation Model)

ER모델은 실세계의 데이터관계를 세가지 기본요소로 표현이 가능함을 제시한다. 이렇게 작성된 모형이 ER다이어그램(ER Diagram)이다. 세가지 기본요소는 개체(Entity), 관계(Relationship), 속성(Attribute)이며, 정보시스템에 필요한 정보를 기술하거나 정보의 타입, 관계를 분석하여 그림으로 표현한다.

• 개체 : 모델링으로 표현하고자 하는 사건이나 사물

• 관계 : 개체와 개체 간의 연관성

• 속성 : 개체나 관계성의 성질을 나타내는 정보 단위

개체는 현실세계의 객체이며 실체를 말하는 것으로 업무수행을 위해 데이터로 관리되어야 하는 사원이나 부서, 남자 혹은 여자, 그리고 계약이나 물품 등을 말하며, 표현하는 방법은 네모이다.

관계는 "소속된다", "관리된다", "소유한다" 등과 같이 개체 간의 연관성을 나타낸다. 개체 사이의 관계는 한 개체가 다른 개체와 연관되어 있거나 참조한다는 것을 나타낸다. 이 때 개체 사이의 관계는 서로 어떻게 연관이 되어있는지를 나타내어야 하며, 관계의 기수, 즉 카디널리티(cardinality)를 나타내어야 하는데 관계에 대하여 "1대1", "1대N", "N대N"으로 표현하는 것을 카디널리티라고 한다. 표현하는 방법은 마름모꼴이다.

👥 Reference

속성은 개체의 정보를 나타낸다. ER다이어그램에서의 개체와 관계는 하나의 정보단위로서의 개념을 나타내며, 실제 정보의 집합체를 뜻하기도 한다. 이 때의 정보는 인스턴스(instance)라고 하는 실제 객체(object)의 집합을 뜻한다. 하나의 개체나 관계는 이들이 포함하고 있는 인스턴스의 공통된 특징을 가지고 있다. 이 때 하나의 개체나 관계가 가지고 있는 하나 이상의 특징을 속성이라고 한다. 이들 속성 중에서는 하나 이상의 키(key) 또는 식별자가 있다. 속성의 표기하는 방법은 아래와 같다.

아래의 그림은 ER다이어그램의 작성 예를 보여준다. 학교에서 학생이 수강하는 과목과의 관계를 수강이라는 관계에 대하여 설명한다. 학생 개체는 학번, 이름, 학년 속성을 포함하며, 학번은 학생을 구분하는 식별자가 된다. 과목 개체는 과목변호와 과목명 속성을 포함하며, 과목번호는 과목을 구분하는 식별자가 된다. 수강 관계는 학생 개체와 과목 개체 사이의 관계를 나타내는 관계로, 수강관계는 학생 개체와 과목 개체 사이의 관계를 나타낸다. 수강관계는 학생 개체와 과목 개체의 인스턴스인 학번과 과목번호를 인스턴스로 가지고, 학점 속성을 포함한다.

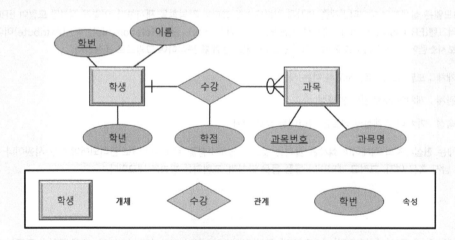

[ER다이어그램의 예]

개체와 관계, 속성의 이름을 정의하는 것은 매우 중요하다. ER다이어그램은 정보공학방법론을 통한 정보시스템 구축에 있어서의 각 개념을 추상적으로 나타낸 것이기 때문이다. 따라서 이름을 정의할 때에는 이해하기 쉬우며 명확한 뜻을 가진 단어를 정의해야 올바른 표현이 가능하다.

연습문제

(o,x)

1. 관계형 데이터베이스를 제품으로 만들어 판매하는 것을 흔히 DBMS라고 부른다.

정답 o

해설 시중에 오라클, DB2 등 DBMS는 모두 관계형 데이터베이스 제품이다.

4지선다

2. 현실세계에서 중요한 데이터 요소인, 엔터티(entity), 즉 개체를 추출한 후 개체간의 관계를 결정하여 ERD로 표현하는 것을 무엇이라고 하는가?

① 개념적 설계 ② 논리적 설계

③ 물리적 설계 ④ 위에 답이 없음

정답 ①

해설 데이터베이스의 처음 하는 설계단계는 바로 현실세계를 개념적으로 모델링하는 것, 즉 개념적 설계를 하는 것이다.

단답형

3. 데이터베이스의 속성 중 유일성과 Not Null의 특징을 가지면서 해당 테이블의 인스턴스(instance)를 찾아낼 수 있도록 하는 기능을 하는 키(key)를 무엇이라고 할까요?

정답 기본키(primary key)

해설 기본키가 존재하지 않으면 원하는 데이터값, 즉 인스턴스를 찾아내기 쉽지 않다.

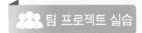
팀 프로젝트 실습

■ ERD 작성

데이터베이스를 설계한다는 것은 먼저 데이터베이스에 대한 개념적 모델링을 필요로 한다. 개념적 모델링을 이미 수행한 것으로 간주하여 바로 논리적 ERD를 작성해보자. 사실 ERD를 제대로 작성하기 위해서는 "데이터베이스론"을 배워야 한다. 하지만 이미 선수과목으로 관계형 데이터베이스를 배운 것으로 가정한다. ERD를 작성하기 위한 도구를 활용하는 것이 실습에 도움이 된다. ERD작성을 위한 도구는 여러가지가 있지만, 본 실습을 위해 exERD(ko.exerd.com)를 활용해보자.

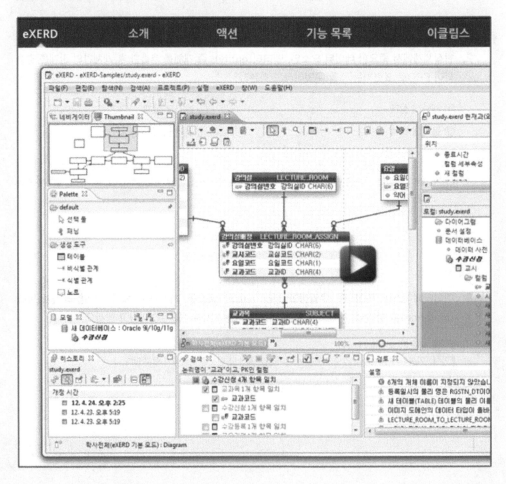

■ ERD 작성 순서

1) ERD 작성도구 설치

2) 분석서에서 개체 추출

3) 개체의 속성을 추출

4) 관계 설정

5) 데이터베이스 설계서 작성

■ 데이터베이스 설계서 작성

ERD만을 작성한 것은 아직 데이터베이스 설계서로 칭하기에는 부족하다. ERD로모델링된 결과를 기초로하여 제대로된 문서를 만들어야 하며, 이것이 데이터베이스 설계서이다. 데이터베이스 설계서는 다음과 같은 양식을 참조하여 작성할 수 있다.

[참고양식]

데이터베이스 설계서

목차

1. ERD
2. 테이블 목록
3. 테이블 상세내역

팀 프로젝트 실습

[참고양식]

테이블 목록

번호	테이블 명	비고
TBL-001	고객 테이블	
TBL-002	주문 테이블	

팀 프로젝트 실습

[참고양식]

테이블 상세내역

테이블 번호	TBL-001
테이블 명	고객 테이블

칼럼명	칼럼 영문명	타입	길이	PK여부	비고

참고문헌

- 한혁수, 소프트웨어공학의 소개, 홍릉출판사, 2008
- 김연희, "데이터베이스 개론", 한빛아카데미, 2013
- http://ko.exerd.com/
- 위키피디아 : http://en.wikipedia.org/wiki/Edgar_F._Codd
- http://www.research.ibm.com/resources/news/20030423_edgarpassaway.shtml
- http://en.wikipedia.org/wiki/Relational_model
- http://upload.wikimedia.org/wikipedia/commons/8/8d/Relational_model_concepts.png
- http://sweetstar111.blog.me/130073284697
- http://www.pic2fly.com/Edgar+Codd.html
- http://www.google.co.kr/imgres?imgurl=http://farm3.static.flickr.com/2692/4100740866_5c85302889.jpg&imgrefurl=http://networkcultures.org/wpmu/query/tag/david-gugerli/&usg=_9wnwNZOeGTFfoaoR-moaf0JkiTo=&h=333&w=500&sz=123&hl=ko&start=9&zoom=1&tbnid=ezNvsyY3j9y8aM:&tbnh=87&tbnw=130&ei=QFoDUJP2E7CZiQfspoT-Bw&prev=/images%3Fq%3DCodd%2BEdgar%26hl%3Dko%26newwindow%3D1%26sa%3DX%26gbv%3D2%26rlz%3D1R2ADRA_koKR484%26tbm%3Disch&itbs=1
- 위키피디아 : http://en.wikipedia.org/wiki/Peter_Chen
- http://bit.csc.lsu.edu/~chen/chen.html
- http://www.google.co.kr/imgres?imgurl=http://cfile24.uf.tistory.com/image/15513F564DFB14061B5B64&imgrefurl=http://topnanis.tistory.com/127&usg=_IFJa-gwUKMUGwqMoyZlpX-Z_PKM=&h=301&w=200&sz=31&hl=ko&start=51&zoom=1&tbnid=ChUkSsmtdl2SfM:&tbnh=116&tbnw=77&ei=5GcDUMSOCsqhiQeah8imCA&prev=/images%3Fq%3DPeter%2BChen%26start%3D42%26hl%3Dko%26newwindow%3D1%26sa%3DN%26gbv%3D2%26rlz%3D1R2ADRA_koKR484%26tbm%3Disch&itbs=1
- http://www.google.com.hk/imgres?imgurl=http://www.iss.nthu.edu.tw/ezfiles/175/1175/gallery/64/664/gallery_664_2238234_27108.jpg&imgrefurl=http://www.iss.nthu.edu.tw/files/131-1175-67-2.php&h=480&w=640&sz=43&tbnid=-XP53pk3paY9PM:&tbnh=103&tbnw=137&prev=/search%3Fq%3D%25E9%2599%25B3%25E5%2593%2581%25E5%25B1%25B1%2Bimage%26tbm%3Disch%26tbo%3Du&zoom=1&q=%E9%99%B3%E5%93%81%E5%B1%B1+image&usg=_CyuvaGRxHFBTMHcYLrFSztoah_Q=&hl=zh-CN&sa=X&ei=720DUKajl4utiQfG84SHCA&ved=0CCEQ9QEwBw
- 류성열 저, "시스템분석과 요구공학", 한티미디어, 2010.

UI(User Interface) 설계

10.1 UI는 어떻게 설계하나요?

UI, 즉 사용자 인터페이스는 "화면"과 출력되는 "문서양식"을 말한다. 기타 다양한 사용자 인터페이스들이 있을 수 있으나, 본 책에서는 화면설계와 문서양식 설계라는 것으로 UI설계를 한정하여 설명하고자 한다.

UI에 대하여 좀더 명확하게 정의하자면, 소프트웨어 사용자가 컴퓨터와 대화하기 위한 접점이 UI, 즉 사용자 인터페이스이며, 화면과 문서양식이 주를 이룬다. UI가 중요한 이유는 사용자 만족도를 좌우하는 중요한 요소이며, 변경이 가장 빈번하게 발생하는 소프트웨어 영역이기 때문이다. 공학적이면서도 아름답고 예쁜 결과를 필요로 하기 때문에 전문 시각 디자이너를 참여시켜 개발자와 함께 작업하는 것이 필요하기도 한다. 패션처럼 시대의 흐름에 따라 유행을 반영해야 하며, 일관되고 통일된 이미지와 정리된 모습이 사용자로 하여금 완성도를 느끼게 하여야 한다.

UI를 설계하기 위한 기초자료는 분석단계에서 구조적 분석의 결과로 도출된 DFD와 객체지향 분석의 결과로 도출된 유스케이스와 클래스 다이어그램이다.

10.2 DFD에서 추출된 UI

DFD의 프로세스를 처리하기 위하여 화면이 필요하다. DFD의 프로세스는 기능 구현을 위한 소단위 명세서로 구체적인 설계를 위한 산출물이 도출된다. 프로세스의 기능구현을 위한 화면도 소단위 명세서를 기반으로 추출할 수 있다. 다음의 그림은 화면과 문서양식의 출력을 필요로 하는 DFD의 프로세스 부분이다.

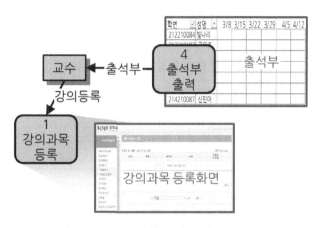

[DFD에서 UI 추출]

강의과목을 등록하기 위하여 등록화면의 설계가 필요할 것이며, 출석부를 출력하기 위하여
출석부 양식의 설계가 필요하다. 등록화면에서 입력된 데이터는 데이터베이스에 저장될 것
이고, 출력되는 출석부의 내용은 데이터베이스에서 선택된 데이터가 출력양식에 변환되어
종이로 인쇄된다.

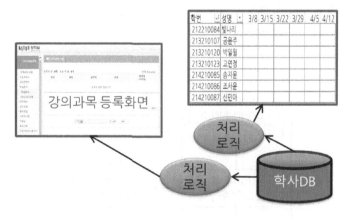

[화면과 문서양식]

위의 그림에서 '처리로직'이란 정상/비정상 처리, 입/출력 데이터, 주요 계산식, 데이터 입
력/조회/수정/삭제 조건, 프로그램 초기화, 분기조건, 출력 메시지 등을 의미한다. 그리고
프로그램으로 개발되어 화면을 작동시킬 수 있도록 하는 것을 의미한다.

10.3 유스케이스 혹은 클래스 다이어그램에서 추출된 UI

유스케이스는 사용자, 즉 액터의 관점에서 소프트웨어를 바라본 것이다. 사용자의 입장에서 소프트웨어를 바라보면 화면이 보이게 되며, 화면을 통해 처리하고자 하는 기능을 직접 데이터 입력과 처리버튼을 클릭하여 실행시키게 된다.

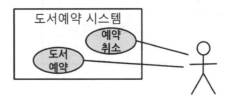

[액터의 관점에서 바라본 기능]

도서 예약 및 예약된 도서의 취소는 별도의 화면으로 처리할 수도 있고, 한 화면에서 동시에 처리될 수도 있을 것이다. 이는 설계자가 어떻게 설계하는 것이 더욱 사용자 편의성을 높일 수 있을 것인가 판단하여 설계할 수 있다.

객체지향 분석에서 도출된 클래스 다이어그램 중에서 경계(boundary)클래스는 바로 화면을 위한 클래스이다. 경계클래스에서 정의된 화면에서 필요한 데이터도 데이터베이스에서 추출하여 화면에 보여주거나, 화면을 통해 필요한 데이터가 저장된다.

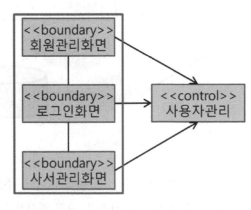

[경계클래스에서 화면 추출]

10.4 화면과 문서양식 설계의 주요개념

UI설계는 사용자 중심의 활동이며, 프로토타입 기법을 활용하는 것이 많은 도움이 된다. 화면과 문서양식은 프로그램으로 코딩하기 전에 설계된 이미지를 사용자에게 미리 보여줄 수 있다. 화면과 문서양식에 대한 요구사항은 누가 사용할 것인지, 사용목적은 무엇인지, 언제 필요한 것인지, 어디에 전달되고 사용될 것인지, 얼마나 많은 사람들이 사용할 것인지 등을 고려하여 설계한다.

10.4.1 화면

입력창과 버튼을 통해 추가적인 데이터를 입력할 수 있도록 설계한다. 표시되는 정보는 데이터베이스의 기초데이터와 처리로직에 의해 정보를 생성하여 제공한다. 사용자와 대화형으로 의사소통을 할 수 있도록 사용편의성을 최대한 고려하여야 하며, 보안에 따라 조회가 될 수 있는 정보와 그렇지 못한 정보를 구분할 수 있어야 한다.

10.4.2 문서양식

종이로 출력되는 것을 전제로 한다. 출력을 요청하는 화면이 별도로 필요하며, 출력되기 전에 "미리보기" 등을 통해 화면에서 확인가능 하도록 하는 것이 종이의 낭비 혹은 출력시간의 낭비를 줄일 수 있다. 입력창과 버튼을 통해 원하는 문서양식을 지정하고 출력버튼을 클릭하여 인쇄되도록 하는 것이 일반적이다. 표시되는 정보는 데이터베이스의 기초데이터와 처리로직에 의해 정보를 생성하여 제공한다. 종이출력은 시스템이 일방적인 형태로 의사표현하기 때문에 모든 사용자를 만족시키기에는 쉽지않다. 때로는 종이에 출력하는 것보다 파일(excel 등과 같은…)로 출력될 수 있도록 하여 사용자가 별도의 조작을 통해 출력이 가능하도록 하는 방법도 있다.

10.5 화면과 문서양식의 일반적인 설계 지침

10.5.1 강조

특별한 경우, 화면에서 강조를 해야 할 부분이 있다. 색상을 다르게 표시하거나, 깜박거림 등의 효과를 통해 강조를 표현할 수 있으며, 때로는 효과음도 도움이 된다. 문서양식의 경우에는 글자의 크기와 폰트 등을 활용하여 다르게 표현하거나 역상으로 표시되어 강조할 수 있다. 박스로 묶어서 관련된 것들만 별도의 그룹으로 표시하거나 밑줄표시로 강조할 수 있다.

10.5.2 문장표현

가독성을 높이기 위하여 "2라인 스페이스"를 활용하는 것이 좋다. 이는 화면과 문서양식에 모두 해당이 되는 내용으로, 일반적인 도서의 경우에도 2라인 스페이스를 활용한다. 2라인 스페이스라는 것이 무엇인지 잘 모르는 경우에 본 책의 문장을 보라. 문장의 한 줄이 작성되다가 다음 라인으로 이어질 때에는 가운데 스페이스가 있어서 글을 읽기 쉽게 하고 있다. 문단 사이에는 충분한 공간을 두고, 인덴트를 활용하여 계층적으로 분리하는 것이 좋다. 자주 사용하는 글은 약어를 활용하여 반복되는 글을 빠르게 읽을 수 있도록 하는 것도 도움이 된다.

10.5.3 라벨과 짜임새

의미 있는 라벨은 항상 일정한 위치에 배치하도록 한다. 조직체의 CI(Corporate Identity)를 항상 일정한 위치에 배치하도록 하는 것은 보안상 출력물의 외부 유출을 방지하고, 어떤 위치에서도 항상 최상위 메뉴로 이동할 수 있는 기능을 제공하기도 한다. 라벨은 다른 정보와 분리되어 활용할 수 있는 기능도 제공한다.

짜임새는 의미 있는 순서로 정렬하는 것을 말한다. 사용자의 주석이 필요한 위치는 여유공간을 확보하여 쉽게 파악할 수 있도록 하고, 너무 많은 폰트의 활용을 방지하여 어지럽지 않도록 하는 것이 좋겠다.

10.6 화면 설계

화면설계는 다음과 같은 절차로 진행된다.

절차
① 전체화면 흐름 설계
② 화면 레이아웃 설계
③ 데이터 입력 구조화
④ 데이터 입력제어
⑤ 피드백 제공
⑥ 도움말 제공

10.6.1 전체화면 흐름설계

"메뉴 구조도"를 통해 전체화면의 주요 카테고리를 설정한다. 메뉴 구조도는 소프트웨어 상단에 기능의 분류를 구조적으로 설정한 체계를 말하며, 마이크로소프트의 메뉴구조가 가장 일반적인 예라고 할 수 있다.

사용자의 주요 기능수행을 위한 주제영역별 화면흐름을 하나의 완결성 있는 시나리오로 구성한다. 이는 DFD 혹은 유스케이스 다이어그램을 참조하면 기능의 편리한 전개를 좀더 잘 이해할 수 있다. 사용자는 처리하고자 하는 기능을 비즈니스 수행을 위한 시나리오에 따라 관련 화면의 흐름에서 일관성과 시간절약에 의한 기능완결성을 검토하고 확인한다. 아래의 그림은 숭실사이버대학교의 학생서비스 기능을 위한 메뉴 구조도이다.

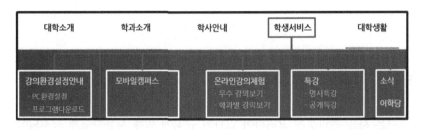

[메뉴구조도]

10.6.2 화면 레이아웃 설계

표준화된 화면설계 초안을 활용하는 것이 좋다. 전문 시각 디자이너에 의해 표준시안을 생성하여 사용자집단으로부터 검토를 받은 후, 고객의 의사결정자에게 승인을 받게 되면 개발하고자 하는 소프트웨어의 화면표준으로 채택되게 된다.

데이터 입력은 일반적인 네비게이션 흐름(화면에서 시선이 움직이거나, 마우스 포인트가 움직이는 흐름)에 따라 위에서 아래로, 혹은 왼쪽에서 오른쪽으로 이루어진다. 일정한 형식에 의해 입력창과 버턴, 그리고 예상되는 결과에 따라 다음 화면으로 연결이 되어야 한다. 숭실사이버대학교의 화면 레이아웃은 상단의 메뉴와 왼쪽 사이드메뉴, 그리고 화면의 이름이라고 할 수 있는 큰 글씨의 화면제목과 실제 기능을 수행하기 위한 화면으로 아래의 그림과 같이 구성되어 있다.

[화면 레이아웃]

10.6.3 데이터 입력 구조화

데이터 입력은 사용 편의성을 고려하여 일관된 규칙에 의해 사용자에게 제시되어야 한다. 사용자가 데이터를 입력 시 잘못된 값을 입력하지 않도록 화면에서 우선적으로 걸러져야 하며, 이러한 작업은 적절한 입력규칙을 알 수 있도록 하는 것이 도움이 된다. 다음은 데이터 입력을 구조화하는 예이다.

입력	이미 온라인상에 존재하거나 계산될 수 있는 데이터는 요구하지 않는다.
기본값	적절하다고 판단될 때에는 기본값을 항상 제공한다.
단위	입력에 요구되는 데이터 단위의 형식을 명확히 한다.
형식	형식 예제를 제공한다.

10.6.4 데이터 입력 제어

데이터 입력의 오류를 줄이기 위해 화면에서 입력된 데이터는 내부적으로 소프트웨어에서 검증하여 잘못된 경우에 이를 오류 처리하여 다시 정확한 데이터가 입력될 수 있도록 하는 것이 입력 제어이다. 가장 대표적인 데이터 입력 검증의 예는 다음과 같다.

기대값	데이터 값이 기대되는 값과 일치하는지를 검증
결측 데이터	모든 입력항목에 해당하는 데이터가 DB의 테이블에 존재하는지 확인
형식	입력값이 표준 형식을 따르는지를 검증
합리성	입력값이 논리적으로 맞는지 검증

10.6.5 피드백 제공

입력된 데이터가 제대로 처리되고 있는지, 시스템 내부 사정으로 시간이 어느 정도 소요되고 있다면, 어느 정도의 시간이 소요되는지 등등을 소프트웨어에서 사용자에게 알려주는 것이 피드백 제공이다. 소프트웨어가 피드백을 제공하는 방법에는 상태 정보을 보여주거나, 지시 메시지를 통해 어떻게 처리해야 다음 진행이 가능한지 지침을 주거나, 오류 메시지를 통해 잘못처리된 결과를 알려주는 것이다.

- 상태 정보: 사용자에게 시스템에서 무슨 일이 진행되고 있는지 알려줌
- 지시 메시지: 예외흐름, 비정상흐름에 대한 처리지침을 알려줌
- 오류 메시지: 구체적이고 도움이 되는 안내를 전달해줌

10.6.6 도움말 제공

사용자의 입장에서 도움말을 설계하는 것이 필요하다. 도움말은 간결하게 요점만 있어야 한다. 일부 소프트웨어의 경우 지나치게 많은 도움말이 제공되지만 정작 별 쓸모가 없는 경우 사용자로 하여금 실컷 읽어보았으나 도움이 되지 않는 경우도 있다. 그리고 도움말은 사용자들이 쉽게 받아들일 수 있어야 한다. 때로는 도움말에서 소프트웨어의 동작되는 데모가 보여질 수 있도록 하여 글로 일일이 설명하는 것보다 훨씬 직관적으로 바로 처리방법을 알게 하는 것이 도움이 된다.

10.7 문서양식 설계

문서양식에 의한 보고서 혹은 문서는 일방적으로 사용자에게 인쇄된 형태로 제공될 수 있기 때문에 화면에서 미리 확인할 수 있도록 하는 것이 종이와 시간의 낭비를 막을 수 있다. 문서양식 출력을 요청하는 화면에서 "미리보기"기능은 일방적인 출력의 이전에 사용자의 기대와 결과를 일치시킬 수 있다. 인쇄를 필요로 하는 보고서 혹은 문서양식의 출력 시 프린터의 설정여부와 오류에 대한 친절한 안내가 필수적으로 요청된다. 문서양식의 설계는 다음과 같은 절차에 따라 진행된다.

절차
① 사용자 특성파악
② 출력항목 결정
③ 출력방식의 결정
④ 출력 레이아웃 설계

10.7.1 사용자 특성파악

사용자 특성에서 가장 중요한 것은 보안상 적절한 권한을 부여 받은 사용자인지의 여부를 확인하는 것이다. 문서양식은 화면보다 일괄적으로 많은 정보를 출력할 수 있기 때문에 보안의 이유가 중요해진다. 사용자의 유형으로는 내부관리자, 개발자, 고객 등 다양하며, 개인 신상에 대한 출력은 특히 개인정보의 유출우려가 있기 때문에 본인 여부의 확인이 필수적이다.

10.7.2 출력항목 결정

출력정보의 요구기능 및 사용자의 특성이 파악된 상태에서 출력항목이 결정되어야 한다. 출력항목은 배열순서, 항목명, 기간과 범위 등 출력의 내용, 문자구분과 표현형식 그리고 자릿수 등이다. 출력항목의 배열이 바로 문서양식의 설계라고 해도 과언이 아니다.

10.7.3 출력방식의 결정

출력정보를 인쇄할 프린터 혹은 출력된 내용을 파일형태로 저장할 수 있도록 하는 방법 등의 결정이 필요하다. 파일형식으로 출력이 될 수 있도록 하는 경우에는 특히 보안상의 문제가 없어야 한다. 외부 유출에 따른 피해를 고려하여 권한여부에 대하여 철저한 점검이 가능할 수 있도록 설계되어야 한다.

10.7.4 출력 레이아웃의 설계

화면 레이아웃 설계와 유사한 지침에 따라 설계를 하면 된다. 글자의 크기와 라벨 등등 사용자의 상황과 출력된 결과의 사용방법 등을 고려하여 가독성 있고 편리하게 사용할 수 있도록 설계한다. 문서양식도 화면과 마찬가지로 일정한 표준과 격식을 갖추는 것이 필요하며, 출력 시 마다 전혀 다른 이미지가 나타나게 설계하는 것은 좋은 설계가 아니다.

 배리 보엠(Barry W. Boehm : 1935 ~)

보엠은 하버드대학교에서 1957년 수학을 전공하였으며, 1961년에는 UCLA에서 석사, 1964년에는 박사학위를 받았다. 1955년부터 제너럴 다이나믹스(General Dynamics)에서 프로그래머겸 분석가로 일을 시작하였으며, 1959년부터는 RAND Corp.에서 정보과학부 책임자로 일했다. 1973년부터는 TRW Inc에서 국방과학그룹(Defense Systems Group)의 주과학자(Chief Scientist)로 일했으며, 1989년부터 미국방부 DARPA정보과학&기술국 (Information Science and Technology Office)의 책임자로, 그리고 DDR&E 소프트웨어 & 컴퓨터기술국 (Software and Computer Technology Office)의 책임자로 일했다. 1992년부터는 TRW의 컴퓨터과학부 소프트웨어공학 교수겸 책임자, 그리고 남가주대학교 소프트웨어공학&시스템센터의 교수를 역임했다.

그는 IEEE, ACM등 과학저널의 위원으로 활동하였으며, 1994년에는 ASQC(American Society for Quality)에서 공로상, 1997년에는 ACM에서 소프트웨어공학연구상과 IEEE 스티븐스상(Stevens Award)을 수상했다. 그는 국립공학아카데미(National Academy of Engineering)의 일원이며, IEEE의 펠로우이다.

보엠의 연구는 소프트웨어개발 프로세스와 요구공학, 지식기반 소프트웨어공학 등 다양한 분야를 섭렵한다. 1981년 보엠은 그의 책, "Software Engineering Economics"에서 COCOMO(Constructive Cost Model)을 소개하였으며, 이는 프로그램 소스코드를 생성하는데 필요한 공수를 계산하는 공식을 제시하였다. 그는 또한 스파이어럴 모델(Spiral Model)과, 소프트웨어관리를 위한W이론(Win-Win Approach)등을 제시하였다. 스파이어럴모델은 지금도 개발방법론에서 많이 활용하고 있으며, 소프트웨어 공학을 위한 교과서에 대부분 수록되어있다. 스파이어럴 모델은 요구사항에 대한 불확실성을 줄이고, 프로젝트의 위험을 감소시키는 방법으로 각광을 받고있다.

■ COCOMO (Constructive Cost Model)

소프트웨어 개발을 위한 공수를 예측하는 일은 대단히 어려운 일이다. 이는 정확한 계산이 되지 않을 뿐 아니라, 계산하는 사람에 따라 천차만별의 결과가 도출되기 때문에 정답을 찾을 수 없다. 지금의 FP(Function Point)방법도 그다지 정확한 방법은 아니지만, COBOL코딩이 대세를 이루던 시절에는 보엠의 COCOMO방법이 공수산정을 위한 기본적인 모델을 제시하였다.

보엠은 COCOMO 모형을 기본 COCOMO와 중급 COCOMO, 고급 COCOMO 모형의 세 가지로 분류하였다. 기본 COCOMO 모형은 경험적으로 추출된 상수와 추정된 LOC(Line of Code)를 기반으로 개발 노력과 개발 기간을 계산하며, 이를 구하기 위한 공식은 다음과 같다. KLOC는 1,000 LOC이다.

- 개발 노력 : $E = a \times (KLOC)^b$
- 개발 기간 : $T = c \times E^d$

위 공식에서 a, b, c, d는 경험으로부터 얻어진 상수이며 아래 표와 같다. 기본형(organic)은 비교적 작고 간

단한 프로젝트를 말하며, 소수로 구성된 많은 경험을 가진 팀이 까다롭지 않은 요구 사항을 갖는 프로젝트를 수행하는 경우에 해당한다. 중간형(semi-detached)은 중간 정도의 크기와 복잡도를 갖는 프로젝트를 말하며 다양한 경험 수준을 갖는 팀이 약간 까다로운 요구 사항을 갖는 프로젝트를 수행하는 경우에 해당한다. 내장형(embedded)은 제한된 하드웨어와 소프트웨어, 운영 조건을 갖고 개발해야 하는 경우에 해당한다.

프로젝트 유형	a	b	c	d
기본(organic)	2.4	1.05	2.5	0.38
중간형 (semi-detached)	3.0	1.12	2.5	0.35
내장형 (embedded)	3.6	1.20	2.5	0.32

■ 스파이어럴 모델(Spiral Model)

스파이어럴 모델은 소프트웨어 개발 프로세스에서 설계와 프로토타입을 합친 모델로서, TOP-DOWN과 BOTTOM-UP의 장점을 모두 갖추고 있다. 이는 IT를 활용한 시스템 개발방법론이며, 전형적인 Water-fall(폭포수형 방식)에 prototyping(프로토타입 방식)을 접목하여 대규모의 복잡한 프로젝트에 적용하여 위험을 줄일 수 있다. 스파이어럴 모델은 배리 보엠이 1986년의 논문, "A Spiral Model of Software Development and Enhancement"에서 정의되었다.

스파이어럴 모델은 반복적인 개발을 통해 SW product의 개선된 버전을 허용하며, 설계와 고객의 검토를 반복/진행하게 된다. 이는 소프트웨어 개발에 위험관리를 포함하며, 기술적인 측면과 관리적인 측면에서 위험을 인식하게 한다. 또한 어떻게 위험을 줄이고 계속적인 개발과정이 진행될 수 있도록 한다. 스파이어럴 모델은 요구정의와 분석, 시스템 설계, 그리고 실행을 위한 주요 SW product의 반복적이고 지속적인 정제에 기본 개념을 두고 있다. 중심부에서 시작하여 4단계의 반복과정을 거치면서 시스템이 진화적으로 발전한다.

- 1단계 : 목적을 결정하고 새로운 반복을 위한 제약사항과 대안을 결정
- 2단계 : 대안을 평가하고 위험의 정의 및 해결
- 3단계 : 본 반복과정의 SW product 개발과 검증 및 테스트
- 4단계 : 다음 반복과정을 위한 계획수립

스파이어럴 모델을 적용할 경우 폭포수 모델에 비하여 SW 기능을 더욱 빨리 고객에게 보여줄 수 있는 장점이 있으며, 위험과 불확실성을 관리할 수 있다. 이는 다음 단계의 진행을 위한 가시적인 의사결정을 가능하게 하기 때문이다.

👥 Reference

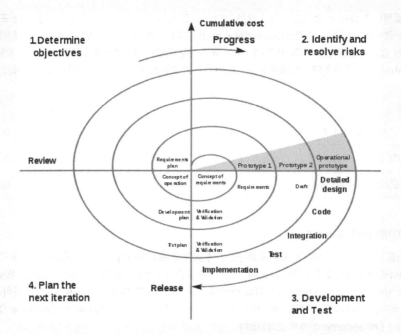

[스파이어릴 모델]

Mary Shaw, Fred Brooks, Barry Boehm & Carliss Baldwin at the 2007 NSF Science of Design PI meeting. (Photo © Kevin Sullivan)

[프레데릭 브룩스와 함께 토론중인 보엠]

[한 파티에서 노래하는 보엠, 뒷편 왼쪽이 빅터 바실리]

[강연중인 보엠]

연습문제

(o,x)

1. UI가 중요한 이유는 사용자 만족도를 좌지우지하기 때문이다.

   정답 o
   해설 시스템이 결국 사용자와 서로 대면하는 곳이 UI이기 때문이다.

4지선다

2. 화면 설계시 유의사항으로 틀린 것은?

   ① 정보가 어떻게 사용자에게 제공되는지 확인이 필요
   ② 화면과 사용자간의 대화도 두사람 간의 대화처럼 유사한 형태의 주고 받음이 필요
   ③ 좋은 인터페이스는 일관성이 있어야 함
   ④ 반복적인 질문을 통해 확인이 필요함

   정답 ④
   해설 반복을 필요하고 필요한 것만 확인하여 대화의 시간을 줄여야 함

단답형

3. 문서양식 출력을 요청하는 화면에서 종이의 낭비를 줄이고 일방적인 출력을 방지하기 위한 기능
   으로서 사용자의 출력에 대한 기대를 미리 알 수 있도록 하는 기능은 무엇일까요?

   정답 미리보기
   해설 미리보기 기능은 반드시 출력을 하기 전에 예상되는 기대와 일치하는지 확인할 수 있도록 하는 기능이다.

팀 프로젝트 실습

■ 화면 설계

데이터베이스를 설계하는 과정에서 시스템에서 필요한 데이터가 무엇인지 그리고 어떻게 관리되어야 할지 어느 정도 감이 잡혔을 것이다. 혹은 아직 감이 잡히지 않았더라도 화면을 설계하다보면 오히려 데이터베이스의 미비한 점을 발견하기도 한다.

화면과 보고서 설계에서 보고서는 차후 필요한 시점에 설계한다고 생각하고 화면만 설계하는 실습을 해보도록 하겠다. 화면은 어떻게 생각하면 아무런 준비없이 상상만으로도 바로 설계가 가능할 수 있다. 이는 이미 지금까지 다양한 소프트웨어를 사용하면서 수많은 화면들을 보아왔기 때문이다. 여러분들은 지금까지 사용한 화면 중에서 무엇이 가장 사용하기 편리하였는가. 바로 그런 화면을 여러분 스스로 만들어서 직관적이면서 논리적으로 설계된 화면 흐름을 통해 원하는 기능을 수행할 수 있도록 해보자.

화면 설계도 도구를 활용할 수 있다. "오븐(oven, https://ovenapp.io/)은 PC화면과 스마트폰화면을 동시에 지원하는 화면 프로토타입 도구이다. 설계된 화면은 실제 프로그램 개발을 진행하기 전 사용자에게 미리 확인을 받을 필요가 있다. 충분히 화면설계에 대한 의사소통을 하여도 개발과정에서 많은 변경이 발생하며, 이러한 변경작업이 프로그래밍을 힘들게 한다.

■ 화면 설계 방법

1) DFD혹은 유스케이스 다이어그램을 기초로 화면 리스트 작성

2) 작성된 리스트에서 중요한 화면부터 차례로 구현기능을 설계

3) 화면설계 결과로 처리 시나리오 리허설

4) 최종 수정완료 후 화면설계서 작성 및 제출

Oven 에1A.   로그인   새 계정 만들기

Oven

크리에이티브 프로젝트를 위한
세계에서 가장 진보된
온라인 프로토타이핑 툴

마치 데스크톱 애플리케이션을 원으로 옮겨놓은 듯한 편리함과 직관적이고 아름다운 UI 컴포넌트 그리고 강력한 편집기능들은
당신의 손끝 어어디어를 단 한순간도 놓치지 않고 캐차하여 웹에서 실행가능한 프로토타입으로 재탄생시킵니다.
디자이너, 기획자, 개발자 누구라도 상관없습니다. 아이디어면 가져오세요.

✔ 지금 무료로 가입하세요

새로 계정을 만들고, 화면을 설계해보자. 그리고 여러분들의 목표로하는 사용자에게 보여주고, 직접 테스트해보기 바란다.

■ 화면 설계서 작성

프로토타입으로 만들어진 화면을 적절한 설명과 함께 문서로 만든 것이 화면 설계서이다. 프로토타입 도구로 만들어진 소프트카피는 고객 혹은 사용자에게 전달하여도 직접 열어서 확인하기 위해 도구설치 등의 번거로움이 있고, 사용자가 이를 제대로 사용하지 못할 가능성이 높다.

문서로 만들어서 제공하면 이러한 문제를 야기하지 않을 뿐만 아니라, 향후 서로간의 의사소통에 문제의 소지가 없도록 한다.

화면 설계서는 다음의 양식을 참조하여 작성하며, 1차로 작성된 초안은 향후 데이터베이스와 서로 통일성 검토를 통해 완성도를 높이게 된다.

■ 설계서 검증 및 최종본 제출

프로그램 개발을 시작하기에 앞서 설계된 결과에 대하여 최종적인 검증이 필요하다. 설계서가 이미 데이터베이스 설계서와 화면 설계서로 기술되어 제출되었지만, 미비한 점이 많을 수 있으며, 전체가 일관성이 떨어질 수도 있다. 설계서에는 소프트웨어 아키텍처에 대한 내용도 포함되어야 하지만, 본 실습에서는 생략하기로 한다. 아키텍처 설계는 다른 수업에서 배울 수 있을 것이다.

프로그램을 개발하면서 설계를 다시 수시로 변경하기엔 너무 많은 시간이 소모될 수 있기 때문에 최종적인 베이스라인은 정하고 개발을 진행하는 것이 필요하다. 만약 완성도가 떨어지는 설계서를 아무런 검증없이 프로

그램 개발자에게 넘기게 되면 혼란을 야기하고 분쟁이 생긴다. 분쟁은 결국 시간을 지연시키는 원인이 되며, 프로젝트는 실패할 가능성이 높아진다.

■ 설계서 검증 사항

– 화면과 데이터베이스 간의 통일성

화면에는 활용하는 데이터입력내역이 있는데, 데이터베이스 설계된 테이블에는 입력된 데이터를 저장할 수 있는 칼럼이 없다면 통일성이 없는 것이다. 데이터베이스의 칼럼과 화면상의 입력필드의 일치성, 타입과 입력오류 검증을 위한 로직 등, 실제 개발을 진행하기 위해 필요한 내용을 확인한다.

– 문서품질

오탈자는 물론이며, 문서에 대한 전체 품질을 높여야 한다. 표지와 목차, 프로젝트에 참여한 팀구성원 등, 전체 누락된 내용이 없이 제대로 기술되었는지 점검한다.

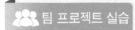

[참고 양식]

화면 설계서

목차

1. 화면 목록
2. 화면별 상세내역 및 설명

참고문헌

▫ 숭실사이버대학교 : http://www.kcu.ac/portal/default.asp

▫ Valacich, George, Hoffer 저, 서우종, 홍태호 공역, "시스템 분석 및 설계", 생능출판사

▫ http://biz.chosun.com/site/data/html_dir/2012/12/28/2012122801309.html?Dep0=twitter

▫ 위키피디아 : http://en.wikipedia.org/wiki/Barry_Boehm

▫ http://www.google.co.kr/imgres?imgurl=http://csse.usc.edu/csse/images/boehm.
jpg& imgrefurl=http://cse.usc.edu/&h=247&w=197&sz=32&tbnid=7mZ-3LIdSfhqXM:
&tbnh=110&tbnw=88&prev=/search%3Fq%3DBarry%2BBoehm%26tbm%3Disch%26tbo%3Du&
zoom=1&q=Barry+Boehm&hl=ko&usg=__ax8dX8J2C9cnUHXl7GXK_lb9wV4=&sa=X&ei=G0YBT_
PFEO-WiQfJkrHRCQ&ved=0CC4Q9QEwBw

▫ http://www.google.co.kr/imgres?imgurl=http://www.cs.virginia.edu/~sullivan/SODPl07/
ShawBrooksBoehmBaldwin.jpg&imgrefurl=http://www.cs.virginia.edu/~sullivan/
SODPl07/&usg=__cXbsJMo8ZmXe16eJ06iCDyQMdhM=&h=480&w=960&sz=219&hl=ko&start=
11&zoom=1&tbnid=2UCPj0LPmuGP4M:&tbnh=74&tbnw=148&ei=ZUcBT421MtGQiQfa8JzGAQ&
prev=/images%3Fq%3DBarry%2BBoehm%26hl%3Dko%26newwindow%3D1%26sa%3DX%26g
bv%3D2%26tbm%3Disch&itbs=1

▫ http://www.google.co.kr/imgres?imgurl=http://www.sercuarc.org/uploads/images/
Miraclephoto%2520050.jpeg&imgrefurl=http://www.sercuarc.org/news/view/15&usg=__Mje1CO
eluEDAplNwkHcC3Efk0jo=&h=360&w=239&sz=28&hl=ko&start=21&zoom=1&tbnid=NoHzQ9X
gWTRlFM:&tbnh=121&tbnw=80&ei=ZUcBT421MtGQiQfa8JzGAQ&prev=/images%3Fq%3DBarr
y%2BBoehm%26hl%3Dko%26newwindow%3D1%26sa%3DX%26gbv%3D2%26tbm%3Disch&it
bs=1

▫ http://www.flickr.com/photos/improveit/1573214755/in/photostream/#

▫ http://www.google.co.kr/imgres?imgurl=http://www.usc.edu/uscnews/stories/img/
CHRON1824p1.jpg&imgrefurl=http://www.usc.edu/uscnews/stories/2483.html&usg=__WW7pel5
jG5shYvuVqt93jSVzEBE=&h=187&w=180&sz=9&hl=ko&start=99&zoom=1&tbnid=pq0nlgsZ75Bk
sM:&tbnh=102&tbnw=98&ei=MUoBT7LuM_GuiQeV67GaAQ&prev=/images%3Fq%3DBarry%2B
Boehm%26start%3D84%26hl%3Dko%26newwindow%3D1%26sa%3DN%26gbv%3D2%26tbm%
3Disch&itbs=1

▫ http://www.flickr.com/photos/timmenzies/131805999/in/photostream/

▫ 컴퓨터인터넷IT용어대사전, 전산용어사전편찬위원회 엮음, 2011, 일진사

▫ 네이버지식사전 : http://terms.naver.com/entry.nhn?docId=817974

▫ http://en.wikipedia.org/wiki/Spiral_mode

▫ https://ovenapp.io/l

CHAPTER **11**

구현

11.1 소프트웨어를 구현해보자

프로그램을 작성한다는 것이 구현이며, 프로그래밍이라고도 한다. 프로그래밍은 "코드 작성" 혹은 "코딩(coding)"이라고도 한다. 실제로 소프트웨어를 실행 가능한 모습으로 만드는 과정이다. 소프트웨어를 구현한다는 것은 코딩과 함께 컴파일, 디버깅, 단위테스트 작업을 포함한다. 코딩을 하기 위해서는 "프로그래밍 랭귀지(programming language)", 즉 코딩 언어를 알아야 한다. 프로그래밍 언어는 다양하며, JAVA, C, C++, C#, COBOL, PASCAL 등이며, 시중에 프로그래밍을 공부하기 위한 책들이 많이 나와있다. 사람의 말도 사용하는 사람에 따라 같은 한국말을 사용하지만 사투리와 개인별 특성이 있듯이, 코딩에서도 개발자마다 "코딩스타일(coding style)"이 있다. 개발자의 개인적인 차이에 따른 코딩스타일은 전체 "프로그램 소스(program source)"에 일관성을 떨어뜨리고, 향후 소프트웨어가 가동될 때 유지보수성을 떨어뜨릴 수 있다. 이를 방지하기 위하여 코딩스타일 가이드 (일명 "코딩표준")를 표준화하여 개발자 간의 차이가 없이 프로그램이 개발될 수 있도록 하는 것이 필요하다. 프로그램이 코딩표준에 따라 작성되었는지 아닌지는 "정적테스트(static test)"에 의해 검증이 된다.

코딩에 의해 실행 가능한 소프트웨어가 완성되면, 개발자는 스스로 단위테스트를 수행하여 완성도를 높여야 한다. 그 결과로 제3자에게 테스트를 의뢰할 수 있는 수준이 되면 소프트웨어가 테스트 단계로 들어갈 수 있도록 구현되었다라고 할 수 있다. 설계가 제대로 이루어졌다면 프로그래밍은 기계적으로 이루어질 수도 있다라고 볼 수 있지만, 아직은 사람에 의해 직접 코딩이 되는 것이 일반적이다. 소프트웨어가 설계에 따라 자동으로 생성 (generation)되는 것을 가능하게 해주는 도구들이 일부 활용되고 있기는 하다. 하지만 실제로 자동화되어 기계적으로 코딩이 되기 위해서는 코딩에 투입되는 시간과 노력만큼 설계과정에 시간과 노력이 투입되어야 하거나, 충분한 성능이 발휘되지 못하여 사람의 손이 개입되는 추가적인 노력이 필요하다.

11.2 프로그래밍 언어

프로그래밍 언어는 세대별로 분류할 수 있다. 1세대 언어는 1950년대에 만들어진 언어이다. 흔히 기계어 혹은 어셈블리어라고 말한다. 2세대 언어는 1950년대 후반에 만들어진 언어이다. FORTRAN, COBOL 등의 최초의 고급언어를 말한다. 고급언어라고 말하는 이유는 사람에게 보다 친근하게 언어를 이해하기 쉬운 형태를 갖추고 있다는 의미이다. 3세대 언어는 구조적 프로그래밍을 지원하는 언어인 ALGOL, PASCAL, C, C++ 등을 말한다. 구조적 프로그래밍은 앞서 살펴보았다시피 "GO TO"명령어를 사용하지 않고 논리적으로 프로그램이 실행될 수 있도록 하는 것이다. 4세대 언어는 SQL(Structured Query Language)과 같은 비절차적 언어를 말한다. 의도한 결과물을 만들기 위해 선언해주기만 하면 되는 방식으로 코딩이 될 수 있다. SQL은 관계형 데이터베이스와 밀접한 관련이 있는 언어이다.

지금은 Java와 Phython같은 언어가 많이 사용된다.

11.3 개발환경 준비

개발환경에 필요한 하드웨어, 소프트웨어 및 툴을 설치하여 프로그래밍 환경, 물리적인 데이터베이스 및 파일을 구축하는 것이 개발환경 준비이다. 개발 환경이 준비되면 제일 먼저 해야 할 일은 환경이 제대로 준비되었는지 점검하는 일이다. 점검해야 할 항목은 다음과 같다.

- 소프트웨어 및 툴: 컴파일러, 문서 편집기, 데이터베이스 관리 시스템
- 프로그래밍 환경
    개발, 테스트, 데이터 컨버전, 교육을 위한 시스템 파티션을 분리
    접근 권한 백업을 위한 저장소, Source 라이브러리 등을 설정
- 프로그래밍 절차를 정의한다.
- 소프트웨어 라이브러리에 대한 액세스 방법, 변경관리, 코딩, 컴파일, 실행 및 테스트 등에 대한 절차를 수립한다.
- 물리적인 데이터베이스 또는 파일을 구축한다.
- 설계의 결과를 검토하여 물리 데이터베이스 또는 파일을 생성한다.

11.4 좋은 프로그래밍을 위한 참고

11.4.1 개발 표준

좋은 프로그램을 만들기 위해서는 "개발 표준"이 필요하다. 프로그램에 대한 관리를 용이하게 하고 조직의 생산성을 높이기 위한 목적으로 개발표준이 정의되어야 한다. 좋은 프로그램이란 간결하고 명확하여 가독성이 뛰어나고 유지보수에 노력과 시간이 절감될 수 있도록 개발된 프로그램이다.

■ 프로그램의 간결성

- 실행문과 주석을 명확하게 구분
- 복잡한 논리식과 산술식은 괄호와 줄맞추기(indentation)을 통해 명확하게 표현
- 함수 이름과 시작하는 괄호 사이에는 공백이 있어서는 안됨
- 한 줄에 한 문장만 코딩
- 빈 줄을 사용하여 선언부와 구현부를 구분
- 내장된 함수와 매크로를 활용

■ 프로그램의 명확성

- 조건문에는 반드시 예외사항도 처리
- 단순한 코드의 반복을 피할 것
- 다중 출구를 갖는 Loop를 주의해서 사용
- 함수를 생성할 경우 다음과 같은 점을 고려해야 함
  - 함수의 목적이 범용적인지 판단
  - 명확한 목적과 효율적인 활용을 판단
  - 함수의 길이가 너무 길지 않도록 할 것
  - 지나치게 짧아도 안됨
  - 인자의 수가 너무 많지 않도록 할 것

11.5 변수명의 부여

프로그램을 이해하는데 중요한 역할을 하는 것이 "변수명"이다. 인간의 이해를 도울 수 있는 표현으로 변수명을 부여하는 것이 필요하다. 가령 면적은 높이와 길이를 곱한 것이라는 계산식을 만들 때, 변수명을 통해 표시하고자 한다면 다음과 같이 하는 것이 좋은 예이다.

Area = Height * Length

11.6 주석(comments)

프로그램 내부에 설명을 문장으로 서술한 것이 주석이다. 주석은 향후 유지보수를 하는 과정에서 상당히 도움이 될 수 있는 내용을 제공한다. 주석은 한국어로 쉽게 이해할 수 있게 표현하는 것이 좋지만, 때로는 글로벌 사용을 위해 영어로 표현하는 것도 필요하다. 주석에 서술되어야 할 내용은 다음과 같다.

- 코딩의 이력
    - 최초 개발자의 이름
    - 검토자의 이름과 검토일자
    - 수정이력과 수정에 대한 설명
- 모듈의 목적을 서술
- 중요 변수의 사용한계와 제안
- 인터페이스에 대한 서술
    - 호출 표본 및 모든 변수에 대한 설명
    - 모든 종속 모듈에 대한 목록

11.7 소스코드 인스펙션(source code inspection)

11.7.1 의미

소스코드에 내재되어 있는 결함을 찾아서 개선하기 위한 활동으로 개발자가 직접 수행하는 단위 테스트를 전후하여 일반적으로 수행하게 된다. 소스코드를 직접 읽어보면서 검토하는 과정이기 때문에 정적테스트(static test)의 일종이다. 소스코드의 품질문제를 해결하는 방법으로 개발자 개인에게 의존하지 않고 조직적인 절차와 방법에 의해 해결하려는 노력의 일환이다. 소스코드 인스펙션은 개발표준과 지침에 따라 코딩이 이루어졌는지 조사하는 과정이다. 소스코드 인스펙션은 공식적인 절차에 따라 수행하는데, 공식적인 절차라는 것은 이미 조직의 활동표준에 의해 지침으로 정해져 있고, 이러한 절차를 통해 품질의 수준을 보장할 수 있도록 하는 품질활동을 말한다. 소스코드 인스펙션은 어디까지나 긍정적인 측면에서 개발자 동료 간에 서로 배운다는 취지에서 수행되는 것이지, 개발자의 실력을 나무라거나, 비교하기 위한 취지는 아니다. 이를 위해 높은 품질의 소스코드를 산출하고자 하는 프로젝트 팀원 공동의 이해가 필요하다.

11.7.2 수행 역할

소스코드 인스펙션을 수행하는 것은 공식적인 절차인 만큼 역할의 정의가 필요하다. 활동에 참가하는 사람들은 프로젝트관리자, 조정자, 개발자, 기록자, 검사자이며, 검사자는 동료 개발자가 담당을 한다.

- 프로젝트 관리자(project manager)
  - 소스코드 인스펙션의 계획 및 수행에 소요되는 자원(인력, 시간, 장소 등)을 제공한다.
  - 시정항목 보완이 완료된 '소스코드 인스펙션 계획 및 결과서'에 대한 분석결과를 보고받는다.
- 조정자(moderator)
  - 소스코드 인스펙션을 진행하는 의장이며, 활동의 중심적인 역할을 수행한다.

― 실제 소스코드 인스펙션을 위한 계획을 수립하고, 결과를 정리하여 보고하기 위한 산출물을 작성하는 사람이다.

• 개발자(developer)

― 소스코드를 만든 사람(저자)으로 소스코드에 대한 정보를 제공하고 문제점에 대한 답변을 하는 역할을 수행한다.

― 실제 개발한 내용의 결함여부에 대하여 방어적인 입장일 수 있지만, 결함이 아닐 수 있는 이유를 설명할 수 있다.

• 기록자(recorder)

― 소스코드를 검토하는 회의 과정에서 문제점이나 오류를 기록하며, 이를 요약하여 회의록을 만들고 그 결과를 배포한다.

― 소스코드 검토회의는 조정자가 사회자의 역할을 수행하여 진행한다. 회의 진행과정에서 필요한 기록을 회의록으로 남기는 역할은 기록자에 의해 수행된다.

• 검사자(inspector)

― 계획에 따라 미리 배포된 소스코드를 사전에 구체적으로 검사하고, 검토회의 진행 중에도 이를 수행한다.

― 소스코드 검토회의에 참가하여 본인이 검토한 결과에 대한 의견을 개진한다. 의견이 개발자에 의해 방어되어 결함이 아닌 것으로 판명될 수 있으므로, 개방적인 마음으로 회의에 참석하는 것이 필요하다.

11.7.3 수행 절차

소스코드 인스펙션은 '준비', '사전검토', '수행', '시정항목 보완'의 과정으로 절차가 이루어진다.

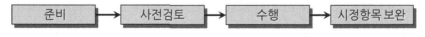

[소스코드 인스펙션 수행절차]

11.7.4 준비

작성된 소스코드에 대한 수행일정을 수립하고 공지한다. 대상 소스코드를 검사자에게 배포한다. 이 일은 조정자에 의해 수행된다. 아래의 표는 소스코드의 검토 계획을 미리 수립한 표이다.

〈소스코드 인스펙션 계획〉

소스코드	버전	배포 예정일	검토 예정일	조정자	검사자
로그인 프로그램	1	2016-07-29	2016-07-90	나피엠	홍길동, 이순신
영업장 프로그램	0.3	2016-09-07	2016-09-08	김철수	김철수, 이순신
위치확인 프로그램	1.2	2016-10-08	2016-10-09	김철수	김철수, 홍길동
재고관리 프로그램	1.2	2016-10-15	2016-10-16	김철수	김철수, 이순신
고객정보 프로그램	1.2	2016-10-23	2016-10-24	김철수	김철수, 박수만
회원관리 프로그램	1.2	2016-10-26	2016-10-27	김철수	김철수, 이순신
재고수정 프로그램	1	2016-10-30	2016-10-31	김철수	김철수, 홍길동

11.7.5 사전검토

검사자는 대상 소스코드에 대한 개별 검토를 수행한다. 검토결과를 각자의 검토결과서에 기록한다. 기록된 결과는 검토회의 시 발표를 하기 위한 용도로 활용된다.

11.7.6 수행

수행의 의미는 검토회의를 진행하는 것을 의미한다. 검토회의를 진행할 준비가 되었는지 점검하고, 계획된 역할과 기준에 따라 검토 회의를 진행한다. 회의진행을 조정자가 수행하기 때문에 조정자를 사회자라고 하기도 한다. 회의는 사전 검토결과에 대하여 검사자가 개발자에게 질문하거나 확인하는 방식으로 진행된다. 그 결과, 결함으로 인정되면 결함유형을 결정한다. 이러한 검토회의 과정은 기록자에 의해 회의록으로 작성된다. 도출된 결함은 시정항목으로 관리하는데, 최종적으로 보완이 될 수 있도록 조정자가 관리한다.

11.7.7 시정항목 보완

파악된 결함에 대한 시정항목을 보완한다. 보완한 결과에 따른 데이터 기록과 결과를 유지 관리한다. 시정항목의 등록과 개선 등은 별도의 계량적 관리를 위해 분석되고, 분석된 결과는 결과서로 프로젝트관리자에게 보고된다. 이러한 작업은 조정자에 의해 수행된다.

11.8 단위테스팅(unit testing)

단위테스팅을 테스팅 단계에서 설명하지 않고, 구현의 단계에서 설명하는 이유는 단위테스팅이 끝나지 않은 프로그램은 구현이 완료되었다고 보기 어렵기 때문이다. 단위테스팅은 개발자가 수행하는 작업이며, 이미 소스코드 인스펙션을 통해 개발표준에 입각하여 코딩이 완료되기는 하였다고 하더라도, 스스로 다음 단계로 진행하기 위한 확신이 필요하다. 이는 개발자가 본인의 프로그램을 작동시켜 소스코드가 통합되어도 문제가 없다라는 확신을 말한다. 흔히 프로젝트가 수행되는 개발 현장에서 단위테스팅이 제대로 수행되지 않은 상태에서 통합테스팅 단계로 진입하는 경우가 있다. 이는 결국 통합테스트 초반에 단위테스팅이 수행되는 상황이 발생하게 된다. 이러한 경우 일부 품질이 높은 프로그램을 개발한 개발자들은 다른 개발자의 단위테스팅이 끝날 때까지 업무를 진행하지 못한다. 하지만 통합테스팅의 지연은 진행되지 못한 시간만큼 프로젝트 막판에 밤샘작업이 예약되는 것이나 마찬가지이다.

11.8.1 V 모델

테스팅을 강조하기 위한 개념적 소프트웨어 개발모델로서 독일의 공식적인 프로젝트관리 방법론으로 알려져 있는 것이 "V 모델"이다. V모델에서 알 수 있듯이 "요구사항의 정의"에 따라 확인 및 검증하는 것이 "인수테스팅"이다. 그리고 분석에 대한 확인 및 검증이 "시스템 테스팅"이며, 설계에 대한 확인 및 검증이 "통합테스팅"이라는 식으로 모델을 해석할 수 있다. 결국 소스코드에 대한 확인 및 검증은 단위테스팅을 통해 수행된다라는 결과를 아래와 같이 V 모델 그림에서 보여준다.

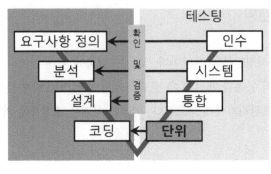

[V 모델]

11.8.2 단위 테스팅의 의미

프로그램의 기본단위인 모듈에 대한 테스팅을 의미한다. 모듈에 대한 설계서를 기반으로 모듈의 중요한 경로를 확인해야 한다. 단위테스팅은 테스팅 단계의 시작을 위한 준비이며, 구현단계의 마지막 활동이다.

11.8.3 단위 테스팅의 점검사항

단위테스팅은 가장 기본적으로 프로그램의 작동여부를 확인하며, 기초적인 사항을 점검하게 된다. 가장 기초적인 점검사항은 다음과 같다.

- 인터페이스 점검
  - 입력변수의 개수를 점검
  - 입력변수의 타입을 확인
  - 변수의 단위와 호출모듈 및 호출되는 모듈에서의 변수와 일치하는지 확인
  - 입력변수의 순서를 확인
  - 모듈간 전역변수의 사용에 대한 확인
  - 데이터베이스에 대한 사용방법이 정확한지 확인
- 처리데이터 점검
  - 부정확하거나 일치하지 않는 타입여부 점검

- 변수의 초기화에 대한 디폴트 값의 확인
- 변수이름의 정확성 확인
- 수식의 계산결과 언더플로우(underflow) 혹은 오버 플로우(overflow) 발생여부를 확인
- 오류처리 점검
  - 오류메시지에 대한 이해가능성 점검
  - 오류 조건이 정상처리 과정에 반영되는지 확인
  - 예외처리가 정확한지 확인
  - 오류에 대한 서술이 오류 위치를 찾는데 필요한 충분한 정보를 제공하는지 확인

11.9 단위 테스팅 절차

단위테스팅도 전략의 수립이 필요하며, 계획적으로 실행되고 평가되어야 한다. 이는 개발자들에게 단위테스팅을 각자 알아서 수행하도록 해서는 제대로 단위 테스팅이 수행되지 않기 때문이다. 단위테스팅을 위한 절차는 다음과 같다.

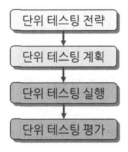

11.9.1 단위테스팅 전략

단위테스팅에서 달성해야 할 목표를 설정한다. 테스팅 범위를 추정하고, 테스팅 방법을 감안하여 소요되는 일정과 인원을 파악한다. 테스팅 수행환경을 조성하고 측정지표와 보고체계의 수립을 통해 단위테스팅 수행결과를 정리한다. "완료기준(exit criteria)"을 수립하여 최종적으로 단위테스팅 완료 여부를 확인할 수 있도록 한다.

11.9.2 단위테스팅 계획

단위테스팅 수행범위와 수행담당자를 지정한다. 상식적으로는 단위테스팅이 개발자 본인의 테스팅을 통해 완료여부를 점검하는 것으로 생각할 수 있으나, 때로는 개발자끼리 서로 개발한 프로그램을 바꾸어서 테스팅해보는 것도 필요하다. 테스팅을 위한 일정을 수립하고, 보고체계의 가동 및 테스팅 결과를 위한 보고양식을 정의한다. 단위테스팅 수행과정에서 발생하는 이슈사항을 보고할 수 있도록 한다. 이슈사항이란 데이터베이스의 문제 혹은 네트워크 문제 등 정상적인 테스팅 활동에 지장을 초래하는 문제에 대한 이슈이며, 이를 위한 해결계획도 수립한다. 이슈라고 하는 이유는 개발자가 해결할 수 없는 문제를 해결하기 위하여 담당자에게 요청하기 때문이다. 제기된 이슈는 프로젝트 전체에 공통으로 문제가 될 수 있는 내용이다.

단위테스팅 계획서는 프로젝트관리자에 의해 승인이 되며, 계획에 대한 오리엔테이션을 각 업무수행 담당자에게 제공한다. 오리엔테이션에는 테스팅 기법에 대한 교육을 포함하여, 테스팅 수행시 이슈가 발생하면 어떻게 보고하고 해결할 수 있도록 하는지에 대한 가이드 등이 포함된다. 테스팅 환경을 점검하고 실제 단위테스팅을 진행할 수 있는 준비를 점검한다. 단위테스팅 계획은 다음과 같은 내용을 포함하여 수립된다.

- 단위 테스팅의 목적을 기술하고 단위 테스팅 계획, 실행 및 평가 단계에 따른 절차와 담당자, 산출물을 기술한다.
- 단위 테스팅 실행 전에 선행될 기준과 단위테스팅이 완료되는 기준 및 단위 테스팅 중단/재개 기준을 정의한다.
- 단위 테스트케이스를 도출하기 위한 방안을 수립하고 점검항목을 기술한다.
- 단위 테스팅 수행을 위한 교육일정을 수립한다.
- 단위 테스팅 범위 및 범위 밖의 기능을 선정한다.
- 테스트 환경 및 테스트 조직과 역할을 정의하고 단위테스팅 수행 주요 활동에 대한 상세 일정을 수립한다.
- 단위 테스팅 수행 시 결함, 진척관리 계획을 수립하고 발생되는 산출물을 정의한다.
- 단위 테스트케이스를 작성한다.

단위 테스트 대상에 대한 테스트케이스를 작성하며, 이때 케이스 내용, 사전조건, 테스트 데이터 예상결과를 작성한다.

테스트케이스는 값에 따른 분기와 업무 수행 경로로 고려하여 작성한다.

- 단위 테스트케이스를 작성한다.

단위 테스트케이스를 실행하기 위해 테스트 데이터를 준비한다.

만약 테스트 데이터를 특정한 제품 환경에서 가져온다면, 동일한 환경에서 테스트를 수행하기 위해 필요한 모든 데이터 다운로드 할 수 있는 스크립트를 작성한다.

11.9.3 단위테스팅 실행

단위테스팅을 위한 데이터(테스트용 데이터)가 제공된다. 보통 단위테스팅을 위한 데이터는 개발자 스스로 준비하는 경우가 많은데, 이는 관계형 데이터베이스를 위한 테스팅에서는 상당히 비효율적일 수 있다. 관계형 데이터베이스는 공동으로 활용할 테스트 데이터를 미리 준비하여 제공하는 것이 전체 프로젝트의 효율성을 높일 수 있는 방법이다.

단위테스팅 수행결과를 점검하고, 테스팅 기법에 대한 가이드를 수시로 제공한다. 보고체계에 의해 테스팅 결과를 취합정리한다. 이슈사항을 즉각적으로 보고 및 해결하여 전체 테스팅 수행일정에 지연이 발생하지 않도록 한다. 단위테스팅 측정결과를 계량적으로 분석하고 평가를 위한 준비작업을 완료한다.

11.9.4 단위테스팅 평가

단위테스팅에 대한 측정결과를 취합하고 결과를 분석한다. 계획과 실행의 차이를 정리하여 원인을 파악한다. "테스팅 커버리지"를 평가한다. 테스팅 커버리지란 테스팅 수행범위를 어느 정도의 수준에서 달성하였는지 평가하는 작업이다. 커버리지를 높게 되면 그만큼 테스팅해야 할 업무가 증가하게 된다.

단위테스팅에서도 요구사항에 대비하여 결과를 평가한다. 요구사항은 이미 설계에서도 반영이 되었을 것이고, 구현과정에서도 반영이 되었을 것으로 가정하기 때문에 테스팅에서는 인수테스팅에서 최종적으로 평가하는 것이 상식이다. 하지만 단위테스팅에서 한번 더 점검하게 되면 추가적인 개발을 통해 미비한 사항을 쉽게 개선할 수 있다. 단위 테스팅에서 도출된 주요 결함을 정리하고 미조치 결함의 결과도 정리하여 미처 반영되지 못한 요구사항까지 반영할 필요가 있다. 결함 중에서 원인불명 혹은 전체에 반영되어야 할 결함 등은 조치가 늦어질 수 있으며, 이것이 "미조치 결함"이다. 단위테스팅이 완료된 시점에도 남아있는 미조치 결함은 통합테스팅을 통해 확인이 필요하며 필요사항을 정리하여 차후 조치가 완료될 수 있도록 한다.

11.10 단위 테스팅을 위한 지원

단위테스팅을 전략적으로 수행한다는 것의 다른 의미는 개발자들에게 단위테스팅을 위한 별도의준비물을 제공한다는 의미이기도 하다. 단위테스팅을 위한 체크리스트, 테스트용 데이터, 드라이버와 스텁, 테스트 케이스 등이 바로 테스팅을 위한 지원 내역이다. 하지만 프로젝트 상황에 따라 지원내역이 제공될 수 없을 수도 있다.

11.10.1 단위테스팅 체크리스트

공통적인 주요 점검사항을 체크리스트로 만들어서 개발자에게 제공하게 되는 것이 단위테스팅 체크리스트이다. 체크리스트는 과거 유사한 프로젝트에서 미리 테스팅되어야 할 사항들을 모아서 정리한 것이다. 아래의 표는 단위테스팅 체크리스트의 예이다. 실제 체크리스트의 항목은 100개 이상이 되기도 한다.

〈단위 테스팅 체크리스트 예〉

번호	검사 예정자
1	검색어가 공백, 부분입력 데이터일 경우 검색기능을 확인하는가?
2	최대값이나 최소값에 대한 연산처리를 확인하는가?
3	데이터베이스의 기본적인 CRUD를 처리하는가?
4	데이터베이스의 기본키와 외래키에 의한 제약조건이 작용하는가?

11.10.2 테스트용 데이터 제공

데이터베이스관리자(DBA: Database Administrator)가 테스트용 데이터를 일괄 생성하여 제공할 수 있는데, 프로젝트 수행 중에 데이터베이스관리자가 없을 수 있다. 때로는 데이터베이스 설계를 하려고 투입된 DA(Data Architect)에게 DBA역할을 부탁할 경우가 있는데, 자신은 DBA가 아니라고 하면서 테스트용 데이터 생성을 거부하는 경우가 있다. 하지만 DA는 스스로 구축한 데이터베이스를 점검하기 위해서라도 테스트용 데이터를 실제 구축된 데이터베이스에 가동해볼 필요가 있다. 그리고 이렇게 사용된 데이터를 단위테스트용 데이터로 활용하는 것이 가능하다. DA의 역할을 수행하려면 기본적으로 DBA의 업무를 수행한 경험이 있거나 DBA이상의 실력이 있어야 가능하다.

DA가 테스트용 데이터를 생성하지 못하는 경우에는 테스트 관리자가 필요한 데이터를 생성하여 제공하거나, 고객으로부터 샘플데이터를 제공받아서 테스트에 필요한 제약조건을 실행할 수 있도록 준비하는 것이 필요하다. 테스트용 데이터가 제대로 준비되지 않으면 정상적인 테스팅을 수행할 수 없는 경우가 많다.

11.10.3 드라이버(driver)와 스텁(stub)

단위테스팅은 아직 모든 모듈이 개발완료 되지 않은 상황에서 수행되기 때문에 충분한 테스팅을 위해 임시로 개발되어 테스팅에 활용할 프로그램이 필요하다. 이것이 "드라이버"와 "스텁"이다. 드라이버는 테스트할 모듈을 호출하는 상위 모듈을 임시로 개발한 것이다. 스텁은 테스트할 모듈이 호출할 하위 모듈을 임시로 개발한 것이다.

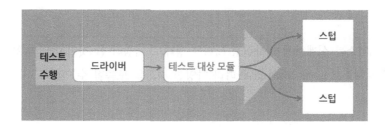

[드라이버와 스텁]

드라이버와 스텁은 테스트할 모듈이 호출되거나 호출하였을 때, 적절한 반응을 하거나 메시지를 전송하여 순조로운 테스팅이 진행될 수 있도록 하는 역할을 수행한다. 단위테스팅이 제대로 수행되지 못하는 여러 가지 이유 중에서 이러한 드라이버와 스텁을 개발할 시간적 여유가 없거나, 상대방 프로그램이 개발할 때까지 테스트하지 않고 기다리기 때문이다.

11.10.4 테스트 케이스(test case)

테스트 케이스는 개발자가 직접 만들어서 사용하는 경우가 많지만, 제대로 작성되지 않는 경우도 허다하다. 테스트 케이스는 유스케이스를 기반으로 만들어지는 것이 교과서적인 방법이지만, 이미 테스트를 위해 필요한 조건들을 충분히 설계서를 기반으로 알 수 있다. 테스트 케이스에서 특별히 중요하게 유념해야 할 사항은 예외적인 케이스와 비정상적인 케이스에서 소프트웨어가 어떻게 반응하도록 개발되었는가 하는 점이다.

설계서에 기반하여 모든 경우의 수를 예상하지는 못한다. 소프트웨어를 개발하는 과정에서 이러한 경우의 수를 프로그램으로 반영하여 모든 예외적인 케이스와 비정상적인 케이스에 대하여 안정적으로 소프트웨어가 작동하는지 테스팅되어야 한다.

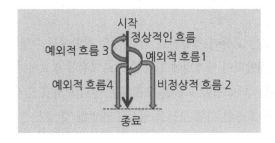

[유스케이스에서 케이스 도출]

위의 유스케이스를 설계서에 의사결정 테이블 형태로 재정리 한 것이 아래의 표이며, 예상되는 결과는 테스트용 데이터의 값에 따라 다양한 결과를 도출할 수 있다.

〈테스트 케이스와 예상결과〉

번호	케이스	조건1	조건2	예상 결과
1	케이스 1	Valid	Valid	결과 1
2	케이스 2	Invalid	Valid	결과 2
3	케이스 3	Valid	Invalid	결과 3
4	케이스 4	Invalid	Invalid	결과 4

 **Reference**   빅터 바실리(Victor Basili : 1940 ~)

바실리는 뉴욕 브룩크린에서 태어났다. 그는 텍사스주립대(University of Texas at Austin)에서 박사학위를 받았으며, ACM과 IEEE의 펠로우이다.

1982년부터 1988년까지 메릴랜드대학교의 컴퓨터과학과 학장을 역임했으며, 1997년부터 2004년까지는 메릴랜드대학교의 프론호퍼 실험소프트웨어 공학센터(Fraunhofer Center for Experimental Software Engineering) 책임자로 일했다. 현재 그는 메릴랜드 대학교(University of Maryland)의 명예교수이다.

그는 소프트웨어개발 프로세스(SW development process)의 측정, 평가와 개선에 대한 업적으로 잘 알려져 있으며, 특히 소프트웨어 메트릭(metirc)과 관련하여 GQM접근법 (Goal/Question/Metric Approach)에 대한 논문이 유명하다. 그의 다양한 아이디어는 NASA의 고다드우주항공센터 소프트웨어 공학연구소(Goddard Space Flight Center Software Engineering Laboratory)와 함께 개발된 것이다.

■ 소프트웨어 개발프로세스(Software Development Process)

소프트웨어 개발프로세스는 SDLC(System Development Life Cycle)로도 잘 알려져 있으며, SDLC의 일부가 소프트웨어 개발프로세스라고 보기도 한다. 여기에는 여러가지 모델이 있으며, 대표적인 것이 폭포수모델(Waterfall Model)이다. ISO/IEC 12207에서는 Software life-cycle process를 국제표준화하고 있다. 이는 소프트웨어를 개발하고 유지보수하는데 필요한 업무활동을 표준으로 정의한다.

소프트웨어 개발프로세스가 발전하게 된 이유는 소프트웨어의 생산성과 품질을 향상시키기 위하여 반복적이고 예측이 가능한 프로세스를 장기간에 걸쳐 찾았기 때문이다. 표준적이지 않았던 소프트웨어 작성과정을 공식화하거나 소프트웨어 개발과정에 프로젝트 관리기법을 적용하기도 하였다. 프로젝트관리가 적용되지 않았던 시절의 소프트웨어 개발과정은 납기의 지연과 원가를 초과하는 문제를 많이 야기하였다. 프로젝트관리를 엄격하게 적용하고 있는 요즘에도 대규모 프로젝트에서 예상된 기능이 제대로 구현되지 않거나 사용자가 만족하지 않으며, 시스템 오픈자체를 하지 못하게 되는 경우도 많다.

소프트웨어 개발프로세스의 대표적인 모델인 폭포수모델은 다음과 같은 가장 일반적인 단계를 통해 프로젝트가 진행된다.

1. 요구사항 분석

2. 소프트웨어 설계

3. 구현

4. 테스팅

5. 이행

6. 안정화 및 유지보수

엄격한 폭포수모델에서는 각 단계 말에 완료승인을 득한 후에 다음단계로 진행할 수 있다. 이는 공식적인 변경 통제를 포함하여 프로젝트 수행을 위한 엄격한 기준을 적용하기 위함이며, 프로젝트의 변경을 최소화하기 위함이다.

폭포수모델에 대한 엄격함이 불편함을 초래하기 때문에 스파이어럴모델(Spiral Model)이 나타나게 되었으며, 이는 위험관리를 주요 특징으로 한다. 1988년도에 배리 보엠(SW개발열전 #3 참조)에 의하여 폭포수모델에 프로토타이핑 방법을 접목한 스파이어럴모델이 공식화되었으며, 반복적 수행을 통해 변경의 적용가능성을 열어주게 된다.

애자일 개발방법은 반복과 점진적 개선을 기본 개념으로 하다. 이는 "더욱 가볍게", 그리고 "인간중심적으로"라는 개념을 주창하며 계획보다는 피드백을 주요 통제 매커니즘으로 활용한다. 피드백은 정규적 테스트와 소프트웨어 진화를 위한 릴리즈 과정에 의하여 진행된다. 애자일 개념과 유사한 개발프로세스에는 XP(eXtreme Programming), SCRUM, Dynamic Systems Development Method 등이 있다

■ 소프트웨어 메트릭 (Software Metric)

소프트웨어 메트릭은 일반적으로 메트릭 혹은 메트릭스(Metrics)라고 하며, 키아누 리브스가 출연했던 영화 매트릭스(Matrix)와는 다른 영어이다. Metric은 영어사전에서 "미터법의", "미터법에 따라 만들어진"이라는 뜻이며, 소프트웨어를 계량적으로 평가하기 위한 측정지표를 말한다. 참고로 매트릭스(Matrix)는 행렬이라는 뜻이다. 그 동안 많은 학자들이 컴퓨터과학을 발전시키면서 소프트웨어를 계량화하기 위한 노력을 기해왔다. 이는 계량적인 측정지표에 의하여 소프트웨어 개발을 위한 일정과 예산수립, 품질보증과 테스팅, 개발성과와 업무할당 등이 객관화되기 때문이다.

대표적인 계량지표가 FP(Function Point), 품질밀도, Program execution time 등이다. 지금도 많은 계량지표 들이 활용되고 있으며, 지속적으로 개발되고 있다.

[토론중인 바실리]

[메릴랜드대학교 교수시절의 바실리]

연습문제

(o, x)

1. 단위테스트는 테스트 단계의 첫번째 작업이다.

정답   ×

해설   단위테스트는 구현단계의 마지막 작업이며, 개발자의 업무입니다.

4지선다

2. 3세대 언어는 다음 중 어느 것인가?

① 기계어   ② FORTRAN

③ PASCAL   ④ SQL

정답   ③

해설   기계어가 1세대 언어, FORTRAN이 2세대, PASCAL이 3세대, SQL이 4세대 언어이다.

단답형

3. 프로그램 내부의 필요한 설명을 문장으로 서술한 것은 무엇일까요?

정답   주석(comments)

해설   실행되는 부분이 아니지만, 해당 소스코드에 대한 설명을 자세하게 제시하여 이해도를 높여주는 역할을 한다.

팀 프로젝트 실습

■ 테스트 케이스를 작성해보자

유스케이스 설계서를 기초로 하여 테스트 케이스를 작성해보자. 먼저 유스케이스설계서를 리뷰하여 유스케이스ID별 테스트가 필요한 기능을 찾는다. 이를 기준으로 테스트 케이스 리스트를 작성한다. 리스트에서 케이스별 조건과 예상결과를 정리한다. 테스트 케이스를 기반으로 리허설을 수행해보고 필요한 테스트용 데이터가 무엇인지 생각해본다. 아직 데이터를 준비할 필요는 없다. 리허설 결과에서 수정사항을 도출하고 최종 수정이 완료된 결과를 제출한다.

■ 테스트 케이스 작성 순서

1) 유스케이스 설계서 리뷰 및 테스트케이스 리스트 작성

2) 테스트 케이스별 조건과 예상결과를 도출

3) 테스트 케이스 기반 테스팅 리허설 수행

4) 검토 후 최종 문서완료

 팀 프로젝트 실습

[참고 양식]

테스트 케이스			
조원			
팀명			
테스트 케이스 리스트			
유스케이스 ID	유스케이스 명	테스트케이스 ID	테스트스케이스 명

[참고 양식]

테스트케이스 ID	조건 1	조건 2	조건 3	예상결과	Pass/fail

참고문헌

- 한혁수, 소프트웨어공학의 소개, 홍릉출판사, 2008
- 윤청, 소프트웨어 공학 에센셜, 생능출판, 2015
- https://en.wikipedia.org/wiki/V-Model
- 위키피디아 : http://en.wikipedia.org/wiki/Victor_Basili
- http://www.cs.umd.edu/~basili/
- http://www.google.co.kr/imgres?imgurl=http://www.cs.umd.edu/projects/photohistory/ facultypictures_full/vicbasili3.jpg&imgrefurl=http://www.cs.umd.edu/local-cgi-bin/ csphotohistory/event_description.php%3FPicture%3Dvicbasili3.jpg%26Caption%3DVictor% 2520R.%2520Basili%2520joined%2520the%2520faculty%2520as%2520an%2520Assistant %2520Professor.&usg=__fdghbjlm4DvBuG9w94tG9mUMEU4=&h=543&w=401&sz=129&hl =ko&start=137&zoom=1&tbnid=4Sm915ava4qg2M:&tbnh=132&tbnw=97&ei=BFoBT5zGlq- aiQeP25WXAQ&prev=/images%3Fq%3DVictor%2BBasili%26start%3D126%26hl%3Dko%26new window%3D1%26sa%3DN%26gbv%3D2%26tbm%3Disch%26prmd%3Divnsoubl&itbs=1
- http://en.wikipedia.org/wiki/Software_development_process
- http://en.wikipedia.org/wiki/Software_metric

CHAPTER **12**

테스팅과
SW**품질관리**

12.1 소프트웨어를 테스팅해보자

이미 앞서 단위테스팅에서 테스팅이 무엇인지 알게 되었을 것이다. 하지만 굳이 테스팅에 대하여 정의를 하자면, 소프트웨어가 정상적으로 작동할 수 있도록 결함을 발견하여 제거하는 활동이라고 말할 수 있다. 마이어스(Myers)는 테스팅에 대하여 "에러를 발견하려는 의도를 가지고 프로그램을 실행하는 프로세스"라고 정의하고 있다.

테스팅은 소스코드를 직접 읽어보면서 결함을 찾기도 하고("정적 테스트"), 프로그램을 직접 작동시켜보면서 결함을 찾기도("동적 테스트") 한다. 결함을 찾는 과정은 반복적이고 힘든 작업의 연속이기 때문에 자동화를 통해 쉽게 테스팅할 수 있도록 여러 가지 도구를 활용하기도 한다. 하지만 완벽한 테스팅은 불가능하며, 완벽한 소프트웨어를 만든다는 것도 불가능하다. 테스팅에 관련하여 많은 격언들이 있다. 원저자를 일일이 알 수는 없지만 소프트웨어 개발현장에서 개발자 혹은 프로젝트 관리자들 사이에 많이 언급된다.

- 테스트를 수행하면서 발견한 결함이 많을수록 남아있는 결함의 수도 많다.
- 테스트를 아무리 많이 하여도 결함이 존재하지 않는다는 것을 입증할 수는 없다
- 소프트웨어를 완벽하게 테스트한다는 것은 불가능하다
- 테스트는 위험과 반비례한다. 테스트를 많이 하면 할수록 미래의 발생할 문제에 대한 위험을 줄일 수 있다.

12.2 테스팅을 위한 기초지식

12.2.1 테스팅과 디버깅

흔히 테스팅(testing)과 디버깅(debugging)을 구분하지 못하는 경우가 있는데, 디버깅은 개발과정에서 발생하는 활동이라고 볼 수 있다. 아래의 표에서 테스팅과 디버깅을 서로 비교하여 구분하고 있다.

〈테스팅과 디버깅〉

	테스팅	디버깅
목적	알려지지 않은 결함의 발견	이미 알고 있는 결함의 수정
수행	개발자, 동료 개발자, 테스팅 전문가, 외부의 제 3자 등에 의해 수행	개발자
주요 작업	결함의 발견과 수정 (fault detection and correction)	결함의 위치파악 결함의 타입식별 결함수정

12.2.2 결함에 대한 용어정의

통칭하여 결함이라고 부르는 모든 종류의 소프트웨어 결함에 대하여 용어를 정리하였다. 흔히 아무런 구분 없이 많이 혼용하여 사용되고 있다. 하지만 각 용어마다 의미를 다르게 가지고 있는 것을 이해한다면 업무수행과정에서 커뮤니케이션 오해를 막을 수 있다.

〈결함관련 용어〉

	의미
버그(bug)	개발자의 실수로 인해 프로그램에 상주(residence)하고 있는 결함으로 장애를 유발할 가능성이 있음
에러(error)	소프트웨어 개발 또는 유지보수 중에 발생한 부정확한 결과를 초래하는 개발자의 실수
오류(fault)	프로그램 Code 상에 존재하는 것으로, 잘못된 프로그램과 올바른 프로그램 버전 간의 차이
결함(defect)	버그, 에러, 오류 등의 전체를 총괄하는 포괄적인 의미
장애(disaster)	프로그램의 작동 중 실행중단 혹은 오작동을 일으키는 사태

12.2.3 유형에 따른 테스팅 종류

테스팅을 수행하는 목적에 따라 다양한 유형의 테스팅이 있으며, 이미 앞서 상세하게 다룬 단위 테스팅과 함께, 통합 테스팅, 인수 테스팅, 시스템 테스팅이 있다. 각 테스팅 단계를 나타내는 용어이기도 하며, 시스템 테스팅은 별도의 절차를 필요로 하기도 한다.

〈테스팅 유형〉

테스팅 유형	설명
단위 테스팅	모듈이 명세서에 정의된 바와 같이 오류 없이 수행되는지 검증하는 활동으로 개발자 중심의 테스팅임
통합 테스팅	단위 시스템 간의 연계성 및 기능을 확인하고 HW와 SW 구성요소간의 상호작용을 검증하는 활동
인수 테스팅	최종 사용자가 요구한 기능이 제대로 반영되었는지, 인수조건에 만족하는지 여부를 검증하는 활동

위의 테스팅 유형이 기능적 품질을 확인하고 점검하는 것을 목적으로 하는 반면, 시스템 테스팅은 비기능 품질을 확인 및 점검하기 위한 테스팅이다. 특히 요즘 많이 문제가 되고 있는 보안테스팅도 시스템 테스팅 유형에 포함시켰다.

〈시스템 테스팅의 유형〉

테스팅 유형		설명
시스템 테스팅	성능	정상 부하상황에서 시스템이 성능 요구사항을 만족시키는지 확인하기 위해 응답시간을 확인하는 활동
	부하	시스템에 동시에 많은 요청(request)이 발생될 때, 어떻게 가동되는지 확인하는 활동
	볼륨	대용량의 데이터를 통해 시스템의 성능을 확인
	보안	시스템에 부적절한 침투를 방지하는 메커니즘이 잘 구현되어 있는지 검증하는 활동

12.2.4 관점에 따른 테스팅 종류

테스팅을 수행하는 관점에 따른 분류로 종류를 나누어보면 "화이트박스 테스트(white box test)", 즉 정적 테스트와 "블랙박스 테스트(black box test)", 즉 동적 테스트로 나누어 볼 수 있다. 화이트박스 테스트는 프로그램의 구조 시험과 논리 시험을 위한 테스트이다. 소스 코드 인스펙션이 일종의 화이트박스 테스트인데, 프로그램 소스코드의 구성에 의존적이라 할 수 있다. 테스트를 위한 점검 내용은 프로그램 구조로부터 추출한다.

블랙박스 테스트는 기능 시험을 위한 테스트이다. 소프트웨어 기능 요구로부터 점검 내용을 추출한다. 블랙박스 테스트는 프로그램 코드의 구성과는 관련성이 없으며, 직접 소프

트웨어를 가동해보면서 입력 데이터에 대한 출력 데이터의 결과가 정상적인지 아닌지 점검
한다.

12.3 통합테스팅

단위테스팅이 프로그램의 기본단위인 모듈에 대한 테스팅을 수행하여 기능을 검증하는 반
면, 통합테스팅은 모듈 간의 연계성 혹은 단위 시스템 간의 연계성과 기능을 확인하고 하드
웨어와 소프트웨어 구성요소 간의 상호작용을 검증하는 활동이다.

통합테스팅은 분석단계에서 도출한 요구사항 및 설계사양의 시스템 수용여부를 검증하는
데 목적이 있다. 프로그램들 간의 인터페이스가 설계사양대로 이루어져 있는지, 그리고 구
성기능이 정상적으로 동작하는지 검증한다. 도입된 업무 패키지 혹은 솔루션과 신규개발된
시스템 간의 업무 인터페이스의 안정성도 검증대상이다. 구현된 시스템의 결함 파악 및 연
계 프로그램의 오류를 추적하여 원인을 제거하는 것이 최종적인 통합테스팅에서 수행되어
야 할 업무이다.

12.3.1 통합테스팅 수행방식

통합테스팅 방식은 "빅뱅(big bang) 방식"과 "점진적 통합(incremental integration) 방식"이
있다. 빅뱅방식은 단위테스팅이 완료된 모듈 전체를 한꺼번에 통합하여 테스팅을 수행하는
방식이다. 드라이버와 스텁이 필요 없는 장점이 있다. 즉, 동일한 시점에 모든 테스팅 대상
모듈의 개발이 완료되어 있는 것이다. 하지만 빅뱅방식은 통합 테스팅 초반에 모듈 간의 인
터페이스와 하부 시스템간의 연계가 제대로 수행되지 않아서 대혼란을 겪을 위험이 있다.

점진적 통합 방식은 개발이 완료된 모듈부터 차례로 단위 테스팅이 진행되면서 동시에 단
위 테스팅이 완료된 모듈을 점진적으로 통합하여 테스팅을 수행하는 방식이다. 대혼란을
겪을 위험이 적은 반면 시간이 오래 걸릴 가능성이 있다. 하지만 개발인력이 많지 않고 시
간적 여유가 있는 프로젝트라면 순차적으로 개발이 완료된 모듈부터 차근차근 테스트하면
서 추가적인 개발모듈에서는 동일한 결함이 발생하지 않도록 개발자들에게 학습효과를 제
공할 수 있는 장점이 있다.

12.3.2 통합테스팅 절차

통합테스팅도 단위테스팅과 유사하게 전략, 계획, 실행, 평가의 절차적 과정으로 수행한다.

12.3.3 통합테스팅 전략

통합 테스팅 전략은 먼저 위험요소를 식별하는 것이 필요하다. 위험은 프로젝트 차원에서 발굴되어야 하며, 위험기반으로 테스트 요소를 정의한다. 위험요소를 발굴한다는 것이 무슨 의미인지 쉽게 이해되지 않을 수 있는데, 테스트가 제대로 수행되지 않아서 내재된 결함에 의해 향후 발생할 수 있는 문제가 무엇이 있는지 생각해보는 것이 위험요소를 발굴하는 것이다. 영업의 중단을 초래한다든지, 정상적인 서비스가 중단되는 등의 다양한 위험이 있을 수 있다.

위험 우선순위에 따라 테스팅의 우선순위와 수행 절차를 조정하면서 테스트 범위를 정의하게 된다. 테스트 범위의 정의는 기간, 예산, 자원 등 제약조건에 따라 달라지며, 통합되어질 모듈의 관점에서도 테스팅 범위가 가변적이다. 최종적으로 대상 소프트웨어 혹은 시스템의 인터페이스를 고려하여 범위가 확정된다. 확정된 테스팅 범위를 기준으로 테스팅 접근방법을 정의한다.

테스팅 접근방식의 결정은 빅뱅방식으로 할 것인지, 아니면 점진적 통합 방식으로 할 것인지를 결정하는 것을 말한다. 일정, 시스템의 복잡도, 가용자원, 납기 일정 등의 제약사항을 고려하여 결정하게 된다.

통합테스팅을 계량적으로 분석하기 위해서 측정지표를 정의해야 한다. 대표적인 측정지표는 결함율, 테스트 진척율, 결함해소율이다. 하지만 측정지표는 기간별, 사람별, 단위 시스템별로 분석이 가능하며 단순한 측정지표라도 다양한 기준에 의해 분석이 될 수 있다.

최종적으로 테스트 전략을 검토하고 승인하는 작업은 프로젝트관리자가 수행한다. 프로젝트관리자는 테스트 전략을 고객에게 보고하고, 프로젝트 팀원들과도 공유한다. 공유하는 방법은 워크샵을 개최하거나 회의를 통해 전체의 의견을 모아 성공적인 통합 테스팅 계획이 수립될 수 있도록 한다.

12.3.4 통합테스팅 계획

통합테스팅 전략은 실행 가능한 수준의 계획으로 구체화되어야 한다. 통합테스팅을 실행 가능하게 하기 위해서 테스트 환경을 준비하여야 한다. 테스트 환경은 하드웨어와 소프트웨어 측면으로 나누어 준비가 필요하며, 준비 점검을 위한 체크리스트를 만들어 누락된 것이 없도록 해야 한다. 테스트 환경은 개발 환경과 별도로 분리되어 실제 가동이 될 수 있는 수준의 하드웨어, 시스템 소프트웨어, 데이터베이스, 개발이 된 소프트웨어의 설치 등이 우선적으로 필요하다. 통합 테스팅을 수행하기 위한 준비로 테스트용 데이터, 테스트 케이스와 시나리오도 필요하다. 테스트 시나리오는 케이스와는 조금 다른 것이다. 단위 테스팅에서는 케이스만으로도 각 모듈을 테스트할 수 있었지만, 통합 테스팅에서는 업무흐름에 따른 비즈니스 처리에 대한 시나리오를 작성하여 준비해야 한다. 비즈니스 흐름이라고도 하는데, 전체 업무흐름을 그룹화하여 비즈니스가 정상적으로 흘러가는 하나의 완결성 있는 시나리오를 표현하는 것이다. 단위 테스팅에서 활용한 케이스를 재활용하여 통합적인 관점에서 선후관계를 연결하여 완결성 있는 비즈니스 시나리오를 만드는 것도 한가지 방법이다.

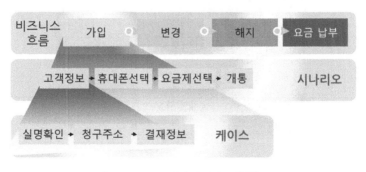

[비즈니스 흐름에서 시나리오 추출]

테스트 환경이 준비되면 테스트를 수행할 조직과 역할을 정의한다. 테스트 수행에 관련된 역할을 정의하고 해당 역할에 적임자를 선임한다. 각 담당 별 테스트 수행 시 필요한 업무를 통제하고 지원하는 업무도 할당하여야 한다. 각종 비정상적인 오류에 대하여 인프라, 시스템 소프트웨어, 데이터베이스, 테스트용 데이터 등 해당 업무의 담당자를 지정하여 통합 테스팅 진행에 지연이 없도록 해야 한다. 각 담당자는 책임의식을 가지고 필요한 업무를 통제하고 지원하며, 서로 긴밀한 협조가 될 수 있도록 계획이 수립되어야 한다.

통합 테스팅 세부 일정을 수립한다. 통합 대상과 통합 순서 등등에 대한 세부일정을 조직의 담당자와 결부시켜서 상세히 계획한다. 제약사항과 응급처리를 위한 계획도 필요하다. 세부일정과 함께 필요한 관리활동도 정의해야 한다. 일정과 활동은 함께 고려하면서 전체 일정이 조정되게 되는데, 이는 결함의 처리를 위한 절차를 어떻게 수립할 것인지, 결함의 발견과 수정에 대한 처리는 어떻게 할 것인지에 따라 일정에 영향을 미친다. 결함의 종류에 따라 통합 테스팅이 중단되는 경우도 발생할 수 있으며, 이를 위한 비상대책도 마련되어야 한다. 결함의 처리는 결함의 생성에서부터 수정을 위한 업무할당과 수정된 이후 이를 확인하는 업무흐름까지 정의되어야 한다. 결함처리의 원활한 흐름을 위해 자동화 도구를 활용하는 경우도 있다. 자동화 도구를 활용하지 않는 경우에도 메일이나 전화 혹은 직접 개인에게 찾아가서 구두로 결함처리에 대한 내용을 전달할 수 있다. 결함처리를 위한 일반적인 처리절차는 다음과 같다.

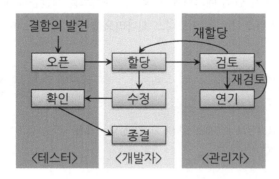

[결함처리절차의 예]

위의 처리절차에서 결함이 처리되고 있는 상태 별 예상결과는 다음의 표와 같다.

〈처리절차 상태별 예상결과〉

상태	예상결과
오픈	결함이 발견되어 등록
할당	수정을 위해 개발자에게 할당
수정	결함이 수정됨
확인	수정여부를 테스터가 확인
종결	오픈을 최종 마감처리
검토	결함을 관련자와 검토
연기	특별한 사유에 의해 연기

통합 테스팅을 위한 계획도 최종적으로 프로젝트 관리자의 검토와 승인이 필요하며, 승인된 계획서는 고객에게 보고된다. 그리고 통합 테스팅의 성공적인 수행을 위해 전체 프로젝트 팀원들에게 프로젝트 계획을 공유한다. 공유하는 방법은 오리엔테이션이 적절하다. 이미 통합 테스팅 전략수립 결과가 워크샵을 통해 공유되어 있기 때문에 계획의 공유는 보다 구체적인 내용의 전달과 해당 업무의 할당을 담당자들이 책임있게 수행할 수 있도록 하는데 초점을 맞추게 된다.

12.3.5 통합테스팅 실행

통합 테스팅이 시작되면 진행상황을 계량적으로 관리하며, 예상되는 기간 대비 기간 내에 완료여부를 확인하면서 진행상황을 모니터링하게 된다. 통합 테스팅의 관리는 시작과 종료 시간, 테스트 시나리오와 케이스별 'pass', 'fail'여부, 그리고 fail된 케이스 및 시나리오는 어떻게 결함을 발견하고 제거되는지 등을 관리한다. 이러한 결과는 "결함관리대장"으로 기록되어 계량적으로 분석할 수 있는 기초데이터를 수집한다. 결함의 처리는 수정여부를 확인하는 처리절차에 따라 추적 및 확인한다. 결함의 조치된 결과는 테스트를 재수행하여 이상이 없는지 확인하고 최종적으로 마감하게 된다.

12.3.6 통합테스팅 평가

통합 테스팅은 1차에 완료되기 어렵다. 보통 3차 이상의 통합 테스팅을 진행하는 경우가 많다. 1차에 수행된 결과를 계량적 지표에 따라 분석하고 2차 혹은 3차에서는 어떻게 개선된 활동을 수행할 것인지 평가하는 것이 필요하다. 테스트 커버리지를 계량화하여 효과적으로 결함을 걸러낼 수 있도록 하는 전략이 필요하다. 통합 테스팅은 여러 번의 차수로 실행되는 동안 결과를 평가하여 시사점을 도출하고 평가결과 분석서에 반영한다. 테스팅 실행결과도 프로젝트관리자의 검토와 승인이 필요하며, 고객에게 보고하는 것도 필요하다.

12.4 인수 테스팅

인수 테스팅은 고객이 직접 테스팅을 통해 소프트웨어 혹은 시스템을 사용가능한지 판단하는 활동이다. 단위 혹은 통합 테스팅 단계별 수행내역을 확인 및 결함제거를 검증하게 된다. 소프트웨어 혹은 시스템을 인수하여 가동 및 운영의 책임을 맡기 전에 정상적인 가동의 가능성을 점검하는 활동이며, 소프트웨어의 본가동을 위한 최종 확인작업이기도 한다.

인수 테스팅 수행 시 고려해야 할 사항은 우선 사용자의 관점에서 수행해야 한다는 것이다. 실제 완전히 구축이 완료된 시스템을 실제 사용자가 사용한다는 입장에서 테스팅이 수행되어야 하며, 인수 테스팅 환경도 실제 운영환경 또는 동일한 구성 환경에서 테스팅이 수행되는 것이 좋다. 실제 정책, 절차, 매뉴얼, 운영환경, 조직구조, 통제 들이 준비되었는지, 그리고 시스템이 정해진 요구사항을 만족시키는지 확인하는 것도 필요하다.

12.4.1 인수 테스팅 계획

인수테스팅은 고객이 수행하지만 원활한 테스트 수행을 위해 프로젝트 관리자의 책임하에 인수 테스팅 계획을 수립하는 것이 필요하다. 고객이 테스트를 원활하게 수행할 수 있도록 인수테스팅 활동을 아래와 같이 계획한다.

- 인수테스팅의 목적을 기술하고 수행할 테스트 종류와 절차를 수립한다.
- 테스트 전에 선행될 기준과 완료 기준 및 중단/재개 기준을 정의한다.

- 테스트 대상범위와 제외범위를 설정한다
- 테스트 조직과 역할을 정의하고 테스트 주요 활동에 대한 상세 일정을 수립한다.
- 테스트 데이터 생성 및 유지 절차를 기술한다.
- 테스트 수행 시 고려사항 및 산출물을 정의한다.

12.4.2 인수 테스팅 수행방법

인수 테스팅은 그야말로 고객이 스스로 사용할 소프트웨어 혹은 시스템을 인수하기 위하여 수행하는 테스팅이기 때문에 고객이 직접 테스팅을 수행하는 것이 맞지만, 현장의 상황에 따라 고객이 직접 수행하지 못하는 경우도 있다. 이는 인수 테스팅 이후 시스템 가동의 일 정기간을 프로젝트 수행조직에서 책임지는 경우가 많기 때문이기도 하고, 고객의 담당자들이 모든 테스팅을 수행한다는 것이 현실적으로 불가능하기 때문인 경우도 있다. 하지만 인수 테스팅은 필요하며, 고객이 직접 인수 테스팅을 수행할 수 있는 경우와 그렇지 못한 경우를 생각하여 전략적인 방법을 찾아야 한다.

■ 고객이 인수 테스팅을 수행할 수 있는 경우

별도의 고객 인수 테스팅 조직을 구성하고 사전에 프로젝트 수행조직과 인수 테스팅에 대하여 조율할 필요가 있다. 테스팅 수행범위 및 수행에 대한 지원조직 구성을 어떻게 할 것인가에 대하여 의견을 교환하여 원활한 인수 테스팅 절차가 진행될 수 있도록 상호 협조하여야 한다. 인수 테스팅 수행 중에도 각종 결함이 발생할 수 있으며, 결함 발생시 최대한 신속하게 대응할 필요가 있다. 인수 테스팅은 인수라는 과정을 'pass'하기 위한 기준을 사전에 정하고 지표를 관리하여 인수 테스팅이 종료되는 시점에 계량적 지표에 의해 결과를 논의할 필요가 있다.

■ 고객이 인수 테스팅을 수행할 수 없는 경우

여러 가지 상황에 따라 인수 테스팅에 고객이 별도의 팀을 구성하기 어렵거나, 별도의 인수 테스팅 기간을 마련하기 힘든 경우에 프로젝트 관리자는 방안을 마련하여야 한다. 미리 이러한 경우가 예상되는 상황에서 프로젝트 관리자는 통합 테스팅의 마지막 차수를 인수 테스팅으로 갈음하여 수행하는 것이 한가지 방법이다. 실제 테스팅은 통합 테스팅에 투입된 프로젝트 팀원이 수행하고 고객은 참관하면서 확인을 통해 소프트웨어 혹은 시스템에 문제가 없음을 인식하는 것이다. 하지만 이러한 경우에는 직접 테스팅을 고객이 수행한 것이 아니기 때문에 인수가 쉽지는 않다. 다른 방법은 마지막 통합 테스팅을 고객과 함께 공동 수행하는 것이다. 이는 테스팅에 참가하였기 때문에 결과에 대한 승인이 훨씬 쉬울 수 있다. 테스팅 수행은 비록 프로젝트 구성 팀원에 의해 주도적으로 진행되었지만, 책임 있는 고객 담당자가 참가하여 인수기준에 적합한 객관적인 계량적 증빙자료를 도출할 수 있고, 승인을 위한 기초자료로 활용할 수 있기 때문이다.

12.4.3 인수 테스팅시 확인사항

고객이 인수 테스팅시 확인해야 할 사항은 다음과 같다.

〈인수 테스팅시 확인사항〉

확인사항	내용
인스 테스트 계획서	• 고객측이 작성한 내역을 수령 및 확인 • 필요한 경우 인수테스트 계획수립에 지원 및 필수 사항 가이드
인수 기준	• 객관적이고 계량적인 지표에 의해 인수 기준을 정함 • pass/fail을 명확히 하고 fail의 경우 조건부 인수방안에 대비
테스트 조직과 역할	• 고객 내부의 인수팀이 별도로 존재하는 경우에 대비 • 테스트를 위한 별도의 전문조직이 추가로 투입되는 경우에 대비
수행사 지원사항	• 인수테스트 기간 종료 시 결함지표에서 fail조건이 되지 않도록 함
테스트 전문인력 활용	• 필요 시 아키텍트/QA그룹의 테스트 전문인력 활용할것

12.5 SW 품질관리(quality management)

여러분들이 직접 신발을 만들거나 책가방을 만들지는 않을 것이다. 하지만 백화점에서 구매한 신발이 품질이 나빠서 금방 구멍이 나거나, 가방이 찢어진다면 화가 날 것이다. SW를 위한 품질관리도 사용자들이 사용하면서 여러분들이 개발한 SW가 작동을 멈추거나 오작동을 한다면 불만족이 발생할 것이다.

하지만 SW 품질관리는 일반적인 공산품의 품질관리와는 조금 다르다. 공산품이라고 부르는 공장에서 대량 생산되는 제품은 이미 정해진 공정으로 대량의 생산이 이루어지는 반면, 여러분들이 수작업으로 개발하는 소프트웨어는 장인정신이 필요하며, 수작업으로 개발되었다고 해도 품질은 더욱 엉망일 수 있다.

품질관리는 품질통제(quality control)과 품질보증(quality assurance)로 나누어 설명될 수 있다. 품질통제는 프로젝트에 참여한 구성원들이 품질을 위한 절차와 표준에 입각하여 지켜야 할 프로세스와 규정에 따라 업무를 제대로 수행하는지 감시/감독하는 행위이다. 품질보증은 사용자의 요구사항과 품질기준에 따라 SW가 개발되었음을 보장하는 활동이다. 여기서 문제는 품질을 위한 절차와 표준은 어떻게 정해지며, 품질기준은 누가 정하는가 하는 것이다. 사실 이미 여러분들은 사용자의 요구사항을 분석과 설계를 통해 개발되어야 할 SW의 형상(configuration)을 개발해왔다. 다만 사용자이 요구하는 것이 무엇인지 명확하지 않은 것이 있을 수 있는데 이러한 문제 때문에 개발이 거의 다된 시점에 사용자가 "이것은 내가 원하는 것이 아니에요"라고 말할 수 있다. 품질기준, 절차와 표준 등등은 이미 국제표준에 나와있으며, 프로젝트 수행계획서에서 어떻게 업무를 수행하기로 약속한 것이다. 프로젝트 수행계획서에는 개발방법론과 도출되어야 할 문서산출물, 그리고 테스트 방안 및 품질보증계획서 등이 포함되어있다.

SW품질은 제품(product)품질과 프로세스(process)품질로 나누어 살펴볼 수 있다. 제품품질이라고 할 때에는 이미 SW개발이 완료되어 최종적으로 도출된 산출물의 의미가 강하다. 즉, 작동되는 프로그램과 문서산출물 최종본이 도출되었고 이에 대한 품질을 따져보고자 하는 취지가 강한 것이다. 프로세스품질이라고 할 때에는 최종적인 제품품질이 높게 나타나게 하기 위하여 미리 분석과 설계 등 SW개발과정 자체를 따져서 결함이 유입되지 않도록 하여 결과적으로 품질이 높은 제품이 도출될 수 밖에 없도록 하자는 취지가 강하다.

12.5.1 SW 제품 품질

먼저 제품품질은 국제표준 ISO/IEC 9126에 의해 여섯가지 외부 품질특성을 가지고 있으며, 별도로 사용품질(quality in use)을 제시한다. 모든 외부 품질특성에는 준수성이 하위특성으로 존재한다.

외부 품질특성	정의	하위특성
기능성 (Functionality)	명확한 사용자의 요구사항을 만족하는 기능의 존재여부와 특성에 관한 속성	정합성, 정확성, 상호운용성, 보안성
신뢰성 (Reliability)	정해진 시간과 조건 하에서 성능수준을 유지하기 위한 역량과 관계있는 속성	성숙성, 결함수용성, 회복(복구)성
사용성 (Usability)	SW를 사용하는데 필요한 노력 및 사용자의 사용평가에 관련된 속성	이해성, 학습(용이)성, 운용성, 친밀성
효율성 (Efficiency)	정해진 조건 하에서 SW제품의 일정한 성능과 자원소요량의 관계에 관련된 속성	시간효율성, 자원활용성
유지보수성 (Maintainability)	SW변경시 필요한 노력과 시간에 관련된 속성	분석(용이)성, 변경성, 안정성, 테스트용이성
이식성 (Portability)	SW를 다른 시스템 환경에 이식할 경우와 관계되는 속성	환경적응성, 설치가능성, 대체가능성, 공존성

사용품질은 SW제품에 대한 사용자의 기대부합성(expectation fitness) 정도를 말하는 것으로, 사용에 따른 만족감의 정도라든가 사용에 의해 생산성이 향상됨을 느끼는 정도 등이 이에 해당한다. 사용품질에 관련된 특성은 효과성(effectiveness), 생산성(productivity), 안전성(safety), 만족도(satisfaction)가 있다.

12.5.2 SW 프로세스 품질

프로세스 품질은 이미 앞에서 배운 CMMi(Capability Maturity Model integration)가 대표적이다. 대표적이라고 말하는 이유는 부대표도 있기 때문인데, ISO 15504, 일명 SPICE(Software Process Improvement and Capability dEtermination)가 있다. SPICE는 유럽에서 오히려 CMMi보다 더 각광을 받는다. CMMi와 유사하지만 국제표준이라는 강점이 있으며, SW 프로세스 평가를 위한 프레임워크를 제시한다. SPICE는 5개의 범주로 나뉘어진 프로세스로 구성되어 있다.

범주	내용
고객-공급 프로세스	SW의 요구사항 도출, 인수, 공급, 운영
공학 프로세스	SW의 개발과 유지보수
지원 프로세스	문서산출물의 작성, 형상관리, 품질보증, 검증 및 확인, 산출물 검토, 시스템 감사, 품질문제 해결
관리 프로세스	프로젝트관리, 품질/위험관리
조직 프로세스	SW개발 및 운영조직 배치, 개선활동 프로세스, 인력관리, SW 재사용,인프라 관리, 측정도구

SPICE의 프로세스 수행능력단위는 6단계로 구성되어있다. 프로세스 수행능력은 CMMi의 성숙도 5개 단계와 유사하다. SPICE의 6단계는 CMMi의 5레벨과 유사하다.

SPICE 프로세스 수행능력 단계	내용
1단계: 불완전(incomplete)	프로세스가 정립되어있지 않음
2단계: 수행(performed)	프로세스가 정의되어 있고, 목적을 적절히 달성하고 있음
3단계: 관리(managed)	프로세스 수행계획에 따라 정의된 자원의 한도 내에서 산출물을 인도함
4단계: 확립(established)	소프트웨어 공학의 원칙을 기반으로 정의된 프로세스를 수행
5단계: 예측(predictable)	프로세스가 정량적 측정을 통해 일관성 있게수행되고 통제됨
6단계: 최적화(optimizing)	프로세스를 지속적으로 개선하며, 업무수행을 최적화함

12.6 SW 품질보증 계획서

SW의 제품 품질이든 프로세스 품질이든 프로젝트의 수행에 의해 도출되는 SW는품질에 문제가 없어야 한다. 프로젝트 계획에는 품질보증에 대한 계획이 포함되는 경우가 많으며, 해당 조직의 방침에 따라 품질전문가가 계획을 수립하고 프로젝트 책임자(관리자와 사업담당임원)와 별도의 조직에서 통제되는 것이 바람직하다.

IEEE에서는 SW품질보증계획서에 담겨져야할 필요한 내용을 제시하고 있다. 아래의 목차는 SW품질보증계획서에 들어가야할 내용이 무엇인지 보여주는 예이다. 품질보증계획서는 최소한의 문서화 요구사항과 SW개발 각 단계별 품질보증의 목표, 검토와 감사, 도구와 기법, 그리고 테스팅전략을 담고 있다. 그리고 품질보증을 위한 별도의 조직에 대한 구성과 프로젝트의 진행상황에 따라 개입하는 기준 등을 제시하고 있다. 대형 프로젝트의 경우, 이러한 모든 세세한 내용들이 모두 필요할 수 있으나, 중소규모의 프로젝트에서는 자체적인 품질관리방안과 제3자 테스트 등, 프로젝트관리자가 프로젝트 수행을 위한 균형과 개발자와 품질담당자 간의 조화를 위해 필요한 프로세스를 정립하고 스스로 품질에 대한 주의를 기울이는 것이 중요하다.

Table of Contents

1   INTRODUCTION ....
2   REFERENCED DOCUMENTS..
3   QUALITY ASSURANCE STRATEGY ....
4   DOCUMENTATION ....
4.1   PURPOSE...
4.2   MINIMUM DOCUMENTATION REQUIREMENTS ....
5   GOALS ....
5.1   QA GOALS OF EACH PHASE ....
6   REVIEWS AND AUDITS ....
6.1   WORK PRODUCT REVIEWS ....
6.2   QUALITY ASSURANCE PROGRESS REVIEWS ....
7   TOOLS AND TECHNIQUES ....
7.1   TOOLS AND TECHNIQUES FOR ASSURING QUALITY OF FUNCTIONAL REQUIREMENTS .....
7.2   TOOLS AND TECHNIQUES FOR ASSURING THE QUALITY ATTRIBUTE REQUIREMENTS .....
8   TESTING STRATEGY ....
8.1   UNIT TESTING ....
8.2   INTEGRATION TESTING..
8.3   ACCEPTANCE TESTING ....
8.4   REGRESSION TESTING ....
8.5   TEST COMPLETION CRITERIA ....
9   ORGANIZATION ....
9.1   AVAILABLE RESOURCES THAT TEAM INTENDS TO DEVOTE ....
9.2   QUALITY ASSURANCE TEAM...
9.3   MANAGING OF THE QUALITY OF ARTIFACTS ....
9.4   PROCESS FOR PRIORITIZING QUALITY ASSURANCE TECHNIQUES ....
9.5   QA STRATEGY BREAK DOWN INTO TASKS ....
9.6   QUALITY ASSURANCE PROCESS MEASURES ....
10   GLOSSARY ....
10.1   DEFINITION...
10.2   ACRONYMS ....

[IEEE의 품질보증계획서 목차]

빌 스미스(Bill Smith : 1929 ~ 1993)

빌 스미스는 Six Sigma의 아버지로 알려져있다. 뉴욕 브룩크린에서 태어났으며, 1952년 미국 해군사관학교를 졸업했다. 모토로라에 입사하여 engineering분야에서 QA와 Senior QA manager로 35년간 일을 했으며, 1987년에 Land Mobile Products 부문의 부사장이 되었다. 미네소타대학교(University of Minesota)의 경영대학원(Carlson School of Management)은 모토롤라에 근무하면서 졸업하였다.

빌 스미스는 Six Sigma라는 새로운 품질통제 프로세스에 대하여 확신을 가지고 수년동안에 걸쳐 상위 경영층을 설득하였으며, 이후 모토롤라에서 채택된 후, 수백만달러의 효과를 달성하게 된다. 스미스는 이후에도 Six Sigma프로그램에 대한 교육과 비즈니스 리딩을 위한 임무를 계속하여 수행하였다. 모토로라의 직원으로서 스미스는 회사의 Six Sigma 적용에 따른 이익을 직접적으로 향유하지 않았으며, 다만 수년간 모토롤라와 함께 미국 제조분야에서의 공헌으로 각종 상을 수상하게 된다. 특히 1988년 말콤 볼드리지 국가품질상(Malcolm Baldridge National Quality Award)의 영예를 안았다.

스미스는 1993년 모토로라에서 근무중 심장마비로 사망하였다.

노스웨스턴 대학교(Northwestern)의 켈로그 경영대학원(Kellogg Graduate School of Management)은 빌 스미스의 재능과 헌신을 기념하여 그의 이름으로 장학금을 제정하였으며, 대학원장은 다음과 같은 글을 남겼다. "빌은 극히 효과적이고 고무적인 소통자이다. 그의 깊은 지식과 인품, 지적 파워수준에 의해 청중들은 언제나 감명을 받았다. 켈로그 대학원에 대한 스미스의 공헌과, 품질에 대한 실무수행 및 강의에 대한 헌신을 기려 장학기금을 조성한다"

■ 빌 스미스의 결함누출이론

1981년 당시 모토롤라 회장이었던 로버트 갤빈(Robert Galvin)은 5년에 걸쳐 10%가 아닌 10배의 개선을 달성한다는 야심찬 계획을 구상했는데, 당시 모토롤라에서는 모든 부분의 낭비를 줄이는 방법에 대한 연구가 활발히 진행 중이었다.

그러한 활동의 일환으로 빌 스미스는 재미있는 연구를 하게 되었는데 현장에서 수집된 제품의 A/S 데이터를 분석하는 과정에서 대부분의 고장 난 제품이 제조시에 재작업이나 수리를 거친 제품이었다는 것을 발견했다. 즉 고객이 사용한 제품의 초기 고장 시간과 그 제품이 제조되는 과정에서 재작업을 어느 정도 받았는가에 대한 상관관계를 알아본 결과 놀랍게도 제조 과정에서 결함이 발견되어 재작업 과정을 거친 제품일수록 고객에 의한 초기 사용 단계에서 고장이 많았다는 사실을 발견한 것이다.

결함으로 인해 재작업 과정을 거친 제품은 재작업 과정에서 제거된 결함 이외에 다른 결함을 포함하기 쉬우며, 이와 같은 결함이 발견되지 못하고 출하되는 관계로 인해 제품의 사용초기에 고장이 많이 발생한 것이었다. 이것은 역으로 말하면 결함 없이 조립된 제품은고객이 사용할 때 초기 고장이 거의 발생하지 않는다고 말할 수 있는 것이다. 이와 더불어 모토롤라사는 어느 분야든지 그 분야에 세계 최고인 기업은 제품의 제조 과정에서 수리나 재작업이 없는 제품을 생산한다는 사실을 알았다.

모토롤라의 경영층이 스미스의 보고서를 받아 들였지만 구체적인 실천 전략을 수립하는 것은 또 다른 문제였

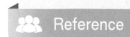

다. 그 이후 마이켈 해리 (Mikel Harry) 등이 주축이 되어 6시그마를 달성하기 위한 구체적인 전략과 방법론이 개발되었으며, 다른 기업으로 전파되면서 각 기업에 맞는 형태로 수정되고 발전되기에 이르렀다

마이켈 해리의 저서, "Six Sigma: The Breakthrough Management Strategy Revolutionizing the World's Top Corporations"로 인하여 해리가 식스 시그마의 창시자로 잘못 알려져 있다.

■ 식스 시그마(Six Sigma)

시그마(sigma:σ)라는 통계척도를 사용하여 모든 품질수준을 정량적으로 평가하고, 문제해결 과정과 전문가 양성 등의 효율적인 품질문화를 조성하며, 품질혁신과 고객만족을 달성하기 위해 전사적으로 실행하는 21세기형 기업경영 전략이다. 1980년대 말 미국의 모토롤라(Motorola)에서 품질혁신 운동으로 시작된 이후 GE(General Electric), TI(Texas Instruments), 소니(Sony) 등 세계적인 초우량 기업들이 채택함으로써 널리 알려지게 되었다. 국내에서도 삼성그룹, LG그룹, 한국중공업 등에서 도입하여 품질혁신에 성공함으로써 많은 기업들이 도입에 적극적인 관심을 보이고 있다.

식스 시그마는 다음 3가지로 설명된다.

① 통계적 척도로서 모든 프로세스(process:제조・사무・서비스 등의 업무에서 활동을 수행하는 시스템)의 품질수준이 6 σ를 달성하여 불량률을 3.4PPM(parts per million;제품 백만 개당 불량품 수) 또는 결함 발생수 3.4DPMO(defects per million opportunities) 이하로 하고자 하는 기업의 품질경영 전략이다.

② 효율적인 품질문화 정착을 위한 기업의 경영철학으로서 종업원들의 일하는 자세・생각하는 습관・품질 등을 중요시하는 올바른 기업문화의 조성을 의미한다. 여기서 효율적이란 주어진 여건 아래서 통계자료에 근거하여 최대의 효과를 올릴 수 있도록 지혜롭게 일하는 것을 뜻한다. 올바른 품질문화란 끊임없는 품질개선 노력을 통해 고객 요구에 맞는 품질의 제품을 경제적으로 설계・생산・서비스하기 위한 기업문화이다.

③ 품질경영을 위한 기업전략으로서 모든 프로세스는 6 σ라는 품질수준의 목표를 가지고 있으며, 혁신적인 품질개선이 요구된다. 따라서 품질이 향상되고 비용이 절감되어 고객만족과 회사 발전이 실현된다.

식스 시그마 운동을 효과적으로 추진하기 위해 고객만족의 관점에서 출발하여 프로세스의 문제를 찾아 통계적 사고로 문제를 해결하는 품질개선 작업과정을 '정의(define)・측정(measurement)・분석(analysis)・개선(improvement)・관리(control)' 5단계로 나누어 실시하고 있는데, 첫글자를 따서 'DMAIC'라고 부른다. 우선 측정과 분석을 통해 제품의 문제점을 찾아내고, 문제해결방법을 제시하여 실제로 개선작업을 실행한다. 마지막으로 이 과정을 제어・감시하여 품질의 개선상태를 유지하는 것이다.

높은 품질수준을 확보하고 유지할 수 있는 혁신적이고 과학적인 기준을 제공하여 고객을 만족시키고 기업경영의 탁월성을 이루고자 하는 식스 시그마 운동의 궁극적인 목표는 품질개선 운동에 전 종업원이 참여하는 것은 물론 사무부분을 포함한 모든 프로세스의 질을 높이고 업무 비용을 획기적으로 절감하여 경쟁력을 향상시킴으로써 세계최고의 기업이 되는 것이다.

식스 시그마 운동은 1995년 잭 웰치가 GE(General Electric)에 도입하여 크게 성공하면서 더욱 유명해졌다.

■ DMAIC과 DMADV

식스 시그마의 두가지 주요한 방법론이며, 데밍의 PDCA 사이클에서 영향을 받은 것이다. DMAIC은 기존의
프로세스를 향상시키기 위해 쓰이고, DMADV는 새로운 제품을 만들거나 결함이 없는 디자인을 만들기 의한
목적으로 쓰인다.

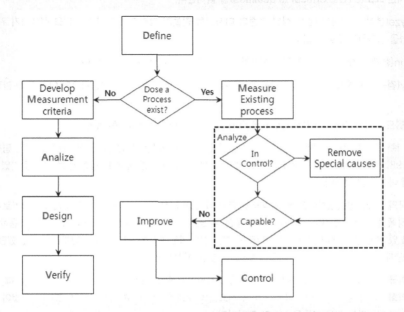

- DMAIC

• Define(정의) : 프로세스의 향상을 위한 목적을 정의한다. 이는 반드시 기업전력과 소비자 요구사항과 일
  치해야 한다.

• Measure(측정) : 현재 프로세스를 측정하고 미래의 비교를 위한 연관된 데이터를 모은다.

• Analyze(분석) : 각각의 요소들의 관련성과 인과관계를 밝혀낸다. 어떤 관련성을 가지는지 정하고 모든 요
  소들이 충분히 고려되었는지를 확인해야 한다.

• Improve(향상) : 프로세스를 향상시키거나 혹은 최적화시키는 과정이다.

• Control(통제) : 결함에 영향을 미치는 모든 변수들이 적절하게 관리되고 있는지를 확인하는 것이다. 시험
  프로세스를 통해 프로세스 능력을 측정하고 실제 생산으로의 전환과 이후의 프로세스에 대한 계속적인 측
  정과 관리체제를 구축하도록 한다.

Reference

- DMADV

- Define(정의) : 기업전략과 소비자 요구사항과 일치하는 디자인 활동의 목표를 정한다.
- Measure(측정) : 현재의 프로세스 능력, 제품의 수준, 위험 수준을 측정하고 어떤 것이 품질에 결정적 영향을 끼치는 요소(CTQs, Critical to qualities)를 밝혀낸다.
- Analyze(분석) : 디자인 대안, 상위 수준의 디자인을 만들기 그리고 최고의 디자인을 선택하기 위한 디자인 가능성을 평가하는 것을 개발하는 과정
- Design(설계) : 세부사항, 디자인의 최적화, 디자인 검증을 위한 계획을 하는 단계.
- Verify(검증) : 디자인, 시험 작동, 제품개발 프로세스의 적용과 프로세스 담당자로의 이관 등에 관련된 단계

■ **말콤 볼드리지 국가품질상(Malcolm Baldridge National Quality Award)**

1987년, 로널드 레이건 대통령에 의해 승인된 말콤 볼드리지 국가품질개선법에 따라 제정되었다. 명칭은 1981년부터 1987년까지 미국의 상무부 장관으로 재직하면서 정부의 능률 및 효율 향상에 큰 기여를 하였던 말콤 볼드리지의 이름을 딴 것이다.

당시 미국의 경제상황은 2차대전 후 최악의 상태에 빠졌었다. 무역수지 적자는 무려 1,700억 달러로서 사상 최대의 적자폭을 기록하였으며, 2차 세계대전 종전 후 30여 년 동안 세계시장을 지배했던 미국제품은 설자리를 잃어가고 있었다. 1970년대 말까지만 하더라도 첨단 산업제품에 대한 세계수요의 대부분을 공급했던 미국제품이 1980년대에 접어들면서 세계적 공급자로서의 역할을 상실하였다

이처럼 미국은 그들이 개척하고 지배했던 세계 주요시장에서 해외경쟁자들에 의해 밀려나고 있을 때, 그들은 경쟁력의 약화원인이 흔히들 이야기하는 고비용 저효율의 구조적 문제라고 생각하였다. 그러나 이것이 문제의 진정한 원인이 아니라는 것을 그들은 뒤늦게 깨달았다.

문제의 진정한 원인은 품질과 생산성에 있었던 것이다. 미국이 경제적 위기에 처해 있을 때, 이와는 대조적으로 일본의 경제 및 상품경쟁력은 전성기를 구가하고 있었으며, 록펠러센터, 라디오시티 뮤직홀, 페블비치 골프장, 콜럼비아 영화사 등과 같은 미국의 대표적 부동산과 기업이 일본에 넘어갔다. 미국의 학계, 산업계 및 정부 지도자들은 일본의 경쟁력에 대해 다방면에 걸쳐 검토한 결과, 그들 경쟁력의 원천이 품질에 있다는 것을 깨닫고, 미국에서도 일본의 데밍상과 같은 국가적 차원의 품질상이 필요하다고 판단하였다. 이에 따라 1987년 레이건 대통령 당시 말콤 볼드리지 국가품질개선법을 제정하고 그 이듬해에 말콤 볼드리지 품질상 재단을 설립하였다.

1990년대 중반 이후 산업계를 뒤흔들어 놓았던 벤치마킹 기법이라든가, 정보통신기술을 이용하여 서비스 수준으로 한 단계 올려놓는 화물추적정보시스템 등은 모두 말콤 볼드리지상을 받은 기업들이 발전시킨 신경영기법들이다.

연습문제

(○,×)

1. 단위테스트를 테스트단계로 볼 수 있지만, 개발자가 수행한다는 측면에서 구현 단계로 볼 수 있다.

> 정답 ○
> 해설 맞습니다. 테스팅 단계에 들어가기 전에 단위테스트는 끝나 있는 것이 좋습니다.

4지선다

2. 결함의 종류 중에서 사람의 실수, 특히 개발자의 실수에 의한 결함은 무엇이라고 하는가?

① 버그 　　　　　　　　　　　② 에러
③ 오류 　　　　　　　　　　　④ 장애

> 정답 ②
> 해설 사람의 실수, 실책은 에러라고 합니다. 야구에서도 수비실책은 에러라고 하죠.

단답형

3. 최종 사용자가 요구한 기능이 제대로 반영이 되었는지 인수조건에 만족하는지 여부를 검증하는 활동으로 고객 혹은 사용자가 수행하는 테스트는 무엇일까요?

> 정답 인수 테스팅
> 해설 고객 혹은 사용자가 개발이 완료된 시스템을 인수받기 위하여 최종 확인하는 작업입니다.

👥 팀 프로젝트 실습

■ 통합테스트 계획서 작성 및 제출

SW품질보증의 핵심은 제품품질을 검증하는 테스팅이다. 이미 설계는 완료하였기 때문에 프로그램은 전문 프로그램 개발자가 진행하고 있다라고 가정해보자. 물론 여러분들 중에서 직접 개발할 실력이 되는 친구들은 이미 스스로 개발을 진행하고 있을 수 있다. 그렇다면 나머지 프로젝트 팀원들은 테스팅을 수행하기 위한 준비를 진행하여야 하며, 가장 우선적으로 통합테스트 계획서를 작성하여야 한다. 문서도 소프트웨어이며, 특히 계획서의 작성은 문서자체의 작성에 앞서 어떻게 일을 추진할 것인지 기획하고 방안을 수립하는 입안과정과, 이를 품질높은 문서로 작성하여 프레젠테이션까지 할수 있어야 한다.

테스팅을 위한 케이스는 이미 단위테스트를 위해 개발자들이 작성했음을 가정하자. 통합테스트 계획은 설계자의 입장에서 어떻게 테스트를 진행할 것인지 전략을 구상하고 인력과 해야할 일의 분장, 그리고 일정을 수립하는 것이 필요하다. 통합테스트는 이후 사용자의 입장에서 수행되어지는 인수테스트가 제대로 수행되기 위한 아주 중요한 활용이다. 테스팅은 개발자와 테스트수행자 간의 서로 결함을 찾고 수정하거나 방어하는 게임과 같다. 이러한 게임이 제대로 활발하고 신명나게 진행되도록 하려면 계획이 제대로 수립되어야 한다.

■ 통합테스트 계획서 작성 순서

1) 효과적이고 효율적으로 테스팅을 수행할 수 있는 전략을 구상

2) 테스트 환경과 세부일정 수립, 결함해결 담당자 지정

3) 계획서 작성

4) 최종 완료 및 제출

[참고 양식]

통합테스트 계획서

목차와 내용(예시)

1. 위험요소 발굴
- 테스트가 제대로 되지 않았을 때 발생이 예상되는 문제를 서술

2. 테스트 범위
- 제공 서비스, 대상 기능, 기능 확인 내용, 테스트 수행 횟수, 커버리지 등을 명시

3. 테스트 인력과 준비
- 조직구성에서 역할을 배분하여 테스트 인력과 각자 준비상황 점검
- 프로그램 수정인력 업무분장

4. 테스트 일정수립
- WBS수준으로 상세하게 기술
- 테스트해야 할 기능과 기능별 수행 테스트 담당자 지정

5. 결함 및 이슈 처리절차
- 결함의 발굴과 해결담당자 지정방안, 최종 개선된 결과의 정리 등

참고문헌

- 한혁수, 소프트웨어공학의 소개, 홍릉출판사, 2008
- 윤청, 소프트웨어 공학 에센셜, 생능출판, 2015
- Glenford J. Myers, The Art of Software Testing, Wiley-Interscience Publication, 1979
- 위키피디아 ; http://en.wikipedia.org/wiki/Bill_Smith_(Motorola_engineer)
- http://www.isixsigma.com/index.php?option=com_k2&view=item&id=1507:remembering-bill-smith-father-of-six-sigma&Itemid=319
- 한국품질개발원;http://www.kqii.co.kr/htm/04_02.htm?db=data&page=2&db=data&amode=board_view&part=&key=&word=&sort=&Admin_mode=&id=97&type=read&PHPSESSID=7bb043a2c177ccee2fa0b5fa79335599
- 네이버 지식사전 ; http://100.naver.com/100.nhn?docid=746912
- http://www.qualitygurus.com/courses/mod/forum/discuss.php?d=94
- 네이트지식 ; http://ask.nate.com/qna/view.html?n=8814195
- http://blog.naver.com/bmw1989?Redirect=Log&logNo=80132465090
- http://blog.naver.com/ccomoman?Redirect=Log&logNo=120011577074

위험관리

13.1 위험은 어떻게 관리할까요?

우리는 수많은 위험 속에 살고 있다. 어제는 일본에서 지진이 발생하여 많은 사람들이 죽거나 다쳤다는 뉴스를 접하였다면, 오늘 아침에는 하마터면 교통사고를 당할 뻔 하기도 한다. 내일은 싱크홀에 빠져서 굶고 있을지도 모른다. 우리의 일상생활과 마찬가지로 소프트웨어 개발 프로젝트도 많은 위험 속에서 진행된다. 일정이 지연될 위험, 프로젝트 종료 이후 인수가 되지 못할 위험, 그리고 개발자 중에서 내일 갑자기 출근하지 않을 위험 등 프로젝트 관리자는 많은 위험에 대하여 고민하면서 프로젝트를 관리해야 한다. 하지만 수많은 위험이 모두 이슈가 되거나 문제가 되지는 않는다.

프로젝트에서의 위험은 PMBOK에 의하면 다음과 같이 정의된다.

> **일정, 비용, 범위, 품질과 같은 프로젝트 목적들 중 적어도 하나의 목적에 나쁜 영향을 미칠지도 모르는 이벤트 혹은 상태**
>
> "Project risk is an uncertain event or condition that, if it occurs, has a negative effect on at least one project objective, such as time, cost, scope, or quality"

위험을 잘 관리하면 이슈화되는 것을 원천적으로 봉쇄하여 프로젝트를 안전하고 만족스럽게 마무리할 수 있다. 즉, 항상 위험을 염두에 두고, 위험 요소에 대하여 적절히 관리함으로써 프로젝트의 실패를 예방할 수 있다. 프로젝트 초기 단계에 아무리 위험을 잘 분석하였더라도 위험에 대한 대응계획이 수립되어야 프로젝트 실패를 예방할 수 있다. 즉, 위험은 식별도 해야 하지만 관리도 지속적으로 할 수 있어야 한다.

위험에 대한 정의를 기반으로 위험관리는 어떻게 정의하여야 할 것인가? 위험관리에 대한 정의도 PMBOK에 따르면 "프로젝트 성공을 위해 위험에 대비하고 관리하는 활동"이라고 하고 있다. PMBOK는 위험관리를 위한 활동으로 위험관리 계획, 위험 식별, 정성적 위험분석, 정량적 위험분석, 위험 대응계획, 위험 감시와 통제 등을 열거하고 있다. 위험관리를 어떻게 하는 것이 좋을 것인지 상세하게 알아보기 전에 먼저 위험의 종류에 대하여 알아보도록 하자.

13.2 위험과 위험관리

13.2.1 위험의 종류

소프트웨어 개발 프로젝트에 관련된 위험을 분류해보자면 비즈니스 위험, 프로젝트 위험, 기술 위험 정도로 분류해볼 수 있다.

- 비즈니스 위험
  - 시장위험: 아무도 원하지 않는 소프트웨어를 개발
  - 전략위험: 조직의 전략과 무관한 소프트웨어를 개발
  - 사용위험: 사용하지도 않고 팔리지도 않는 소프트웨어를 개발
  - 경영위험: 경영층의 지원이 없는 소프트웨어의 개발
  - 지원위험: 예산의 지원이 중단되는 소프트웨어의 개발
- 프로젝트 위험
  - 예산, 일정, 인력, 자원 등에 문제가 발생
  - 고객 및 요구사항 문제가 프로젝트에 지장을 초래
  - 프로젝트의 복잡도 증가가 위험을 초래
- 기술위험
  - 기술적으로 구현이 불가능
  - 이미 퇴보된 기술로 소프트웨어를 개발하고 있음

13.2.2 위험, 이슈, 문제

위험은 항상 존재하지만 위험이 발생으로 임박해진 상태를 '이슈'라고 한다. 이슈가 발생하기 전 여러 가지 징후가 나타나며, 이슈화되는 과정에서 소문이 돌기도 한다. 위험이 실제 발생한 상태를 '문제'라고 한다. 이미 문제가 발생하고 나면 돌이킬 수 없게 된다. 문제를 해결하기 위해서는 시간과 자원의 투입을 통한 노력이 필요하다.

13.2.3 위험관리에 대한 7가지 원칙

SEI(Software Engineering Institute)에서는 위험관리에 대한 7가지 원칙을 제시하고 있다.
소프트웨어 공학적인 측면에서도 위험은 항상 관리되어야 할 그 어떤 무엇이다.

- 전체적인 관점을 유지
- 미래지향적 관점을 유지
- 열린 대화로 격려
- 위험을 고려한 소프트웨어 개발 프로세스
- 지속적인 위험관리 프로세스의 강조
- 소프트웨어에 대한 비전을 공유
- 팀웍을 통한 단합

13.3 위험관리 절차

위험을 제대로 관리하기 위해서는 절차에 입각하여 관리되어야 한다. 위험관리를 위한 절
차는 다음과 같다.

13.3.1 위험식별

위험을 발굴하는 활동이 위험식별이다. 우리가 수행하고 있는 프로젝트에서 위험은 어떤 것이 있을까 하고 생각해보는 것이 위험의 식별인 것이다. 프로젝트 성공에 위협이 되는 요소를 파악하고, 식별된 위험요소를 피할 수 있는 방법과 불가피한 경우 대응책을 구상하는 것이 위험의 식별과정에서 해야 할 업무이다. 공동의 노력을 통해 위험을 발굴할 필요가 있으며, 프로젝트관리자와 프로젝트 팀원이 함께 워크샵을 통해 브레인스토밍 기법을 활용하여 다양한 위험을 식별하거나, 위험을 식별하기 위한 조사 혹은 인터뷰 등의 노력이 필요하다. 식별된 위험은 리스트로 작성하여 원인을 파악해보아야 한다.

〈위험요소와 원인〉

분야	위험요소	원인
제품기능	예상보다 많은 기능	잘못된 요구사항의 정의
개발계획	개발기간의 부족	투입 인력과 적절한 기술자의 부족
	예산의 부족	수행 범위의 잘못된 산정
기술	주요기술의 안정성 부족	기술에 대한 조사 부적절
	전문가 부족	전문기술자의 발굴에 실패
투입인력	개발 도중 퇴사	무리한 개발업무로 중토에 퇴사자 발생
	신규인력 투입난항	시장에서 적절한 인력을 구할 수 없음

13.3.2 위험 계량화

발굴된 위험을 모두 관리할 수는 없다. 우선순위를 통해 관리가 필요한 위험만 관리하게 된다. 우선순위를 결정하기 위해서는 위험을 계량화하여야 한다. 계량화하는 방법은 식별된 위험의 발생가능성과 발생시 프로젝트에 미치는 영향의 정도를 계량화하는 것이다. "발생가능성"과 "영향도"는 과거 프로젝트에 참여한 경험이 있는 팀원들이 작성하거나 위험전문가에 의해 작성되어 계량화한다.

- 발생가능성: 상(90%), 중(50%), 하(20%)
- 영향도: H(60%), M(50%), L(10%)

13.3.3 우선순위 선정

발생가능성과 영향도를 곱하여 "심각도"를 계산하는데, 심각도의 의미는 해당 위험이 수행하고 있는 프로젝트에 얼마나 심각한 수준으로 영향을 끼칠 것인지 계산한 결과이다. 심각도의 계산결과에 따라 위험관리를 위한 우선순위를 결정할 수 있다. 심각도의 수치가 높은 위험이 우선순위가 높고 우선적으로 관리되어야 할 위험이다.

심각도 = 발생가능성 × 영향도

〈위험요소별 우선순위 예〉

분야	위험요소	우선순위
제품기능	예상보다 많은 기능	7
개발계획	개발기간의 부족	4
	예산의 부족	3
기술	주요기술의 안정성 부족	5
	전문가 부족	2
투입인력	개발 도중 퇴사	1
	신규인력 투입난항	6

13.3.4 위험관리 계획

위험관리를 위한 계획수립에서 가장 우선적으로 필요한 작업은 대응방안을 수립하는 것이다. 식별된 위험은 영향을 최소화할 수 있도록 전략을 강구하여 방안을 수립한다. 대응전략에는 '회피', '전가', '완화', '수용'이라는 전략적 선택이 가능하다. 위험관리 계획에는 언제, 어떠한 방법으로 관리할 것인가에 대한 내용이 포함되어야 한다. 아래의 표는 위험관리 계획서의 작성 예이다.

위험관리계획서			
위험ID : 0016 (개발 도중 개발인력 퇴사)			
대응방안	대응 활동	담당자	완료예정일
	스카우트 제의에 대하여 방어적 전략 팀웍을 다지고, 중도 퇴사가 없도록 단속	안○○	06-11-10
비상조치계획	실행 기준	퇴사의 징후가 나타남	
	조치 내역	개인면담, 새로운 기회의 제시	

[위험관리 계획서 작성예]

13.3.5 위험해결

위험은 프로젝트 수행 도중에 언제나 문제로 발생할 수 있다. 위험관리는 프로젝트 착수에서부터 종료에 이르기까지 수행되어야 하며, 한번 해결된 문제도 다시 발생할 수 있음을 알고 있어야 한다. 주기적으로 위험을 발굴하고 수시로 해결방안에 대하여 프로젝트 팀원들과 협의가 필요하다. 발생된 문제는 시간과 자원을 투입하여 즉각적인 해결노력이 필요하다. 다행히 이슈화되거나 문제로 발생하지 않고 해결된 위험은 운에 의해 해결될 수도 있지만, 적절한 노력의 결과에 의한 것이다.

13.3.6 결과평가

위험관리 계획에 따른 대응방안의 수행결과가 어떤 효과가 있었는지에 대한 평가가 필요하다. 결과에 대한 자체적인 평가를 하고 향후 더 좋은 결과를 위해 기록한다. 위험관리의 우수사례 혹은 실패사례는 "교훈(Lessons Learned)"으로 남겨 선례로 삼아야 한다.

13.4 위험 대응전략

위험에 대응하기 위한 전략은 회피, 전가, 완화, 수용이 있다.

13.4.1 회피(avoid)

회피는 위험을 피하는 것이다. 해로운 위험을 야기하는 위협의 제거 혹은 멀리함으로써 위험을 피할 수 있다. 위험한 지역을 피해 멀리 돌아간다거나, 우범지역은 가까이 하지 않도록 하는 것이 회피이다.

- 회피방안
  - 위험의 영향으로부터 프로젝트 목표를 변경
  - 프로젝트 일정의 연장 또는 수행범위의 축소
  - 초기에 발생한 위험은 전문가의 도움으로 비교적 쉽게 회피할 수 있음

13.4.2 전가(trasfer)

위험의 부정적인 영향을 제3자에게 넘기는 것을 전가라고 한다. 가령 보험에 가입하여 문제가 발생하였을 때 위험발생에 따른 손해를 보험사에게 전가하는 것이 하나의 예가 된다.

- 전가방안
  - 위험에 대한 관리책임을 전가하는 것은 아님
  - 위험의 발생에 대비하여 연대보증, 담보 등등의 방안을 재무적으로 전가함
  - 기술적으로 어려운 개발은 전문개발회사에게 전가하여 책임지도록 함

13.4.3 완화(mitigate)

위험발생 가능성 및 영향도를 허용가능한 수준으로 감소시키는 것을 의미한다. 더위를 먹지 않기 위해 복날에 삼계탕을 먹는 것이 하나의 예이다.

- 완화방안
  - 덜 복잡한 프로세스의 적용
  - 더 많은 테스트 인력을 투입
  - 좀 비싸지만 안정적인 컴퓨터의 선정

13.4.4 수용(acceptance)

위험의 제거가 불가능하고 회피, 전가, 완화전략도 실효성이 없을 경우, 남은 위험은 최종적으로 수용할 수 밖에 없다. 더위에 아무런 조치를 취하지 않고 삼계탕을 먹거나 휴식을 취하지 않고 열심히 일하다가 병원에 실려가서 병원비를 지불하는 경우가 수용이다. 이는 전략으로 보기 어려울 수도 있지만, 병원비를 미리 마련해두는 것이 수용전략이다. 대신 더위를 먹지 않고 열심히 일할 수 있었다면 삼계탕 비용을 아낀 셈이다.

수용에는 그대로 방치하는 "수동적 수용"도 있지만, 예비비를 마련해 두는 것 등의 "능동적 수용"도 있다. 수용의 자세는 위험을 감수하고 정면으로 맞서고자 하는 것이지만, 문제가 발생할 경우 제대로 대처하지 못할 가능성이 있다. 실제 문제가 터져 사회적으로 파장을 일으키는 사건 들이 위험을 제대로 대응하지 못할 뿐만 아니라, 수용이 제대로 되지 못한 사례가 된다.

 **Reference**   데니스 위스노스키(Dennis E. Wisnosky : 1947 ~)

위스노스키는 미국 펜실베니아 워싱턴(Washington, Pennsylvania)에서 태어났다. 펜실베니아에 있는 캘리포니아 대학교(California University of Pennsylvania)에서 물리학을 전공하였으며, 데이턴대학교(University of Dayton)에서 경영과학으로 석사학위를 받았고, 피츠버그 대학교(University of Pittsburg)에서도 전자공학에 대한 석사학위를 받았다.

위스노스키는 오하이오에 있는 미공군의 재료연구소(Materials Laboratory)에 합류하여 컴퓨터와 정보서비스에 대한 업무를 수행하게 되었고, 1976년에는 ICAM (Integrated Computer-Aided Manufacturing) 프로그램의 관리자가 되었다.

1986년에는 Wizdom Systems을 설립하여 CEO가 되었으며, 2006년에는 미 국방부의 비즈니스 미션부문(BMA : Business Mission Area)의 CTO(Chief Technical Officer)로 임명되었다. 그는 수많은 상을 수상하였으며, 1997년에는 포춘(Fortune)지 선정, "제조분야 5명의 영웅 중 한사람"으로 선정되었다.

그는 25년동안 정보기술에 대한 컨설팅과 훈련, 그리고 BPR(Business Process Reengineering)과 EA(Enterprise Architecture)에 대한 깊이 있는 경험이 있으며, 비효율적인 "AS-IS"에서 전략/전술적 목적을 실현하는 "TO-BE"로의 효과적인 전환에 주특기를 가지고 있다. IDEFs(Integration Definition)의 창시자 중 한사람이며, 현재 미국 국방부의 아키텍처를 총책임지고 있다.

미국 국방부의 CTO로서 위스노스키는 전문가 가이드와 아키텍처의 설계, 개발, 수정에 대한 관리감독을 책임진다. 이는 미국방부의 BEA(Business Enterprise Architecture)를 감독하는 역할과 협력한다. 미국 국방부의 아키텍트 수장으로 위스노스키는 국방부 BMA(Business Mission Area)의 연계된 아키텍처가 국방부의 비전, 미션, 전략과 비즈니스 전환을 위한 우선순위를 제대로 지원하도록 하며, 전반적인 아키텍처의 각 계층에서 미국방부의 관리구조와 적절히 일원화될수 있도록 정의한다. 또한 그는 BEA가 미연방정부의 FEA(Federal Enterprise Architecture)와 일관성을 유지하고 조화될수 있는지 검증한다.

위스노스키는 컴퓨터과학, SOA, EA, KM, CAD/CAM, CIM, Semantic Technologies/Web 등 방대한 IT 주제와 관련하여 100편이 넘는 기고문을 발표했으며, 7편의 책을 출간했다. 이중에서 "DoDAF Wizdom"은 미국방부의 아키텍처 프레임워크를 활용하여 구축한EA(Enterprise Architecture)가 어떻게 성공적으로 가이드할 수 있었던 것인지를 정의한 것이다.

그는 여전히 건강한 모습으로 여러 강연과 컨퍼런스에 참가하고 있다.

■ IDEFs (Integration DEFinitions)

1. IDEF의 배경

　IDEF는 1981년 미공군에서 ICAM(Integrated Computer Aided Manufacturing)프로젝트의 생산 시스템 분석 및 설계 목적으로 개발되었다. 생산 시스템을 세가지 관점 즉, 기능, 정보, 그리고 동적 관점으로 나누고 각각의 관점을 모형화 할 수 있는 방법론을 개발한 것이다. 가장 많이 사용되고 있는 것은 기능 모형을

위한 IDEF0(IDEF Function Modeling)와 정보 모형화를 위한 IDEF1(IDEF Information Modeling), 시스템 내부의 데이터를 모델링하는 기법인 IDEF1X, 동적 모형을 위해서는 IDEF2(IDEF Dynamics Modeling)방법론이 있고, 시스템의 작동 프로세스를 모델링하는 IDEF3(IDEF Process Modeling)등이 있다. 또한 객체지향 설계 기법인 IDEF4(IDEF Object-Oriented Design)와 온톨로지 표현 기법인 IDEF5(IDEF Ontology Description Capture)도 개발 중이다.

IDEF는 조직이나 방법론은 조직이나 시스템의 의사결정, 행동, 활동을 모델화 할 수 있는 툴로서 시스템을 분석하고 조직화하고 분석가와 고객 사이의 효과적인 커뮤니케이션을 촉진시킨다. 조직과 기능을 분리시켜 조직부문의 공통된 기능적 연관관계를 규정하여, CIM이나 CE발의에 의해 요구된 것과 같은 협동적인 상호작용 팀 프로젝트에 대하여 효과적인 분석도구를 제공한다.

데이터를 표준화하고, 일관성 있으며, 예측 가능한 방법으로 모델링하기 위해 사용되고 주된 목적은 데이터 자원을 완전히 이해하고 분석하기 위한 수단을 제공, 데이터의 복잡성을 표현하고 전달하기 위한 공통의 수단을 제공하여 데이터의 통합된 관점을 표현, 물리적인 데이터 베이스로 변환될 수 있는 독립적인 데이터의 관점을 정의 하기 위한 수단을 제공, 기존의 데이터 자원으로부터 통합된 데이터 정의를 이끌어내기 위한 방법을 제공한다.

IDEF 방법론의 목표는 다음의 네가지이다.

- 대응력이 강하고 유연하고 믿을만한 시스템 개발

- 개발, 운용, 유지에 비용이 덜 드는 시스템 개발

- 품질을 개선시킬 수 있는 시스템 개발

- 리드타임을 줄이는 시스템 개발

그 중에서 IDEF0는 관계형 데이터 모델링(Relational Data Modeling)을 위한 그래픽 언어로서, 시스템과 환경의 기능들 그리고 기능과 관련된 정보 또는 객체들을 그래픽 표현을 이용하여 구조적으로 표현하는 기능 모형이다. IDEF0는 신규 시스템에 대해서 사용자 요구사항과 기능들을 규정하고 요구사항을 충족시키며 필요한 기능이 수행될 수 있도록 구현 설계(Implementation Deign)를 지원한다.

한편 기존 시스템에 대해서는 시스템이 수행하고 있는 기능을 분석하고 기능이 수행되는 방식을 기술하는데 사용된다. IDEF1X는 데이터를 표준화하고 일관성 있으며, 예측 가능한 방법으로 모델링하기 위해 사용되는 정보 모델링 기법으로 Entity를 정의하고 그 속성을 기술하고 Entity간의 관계를 정의하여 모델 구축한다

2. IDEF모형화 방법

2.1 IDEF0을 이용한 기능 모델링(Function Modeling)

기능을 모형화 하는 도구로써 IDEF0는 제약조건 아래서 입력을 출력으로 변환시키는 활동을 묘사하는 데 사용된다.

IDEF0의 가장 중요한 요소는 그래픽 표현과 계층적 구조이다.

IDEF0모형은 아래의 그림과 같이 정의하는 도표(Diagram)의 연속된 계층으로 구성되는데, 박스(Activity)와 화살표(Concept)를 통한 기능 및 기능간의 관계를 정의하고 부수적으로 글과 설명을 통한 보조 정보를 표현한다.

Reference

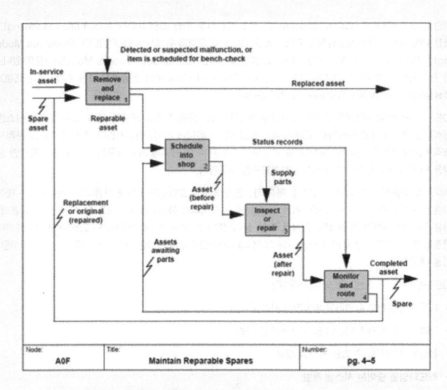

Node: Title: Number:
A0F   **Maintain Reparable Spares**   pg. 4-5

[IDEF0모형의 다이어그램]

박스는 기본적으로 활동, 프로세스, 운용, 또는 변환작용을 나타내는 기능을 정의한다.

즉, 표현된 기능에서 무슨 일이 일어났는지에 관한 설명이다. 박스의 이름으로는 기능을 설명하는 적절한 동사(구)를 사용하고, 하나의 도표에는 최소한 3개에서 최대 6개의 박스를 좌상에서 우하의 대각선으로 배열하게 된다.

박스를 구별하기 위해서는 적절히 번호를 부여하게 되는데, 우선 도표에는 모형의 각 계층에서의 위치에 따라 'A'로 시작하는 노드번호가 주어지고, 도표 내에서의 박스의 일련번호가 노드번호에 추가되어 박스를 지칭하게 된다.

따라서 부모-자식의 계층 관계에 의해 표현되는 전체 모형에서 부모 도표의 박스 번호는 자식 도표의 노드번호가 된다.

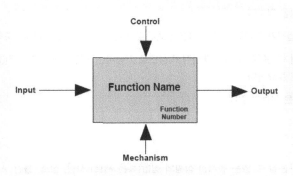

[IDEF0의 ICOM구조]

기능을 나타내는 박스와 관련되는 데이터 또는 객체를 표현하기 위해서 하나 또는 그 이상의 화살표를 사용하는데, 명사(구)를 사용해서 라벨을 단다.

또 ICOM이라 불리는 이 화살표는 위의 그림과 같이 박스에서의 상대적인 위치에 따라 역할이 주어진다.

즉, 박스의 왼쪽으로 들어가는 입력 화살표는 기능에 의해 출력으로 변환되는 데이터나 객체를 의미하고, 박스의 위쪽으로 들어가는 제어 화살표는 올바른 출력을 나타내기 위해 필요한 조건이나 환경을 의미한다.

박스의 아래쪽으로 들어가는 메커니즘 화살표는 기능을 수행하기 위한 수단을 의미하고, 박스의 오른쪽으로 나오는 출력 화살표는 기능에 의해 산출되는 데이터나 객체를 의미하게 된다.

기능을 나타내는 박스를 연결하는 화살표는 한 박스의 출력이 다른 박스의 기능 수행에 필요한 입력, 제어, 도는 메커니즘의 제공을 의미하게 된다. 화살표는 여러 박스로의 입력을 위해서 분기하기도 하고, 여러 박스에서의 입력을 위해 병합되기도 한다.

하나의 박스에 대해서 다수의 입력, 제어 그리고 메커니즘이 들어가고 다수의 출력이 나오기도 하지만 모든 출력에 대하여 이들 입력과 제어, 메커니즘이 모두 동시에 작용하는 것을 의미하는 것은 아니다.

즉, 입력과 제어, 그리고 메커니즘의 조합이 서로 다른 출력의 조합을 산출하게 된다.

IDEF0 모형은 처음에는 일반적인 시스템의 활동을 표현하고, 점차 자세하게 기능을 분해해 가는 계층적 구조를 가지고 있다.

즉, 하향식 접근 방법을 사용하고 있는데, 이러한 접근 방법을 통해서 복잡한 시스템을 체계적으로 분석하고 논리적으로 일관성 있는 모형을 확보하며, 관련 부문의 작업자들 사이에 보다 쉬운 이해와 의사소통을 가능하게 한다.

3.2.2 IDEF1X을 이용한 정보 모델링(Information Modeling)

IDEF1X는 정보요구가 알려지고 관계 데이터베이스의 활용을 실행하기로 결정한 후에, 논리적 데이터베이스 디자인에 대하여 아주 유용하다. IDEF1X 관점은 관계 데이터베이스 속에서 실행되는 논리적 데이터 구

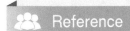

조의 디자인에 초점을 맞춘다.

IDEF1X는 모델작업자가 하나의 실체를 다른 것과 구별하는 핵심 클래스를 지정하도록 요구한다.

하나의 실체에 속한 속성이지만 서로 핵심적 속성으로 기능하는 '성질을 달리하는 키(foreign key)'을 확실히 레이블하는 것도 필요하다.

IDEF1X 기본 개념은 아래와 같다.

(1) 실체(Entity)

개별적으로 서로 구분될 수 있는 유사한 상황의 집합(혹은 세트)(사람, 장소, 물건, 사건 등에 관한 데이터 기록)을 의미한다. IDEF1X의 실체 박스는 현실적 영역에서의 일련의 데이터 아이템을 표시한다.

아래의 그림과 같이 독립된 실체는 직사각형을 표현하고, 종속된 실체는 둥근 사각형으로 나타낸다. 실체의 명칭과 번호는 사각형의 상단에 표시한다.

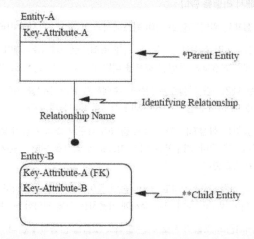

[실체의 표현, 속성, 관계]

(2) 속성(attribute)

세트의 각 개별적 성원(실체적 경우)과 연관된 슬롯 값(slot value)이다. 각 실체의 속성은 실체를 표현하는 사각형의 내부의 그 이름을 기재함으로써 표현한다. 기본키(Primary-Key)에 해당하는 속성은 가로선의 위쪽에 표시한다.

(3) 관계(Relationship)

데이터 실체들 간의 관계는 부모실체(Parent Entity)와 자식(Child Entity)을 이어주는 선으로 표현한다

IDEF1X방법의 강한 특성은 '일반화/특수화 구조'로 알려진 분류구조의 사용을 통하여 논리적 데이터 형태의 모델화를 지원하고, 연관된 데이터 구조가 아니라 객체 그 자체만을 모델화 하는 방법으로 가장 잘 사용될 것이다. 이런 형태의 모델은 종종 '개념 모델'이라 한다.

[Semantic컨퍼런스에서 강연하는 위스노스키]

연습문제

1. 아무리 안전한 곳에 있어도 위험은 항상 존재한다.

정답 ○

해설 이 세상 어디에도 안전한 곳은 없으며, 혼자 안전한 곳에 있다면 갑작스런 심장마비에 아무도 도와줄 수 없는 위험이 있다.

4지선다

2. 위험관리를 위해 가장 먼저 해야 하는 프로세스는?

① 위험식별　　　　　　　　　　　② 위험 계량화

③ 우선순위 선정　　　　　　　　　④ 위험관리계획

정답 ①

해설 항상 무언인가 관리하기 위해서는 식별하는 것이 가장 먼저 필요하다.

단답형

3. 위험을 계량화하기 위하여 위험의 발생가능성과 영향도를 곱하여 계산된 결과는 무엇일까요?

정답 심각도

해설 위험의 심각도는 발생가능성이 높고, 영향도가 클수록 심각함을 표시하는 수준이다.

팀 프로젝트 실습

■ 위험관리 계획서 작성 및 제출

지금까지 프로젝트를 진행하면서 여러분들은 많은 우여곡절을 겪었을 것으로 생각한다. 만약 순조롭게 일이 진행되어 팀원들끼리 더욱 돈독한 사이가 되었다면 정말 운이 좋은 것이다. 프로젝트를 수행하면서 대부분의 경우 다툼이 생기고, 친하던 친구와도 사이가 나빠지기도 한다. 이러한 일들이 모두 프로젝트 위험이며, 위험은 초기에 미리 발생을 예측하고 발생시에 대비하여야 한다. 이러한 위험에 대한 발생가능성을 예측하는 것이 위험의 식별이며, 발생에 대비하여 미리 평가 및 계획을 수립하는 것이 필요하다.

앞으로 남은 시간동안 프로그램도 순조롭게 진행된다는 보장이 없다. 각종 기술적인 어려움이 남아 있으며, 일부 팀원은 미리 취업이 되었다면서 팀을 떠나갈 것이다. 하지만 남은 팀구성원은 포기하지 말고 끝까지 추진하여 소프트웨어를 완성길 바라며, 이렇게 끝까지 가보기 위해 필요한 것이 향후 예상되는 위험을 도출하고 관리하는 것이다.

위험을 관리하기 위해서는 먼저 위험에 대한 리스트업이 필요하며, 리스트업된 것 중에서 발생가능성이 높은 것을 우선적으로 선별하는 과정이 필요하다. 이 또한 브레인스토밍으로 팀원끼리 활발한 토론에 의해 결과를 도출하기 바란다.

■ 위험관리 계획서 작성 순서

1) 위험요소를 식별하고 리스트 작성

2) 발생가능성과 영향도를 추정하여 심각도 계산

3) 위험의 우선순위화

4) 대응방안 수립 및 필요시 비상조치 계획을 수립

■ 위험관리 내역서 참조

위험관리는 계획을 수립한 이후 지속적으로 관리되어야 한다. 실제 이슈가 되고있는 위험은 그 발생가능성이 예상보다 높아지거나, 때로는 어떤 위험은 발생된 이후 생각보다 그 결과가 심각할 수 있다. 위험관리 내역서는 프로젝트 진행동안 지속적인 관리결과를 보여준다. 위험관리는 상황의 변화에 따라 위험을 지속적으로 평가하고, 문제발생에 대비하여 수시로 대응계획을 점검하는 것이 중요하다.

[참고 양식]

위험 리스트 및 분석				
위험ID	위험명	영향도	발생가능성	심각도
R-0016	개발 도중 개발인력 퇴사			

위험관리 계획서				
위험ID : R-0016 (개발 도중 개발인력 퇴사)				
대응방안		대응 활동	담당자	완료예정일
		스카우트 제의에 대하여 방어적 전략 팀웍을 다지고, 중도 퇴사가 없도록 단속	안길한	06-11-10
비상조치계획	실행 기준	퇴사의 징후가 나타남		
	조치 내역	개인면담, 새로운 기회의 제시		

[참고사항]

위험관리 내역서

<table>
<tr><td rowspan="3">위험
식별</td><td>위험 ID</td><td>R-1106-02</td><td>위험식별일</td><td colspan="2">16.11.6</td><td>대응
담당자</td><td></td></tr>
<tr><td>위험명</td><td colspan="6">개발장비 소프트웨어 설치 (OLAP, ETL 등)</td></tr>
<tr><td>위험내역</td><td colspan="6">개발서버에 시범, 1단계도입된 SW 설치를 위해 vender 사의 지원이 필요하지만, 2단계 사업에서 추가도입 되는 장비가 아닐 경우 지원이 없을 수 있어 이에 대한 해결책이 필요함</td></tr>
<tr><td rowspan="5">위험
평가</td><td>영향 유형</td><td colspan="6">☑범위 ☐일정 ☑비용 ☐품질</td></tr>
<tr><td>평가일</td><td>대응계획</td><td>결과</td><td>영향도</td><td colspan="2">가능성</td><td>심각도</td></tr>
<tr><td>16.11.6</td><td>위험식별</td><td>개발서버가 2단계 추가도입 장비가 아니어서 vender 사의 지원이 없을 가능성이 있음</td><td>M</td><td colspan="2">60%</td><td>45</td></tr>
<tr><td>16.11.7</td><td>개발서버 설치가능 여부 판단</td><td>위원회로부터 1단계에 도입된 S/W 목록입수하여 개발장비에 설치 함.</td><td>M</td><td colspan="2">20%</td><td>14</td></tr>
<tr><td></td><td></td><td></td><td></td><td colspan="2"></td><td></td></tr>
<tr><td rowspan="6">위험
대응
계획
수립
및
이행</td><td rowspan="4">대응 계획</td><td>대응
유형</td><td colspan="5">☐회피 ☐전이 ☑완화 ☐수용</td></tr>
<tr><td colspan="3">대응 활동</td><td>수행
담당자</td><td>완료예정
일</td><td>실제완료
일</td></tr>
<tr><td colspan="3">주간회의에서 운영기관의 각 사업에 따른 SW 라이센스 확인 후 개발서버 설치 유무 확인</td><td>나도요</td><td>16.11.10</td><td>16.11.17</td></tr>
<tr><td colspan="3"></td><td></td><td></td><td></td></tr>
<tr><td>재평가
예정일</td><td colspan="6"></td></tr>
<tr><td rowspan="2">비상조치
계획</td><td>실행
기준</td><td colspan="3"></td><td>실행
예정일</td><td></td></tr>
<tr><td colspan="6"></td></tr>
</table>

참고문헌

- 한혁수, 소프트웨어공학의 소개, 홍릉출판사, 2008
- 윤청, 소프트웨어 공학 에센셜, 생능출판, 2015
- 고석하, 소프트웨어 프로젝트관리, 생능출판, 2014
- 김성규, 김성철, 이숙희, 진영택, 조영석, 차운옥, 최승훈 공역, Roger S. Pressman, 소프트웨어 공학 실무 적 접근 7판, 도서출판 한산, 2011
- "A Guide to the Project Management Body of Knowledge(PMBOK), 3rd edition", Project Management Institute, Inc., 2004.
- 위키피디아 : http://en.wikipedia.org/wiki/Dennis_E._Wisnosky
- http://en.wikipedia.org/wiki/IDEF
- http://blog.naver.com/PostView.nhn?blogId=cluejjh&logNo=80022676661
- http://www.flickr.com/photos/transformationandinnovation/160597890/
- http://www.google.co.kr/imgres?imgurl=http://www.soasymposium.com/photos/photo8.jpg&imgrefurl=http://www.soasymposium.com/symposium2008gallery.php&usg=_tKgDQDCPQbR4WsD17g72JMibN6s=&h=362&w=500&sz=28&hl=ko&start=13&zoom=1&tbnid=uJWbXnqJipLS0M:&tbnh=94&tbnw=130&ei=eFb9TtHmLYm8iAf8xsm8AQ&prev=/images%3Fq%3DDennis%2BWisnosky%26hl%3Dko%26newwindow%3D1%26sa%3DX%26gbv%3D2%26tbm%3Disch&itbs=1
- http://www.flickr.com/photos/media-bistro/5819317734/in/photostream

프로젝트 종료와
유지보수

14.1 프로젝트는 어떻게 종료할까요?

모든 소프트웨어 개발과 관련된 작업을 마무리하고 확인결과 이상이 없을 때 프로젝트의 수행이 완료된 것이다. 즉, 소프트웨어 구현이 마무리되고, 프로젝트에 대한 행정적인 처리도 마무리되어야 끝난 것이다. 소프트웨어 구현의 마무리는 소프트웨어 개발과 관련된 업무의 종료를 의미하는데, 구현된 소프트웨어가 정상적인 가동이 되는 것이 확인되며, 고객에게 산출물을 제출하여 인수되었음을 확인 받는 것이다. 소프트웨어 개발을 위해 구성된 모든 프로젝트 구성원들이 책임과 역할을 모두 수행하여 더 이상 남은 일이 없어야 한다.

프로젝트에 대한 행정적인 처리의 마무리는 고객과의 계약을 종료하고 프로젝트 수행조직 내부의 업무도 종료되어야 한다. 고객과 계약을 종료하기 위해 고객으로부터 받아야 할 잔금을 수령하고, 프로젝트관리자가 지불해야 할 협력업체에게 모든 대금도 지불되어야 한다. 그리고 고객과 지속적으로 좋은 관계를 유지하여 지속적인 사업수주가 가능하도록 하여야 한다. 프로젝트 수행조직의 내부에도 업무가 있으며, 프로젝트 구성원을 평가하고, 프로젝트 수행에 따른 "교훈(Lessons Learned)"를 작성하여 저장 및 보고하는 업무 등이다.

14.2 프로젝트 종료

14.2.1 프로젝트의 비정상적 종료

소프트웨어 개발 프로젝트는 실패의 확률이 높으며, 비정상적으로 프로젝트가 종료되기도 한다. 일단 구현해야 할 소프트웨어가 완료되지 못하여 계약의 의무를 모두 이행하지 못한 경우이다. 요구사항 충족에 대한 고객과의 의견 불일치는 고객이 정상적인 산출물의 인수를 거부하고 승인하지 않게 된다. 이는 고객으로부터 잔금을 수령할 수 없을 뿐만 아니라 소송에 의해 오히려 지체 변상금을 지불해야 하는 경우도 있다. 프로젝트의 비정상적인 종료는 생각보다 자주 발생하지만 방송이나 언론에서 쉽게 접하지 못하는 경우가 많다. 대규모 프로젝트를 수행하여 세간에 관심이 지대한 경우에는 실패에 대한 기사가 간혹 보도되기도 한다. 프로젝트를 비정상적으로 종료하게 되면 프로젝트관리자는 책임을 지게 된다. 성공적인 프로젝트 수행을 위해서는 소프트웨어 공학에 입각한 프로젝트 진행이 필수이다.

14.2.2 프로젝트의 종료처리 절차

프로젝트의 종료처리를 위한 공식적인 행정절차가 필요하다. 고객이 원하는 소프트웨어는 인수인계를 완료하여 제대로 가동되어 사용토록 하고, 협력회사 혹은 외부 개발인력에게는 대가를 지불하는 등의 처리를 수행사의 내부 규정에 따라 수행한다.

- 산출물 최종 품질점검 및 제출
- 고객의 인수
- 프로젝트 완료보고 준비
- 계약의 종결처리

14.2.3 프로젝트의 종료보고

프로젝트 종료보고 작업은 현장의 필요에 의해, 혹은 조직의 관행에 의해 발의될 수 있다. 종료보고회를 공식적으로 개최하는 경우도 있고, 내부 결재를 위해 보고를 필요로 하는 경우도 있다. 종료보고서의 내용은 프로젝트 착수부터 종료단계까지의 모든 내용이 포함될 수 있지만, 핵심적인 내용을 중심으로 작성하게 된다. 프로젝트 종료보고서도 중요한 프로젝트 산출물이며, 최종적인 유종의 미를 남기는 행위이다.

14.3 유지보수

프로젝트가 종료된 이후에는 소프트웨어 혹은 시스템은 가동되고 비즈니스를 수행하기 위한 도구로 활용된다. 하지만 소프트웨어가 신규로 가동되는 시점부터 최종적으로 폐기될 때까지 정상적인 작동과 좋은 품질을 유지하기 위하여 소프트웨어를 끊임없이 개선해 나가는 과정이 필요하다. 이러한 과정이 바로 유지보수이며, 프로젝트 수행기간보다 훨씬 오랜 기간 동안 더 많은 인력과 비용이 투입되게 된다. 실제 비즈니스의 경쟁력을 갖추기 위한 노력은 유지보수 과정에서 발생하는 경우가 많다.

유지보수는 쉽지 않다. 그 이유는 유지보수 업무의 특성 때문이다. 먼저 다른 사람이 작성한 프로그램을 이해하기 쉽지 않다. 프로젝트에 투입된 개발자는 인수인계를 통해 유지보수 담당자에게 소프트웨어를 넘겨주고 떠나가지만, 운영을 담당할 책임자는 산출물과 소스코드에 있는 주석 등을 참고하여 각종 변경관리를 담당하여야 한다. 한 사람이 담당해야할 소프트웨어의 량이 많을 경우 이러한 업무는 대단히 어려운 일이 된다. 또한 지속적인 변경과정에서 처음 인수받은 산출물은 갱신이 지속적으로 이루어지기 어려우며, 시간이 지나면 현실과 맞지 않게 되어 더 이상 문서산출물을 참고할 수 없게 된다.

소프트웨어가 유지보수를 미리 감안하여 개발되는 경우는 드물다. 이는 프로젝트 진행이 촉박한 일정과 지속적인 변경을 반영하면서 진행되는 특성 때문에 미래의 유지보수성까지 염두에 두고 개발되기 쉽지 않기 때문이다. 따라서 유지보수는 개발자들에게 선호되는 작업은 아니지만, 프로젝트에 투입되는 것 보다 안정성은 있다고 보아야 한다.

14.3.1 유지보수가 필요한 이유

유지보수가 필요한 이유는 소프트웨어 품질 문제와 조직의 내외부적인 문제 때문이다.

- 소프트웨어 품질 문제
  - 개발된 소프트웨어가 사용자 만족에 미흡
  - 개발과정에 사용자의 참여가 부족
  - 개발된 소프트웨어의 신뢰성 부족
  - 소프트웨어의 유연성 부족에 따른 추가개발 과다
  - 소프트웨어 재사용성을 고려하지 않은 개발
- 조직의 내외부적인 문제
  - 비즈니스 경쟁관계에서 경쟁력을 갖추기 위한 노력
  - 법/제도적 변화에 민감하게 대처하기 위해
  - 조직의 급격한 성장
  - 분사 혹은 조직구조의 변화
  - 사업의 다각화

14.3.2 유지보수 활동의 분류

유지보수는 "단순운영", "소스코드 변경", "기능개선", "장애대응" 등의 활동으로 분류할 수 있다. 보통 기능개선이 유지보수의 주요한 업무를 인식되기 쉽지만, 시스템은 사소한 실수로 인해 가동이 멈출 수도 있기 때문에 단순운영도 중요한 업무이다. 그리고 가장 운영책임자에게 스트레스를 일으키는 일이 장애대응인데 장애는 언제, 어떻게, 발생할지 알 수 없기 때문에 항상 긴장을 늦출 수 없는 일이다.

〈유지보수 분류〉

분류	내용
단순운영	▪ 시스템 가동 모니터링 ▪ 데이터 백업, 보관, 삭제 ▪ 정기, 비정기 배치작업
소스코드 변경	▪ 단순 기능개선을 위한 소스코드 수정 ▪ 기능의 변경 없는 소프트웨어 성능향상 ▪ Bug 제거 및 오류 수정
기능개선	▪ 새로운 기능의 추가에 의한 기능개선
장애대응	▪ 장애 예방활동, 장애발생시 긴급대응, 장애해결

14.3.3 유지보수 아웃소싱

전문 유지보수 아웃소싱 업체가 위의 유지보수업무를 전문적으로 수행하기 때문에, 기업은 전문적인 핵심 비즈니스에 집중하고 시스템 가동은 전문업체에 아웃소싱을 의뢰하는 경우가 있다. 아웃소싱은 계약에 의해 서비스수준을 지정하고 적정한 품질을 보장받게 된다. 적정 서비스 수준을 계약에 명시하는 것이 "SLA(Service Level Agreements)"이다.

14.3.4 SLA(Service Level Agreements)

고객사에게 제공하는 정보시스템의 관리수준을 정량적으로 측정하여 성과에 대한 평가, 개선 및 대가산정의 기준으로 삼는 서비스 방식을 SLA라고 한다. SLA에 입각한 아웃소싱 계

약은 바로 서비스 수준을 계량적으로 평가하여 대가를 지불하는 계약방식인 것이다. SLA에
의한 아웃소싱은 고객에 대한 신뢰도와 만족도를 향상시키는 효과가 있다. 서비스 품질을
계량적으로 관리하기 때문에 서비스 수준에 대한 객관적인 증빙이 가능하다. 그리고 서비
스 수준에 대한 의사소통도 명확해지는 효과가 있다. 서비스 수준을 측정하기 위한 유지보
수 서비스를 분류하면 다음과 같다.

〈유지보수 서비스〉

서비스	내용
고객지원 및 응대	▪ 고객지원 콜센터 운영
업무지속성	▪ 장애관리, 변경관리, 프로그램 개선
시스템품질	▪ 온라인 응답속도(가용성) ▪ 배치작업 처리시간(적시성)
기술환경가동	▪ 네트워크 지원 ▪ 서버 운용 ▪ PC관리 기술지원
보안	▪ 기술적 보안, 물리적 보안, 관리적 보안

SLA에 의해 유지보수 계약을 하게 되면, 유지보수 수행자의 입장에서 예상되는 목표에 대
비하여 서비스 수준을 높게 달성한 경우 추가적인 대가를 "보너스(earn back)"로 지불 받
기도 하고, 서비스 목표 수준에 미달한 경우에는 오히려 "패널티(penalty)"를 물어야 한다.
SLA에 대한 기대 서비스 수준을 계약으로 명시하고 높은 아웃소싱 서비스 수준을 위해 노
력하기 때문에 안정적인 유지보수 서비스가 가능하다. 서비스에 대한 계량적 결과는 시스
템에서 자동으로 추출될 수 있도록 장치를 갖추는 것이 필요하다.

〈유지보수 서비스 수준〉

서비스 수준	내용
목표 초과	서비스 이용료 = 기본 서비스료 + earn back 발생
목표 달성	서비스 이용료 = 기본 서비스료
목표 미달	서비스 이용료 = 기본 서비스료 – penalty

월간 서비스 평가회의는 매월 서비스에 대한 평가를 위한 고객과 수행사의 의사소통 채널이며, 서비스 성과를 검증하고 개선사항을 도출하여 반영하도록 한다.

[월간 유지보수 서비스 평가 프로세스]

14.4 재공학(re-engineering)

재공학의 대상은 "비즈니스 프로세스(business process)"이다. 비즈니스 프로세스의 구조적인 재설계를 통해 혁신적으로 일하는 방식을 바꾸어야 함을 말하는 것이다. 지금까지 일하는 방식을 새롭게 바꿀 수 있는 기술이 바로 정보기술임을 강조한다. 재공학은 지금까지 뻔한 방식으로 일하는 것을 그냥 그대로 소프트웨어 개발을 통해 자동화하는 것에 대하여 이의를 제기한 것이다.

마이클 해머(Michael Hammer)는 고객에게 가치를 제공하지 못하는 업무는 제거되어야 하며, 자동화를 통해 가속화되어서는 안된다라는 주장을 하였다. 기업은 고객의 가치를 극대화하기 위해 프로세스를 재편하고 상품과 서비스의 제공을 위한 자원을 절약하여야 한다는 것이 해머의 주장이다. 이는 "BPR(Business Process Reengineering)"의 탄생을 의미하며 바로 재공학의 핵심 개념이기도 하다.

BPR은 "획기적인 결과를 성취하기 위하여 비즈니스 프로세스를 근본적으로 변경하려는 노력과 구현"으로 포춘(Fortune)지에서 정의하고 있다. 소프트웨어는 비즈니스 규칙 들의 프로그램적인 실현이며, 비즈니스 규칙들이 바뀌면 프로그램도 바뀌어야 하기 때문에 재공학과 밀접한 관련성을 가진다. 이를 소프트웨어 재공학 프로세스라는 측면에서 도식화 해보면 다음과 같다.

[재공학 사이클]

① 목록분석(inventory analysis)

— 조직이 보유하고 있는 소프트웨어 목록을 정리한다.

— 비즈니스의 중요도와 논리적인 판단기준에 따라 정렬한다.

— 재공학 작업을 위한 후보 소프트웨어 들의 우선순위를 선정한다.

② 문서 재구성(document restructuring)

— 재공학이 필요한 소프트웨어에 대한 문서를 최대한 새롭게 업데이터한다.

— 너무 많은 시간이 소모되지 않는 수준에서 최신화작업을 수행한다.

③ 역공학(reverse engineering)

— 자동화 도구를 활용하여 소스코드를 읽어서 소프트웨어의 형상에 대한 추상적인 모습, 즉 설계형상을 추출한다.

— 문서의 최신화 작업에 도움을 줄 수 있으며, 미비한 문서산출물의 한계를 어느 정도 극복할 수 있다.

④ 코드 재구성(code restructuring)

— 소스코드를 분석한다.

— 문제가 있는 소스코드를 재구성하거나, 문제가 있는 비즈니스 프로세스의 변경을 소스코드에 반영한다.

— 새로 구성된 소스코드를 테스트한다.

⑤ 데이터 재구성(data restructuring)

— 데이터베이스 구조를 분석한다.

— 문제가 있는 데이터구조를 개선하거나, 비즈니스 프로세스의 변경을 데이터 구조에 반영한다.

— 새로 구성된 소스코드를 테스트한다.

⑥ 순공학(forward engineering)

— 자동화된 재공학 엔진으로 재공학 프로세스가 쉽게 처리될 것이라는 것이 순공학이다.

— 아직은 순공학이 생산성이 높은 수준으로 작동되지는 못한 듯 하다.

— 순공학에 의해 생성(generation)된 소스코드에 수작업 변경이 많이 필요하다는 업계의 의견들이 있다. 순공학에 의해 자동으로 생성된 소스코드의 실제 가동이 될 수 있는 시기가 조만간 도래할 것이 기대된다.

14.5 역공학(reverse engineering)

역공학은 소스코드로부터 설계정보를 추출해내는 것을 말한다. 역공학을 통해 추상화된 모델을 추출하는 대상은 데이터 구조(data structure), 프로세싱(processing), 유저 인터페이스(user interface) 등이다.

14.5.1 데이터 구조 역공학

데이터 구조에는 내부 데이터 구조와 데이터베이스 구조로 분리하여 생각해보아야 한다. 내부 데이터 구조란 프로그램의 변수들을 추출하는 것을 말한다. 프로그램 내부에 활용되는 변수를 대상으로 객체 클래스들을 정의하는데 초점을 둔다. 데이터베이스 구조는 관계형 데이터베이스의 구조를 역공학으로 재정의하여 추출하는 것으로 DBMS 제품별로 비교적 자동화가 잘 되어 있다.

14.5.2 프로세싱 역공학

프로세싱은 기능적인 추상화와 처리로직의 추상화로 분리하여 생각해볼 수 있다. 기능적인 추상화는 기능단위 블록 다이어그램, 즉 모듈에 대한 설명이 추출되는 것이며, 모듈 간의 관계를 설계도로 표시한다. 처리로직의 추상화는 기능단위 블록의 내부, 즉 모듈의 내부를 추상화하는 것으로, 데이터 준비, 처리, 외부로 인터페이스 등의 "패턴(pattern)"을 역공학으로 추상화하여 가시적(visualization)으로 보여주는 것이다.

14.5.3 유저 인터페이스 역공학

유저 인터페이스, 혹은 사용자 인터페이스라고 부르는 UI의 구조를 이해할 수 있도록 역공학을 적용한다. UI에서 나타나고 있는 특징을 새로운 표준으로 분류 및 재조합한다. 새로운 원칙에 따라 기존의 UI를 새롭게 재구조화하는데 활용한다. UI는 이미 가시적으로 보여지기 때문에 역공학을 활용하여야 할 이유가 크게 없어 보일 수 있다. 하지만 UI는 새로운 유행과 신기술의 적용에 민감하며, 새로운 UI의 재설계를 위해 역공학이 필요하다. 사용자의 기대에 부응하는 화면 및 보고서의 재구성에도 활용이 가능하며, UI의 가독성을 높이고 성능을 향상시킬 수 있는 방향으로 재설계할 필요가 있다.

마이클 해머(Michael Martin Hammer : 1948 ～ 2008)   Reference

마이클 해머는 2차 세계대전 당시 유대인 대학살의 현장에서 생존한 유태인 부부가 외국으로 이민하여 출생한 어린이였다. 그는 미국 메릴랜드의 아나폴리스(Maryland Annapolis)에서 자랐다. 1968년 MIT에서 학부를 마치고, 연이어 석사, 그리고 1973년에 컴퓨터과학 분야의 박사학위를 취득하였다. MIT의 컴퓨터과학과 교수로 재직하면서, 슬론경영대학원 (Sloan School of Management)에서 강의하였고, 매사추세츠의 뉴턴(Massachusetts Newton)에서 가족과 함께 생활하였다.

엔지니어 출신이지만 프로세스위주의 경영관리적 시각에 대해 지지하는 입장이었던 그는 1990년 하버드비즈니스리뷰(Harvard Business Review)에 글을 기고하였다. 제목은 "Re-engineering Work : Don't Automate, Obliterate"(리엔지니어링 : 자동화하지 말고, 버려라)이다. 이 기고문은 Information Technology를 통해 우선적으로 기존의 업무프로세스를 자동화부터 하려는 경영자를 비난하는 것이었다. 해머의 주장은 고객에게 가치를 제공하지 못하는 업무는 제거되어야 하며, 자동화를 통해 가속화되어서는 안된다는 것이다. 대신 회사는 고객의 가치를 극대화하기위해 프로세스를 재편하고 상품과 서비스의 제공을 위한 자원을 절약하여야 한다는 것이다.

비슷한 아이디어가 언스트앤영(Earnst & Young) 컨설팅사의 데이븐포트(Thomas Davenport)와 숏(J. Short)에 의해 같은 년도에 제시되었으며, 슬론매니지먼트 리뷰(Sloan Management Review)에 실렸다. 이렇게 탄생된 BPR(Business Process Reengineering)개념은 대단한 붐을 일으켰으며, 컨설팅 회사마다 BPR방법론을 개발하는 등의 유행을 탔다.

BPR은 근로현장에서 비인간적인 생산성만을 추구한다거나, 다운사이징을 정당화하고 있다거나 때로는, 다른 차원으로 테일러리즘의 재탄생이라는 비난을 받기도 하였다. 하지만 일본의 자동차와 전자제품에 의해 자리를 잃어가던 미국의 산업에 있어서 BPR은 기능단위 조직의 구조를 해체하여 논리적인 근무활동단위로 재편성하고, 컴퓨터를 통한 사무환경의 대폭적인 간소화를 이룩하였다.

1993년도에 쓰여진 그의 저서, "Reengineering the Corporation: A mainfesto for Business Revolution"은 제임스 챔피(James Champy : 미국의SI업체인 CSC의 컨설팅 자회사 Index설립자)와 공동으로 저술하였다. 그 책은 출간되자 마자 250만부가 팔렸으며, 1년이상 뉴욕타임즈(NewYork Times) 베스트셀러 목록에 올라있었다. 비즈니스위크 (Business Week)는 그 책을1995년도 베스트 비즈니스북으로 선정하였다. 시사주간지 타임(TIME)은 그를 미국의 가장 영향력있는 25명 중 한명으로 선정하였으며, 경제전문잡지 포브스(Forbes)는 그의 책을 과거 20년 동안 출간된 가장 중요한 비즈니스 도서 3개중 하나로 선정하였다.

해머는 비즈니스 프로세스 재설계와 교육을 담당하는 "해머&컴퍼니"라는 회사를 설립하였고, 유작이 된 "Faster, Cheapter, Better"라는 책을 출간하기도 하였다. 2008년, 그는 휴가중 자전거를 타다가 뇌출혈을 일으켜, 60년의 길지않은 인생을 마감했다. 그의 동료인 MIT대학 교수 파인(Charles H. Fine)은 "해머는 대단한 위트와 유머의 소유자"로 얘기했으며, "그의 책은 미국의 비즈니스, 생산과정, 유통체계를 근본적으로

변화시켰으며, 컨설턴트들에게 회사업무와 관련하여 생각하는 방식과 경쟁에 대해 새로운 시대를 열어주었
다"라고 말하였다.

그는 보스톤 근교의 유대인 묘지에 묻혔다.

■ 해머의 여러가지 모습

[강의 중인 해머]

["Reengineering the Corporation"의 공동저자 James Champy와 함께]

■ BPR(Business Process Reengineering)

해머는 BPR에 있어서 주요성공요인으로 프로세스 자체의 변화추구, 업무 프로세스에 집중, 직원의 가치와 신념의 고려, 하향식접근, 리엔지니어링 전문가의 필요, 구현에의 초점, 프로젝트의 단기화 등을 언급하였다. 데이븐포트(Davenport)와 쇼트(Short)는 전사적인 프로세스의 선정, 프로젝트의 점진적인 수행, 다른 개선활동과의 병행노력, 명확한 목표 및 방향설정, 사원들의 위기의식관리 등을 제시하고 있다.

BPR은 전사적으로 모든 부분에 걸쳐 개혁을 하는 것이 아니라 중요한 Business Process 들, 즉 핵심Process를 선택하여 그것을 중점적으로 개혁해나가는 것이다. 여기서 어떠한 프로세스가 핵심인가를 결정하는 가장 중요한 판단기준은 어떤 프로세스가 고객에게 최적의 가치를 제공하는가에 있다.

해머와 챔피(Champy)는 급격한 변화를 위한 활동을 규명하기 위해 다음의 세가지 질문을 하라고 조언한다.

1) 이 활동은 결과물의 산출을 위해 얼마나 중요합니까?

2) 이 활동을 변경하는 것이 어느 정도 가능합니까?

3) 이 활동의 장애는 어느 정도입니까?

이 질문에 대한 대답은 어느 활동을 변경하여야 하는가를 결정하는데 지침을 제공한다. 중요하게 생각되거나, 변경 가능하거나, 기능의 장애가 있는 활동들은 변경을 위한 주요 고려대상이다. 핵심 비즈니스 프로세스와 활동을 규명하였으면, 정보기술이 비즈니스 프로세스를 급격하게 개선하기 위해 적용되어야 하는데, 이와 관련하여 해머와 챔피는 관리자들이 정보기술에 관해 귀납적 사고를 필요로 함을 강조한다. 귀납적이란 구체적 사실에서 일반화시키는 추론과정을 말하며, 관리자들이 정보기술에 대하여 학습을 해야만 업무처리 방식을 바꾸는 창조적 방법을 생각할 수 있음을 말한다. 해머와 챔피는 관리자들이 귀납적 사고를 할 때 파괴적 기술(disruptive technology)를 생각한다고 하며, 파괴적 기술은 오랫동안 유지되어 온 비즈니스 규칙들이 붕괴되도록 만드는 기술이다.

기업내 BPR계획은 기업전략이나 시스템전략과 연계되어야 하며, 각 기업의 상황적 특성을 충분히 고려하여 수립되기 때문에 BPR 추진계획을 수립할 당시의 목표는 다양하게 설정될 수 있다. BPR추진에 따른 실제적인 성과 역시 다양한 측면에서 나타날 수 있다. 이처럼 여러 측면에서 나타나는 BPR추진성과를 언급하기 위해서는 다양한 측면에서의 변화를 포괄할 수 있는 측정치가 필요하다. 해머는 BPR추진성과에 대해 주로 품질, 서비스, 스피드, 비용절감 등의 측면에서 BPR의 성과를 논하고 있다. 카이델(Keidel)은 조직 재설계의 개념을 크게 Restructuring과 Reengineering, Rethinking으로 구분하고 각각의 조직재설계 유형이 추구하는 바를 각기 효율성, 효율성+고객만족, 그리고 효율성+고객만족+종업원의 개발 등으로 제시하고 있다.

BPR의 도입은 신중하게 결정되어야 하며 또 그 진행도 잘 짜여진 계획하에 치밀하게 진전되어야 한다. 또한 여러 부서에 걸쳐 있는 프로세스를 개선하는 작업이니 만큼 최고경영층의 전폭적인 지지도 필수적인 성공요인이 되고 있다.

연습문제

(O, X)

1. 프로젝트를 제대로 끝내기 위해서는 소프트웨어 공학에 입각하여 프로젝트를 진행하여야 한다.

> 정답 O
>
> 해설 성공적으로 프로젝트를 마무리하기는 쉽지 않으며 요행에 기대서는 절대 안되며, 소프트웨어 공학에 입각하여 프로젝트를 수행한다면 성공의 가능성이 높다.

4지선다

2. 소프트웨어가 신규로 개발된 후 가동되는 시점부터 최종적으로 폐기될때까지 정상적인 작동과 좋은 품질을 유지하기 위하여 소프트웨어를 끊임없이 개선하는 과정을 무엇이라고 하는가?

① 분석　　　　　　　　　　　　② 설계
③ 구현　　　　　　　　　　　　④ 유지보수

> 정답 ④
>
> 해설 이미 개발이 완료되고 있는 시점이며, 이는 유지보수의 단계이다.

단답형

3. 유지보수 활동 중에서 시스템 가동을 모니터링하거나 데이터의 백업, 그리고 정기적인 배치작업 등의 작업은 무엇일까요?

> 정답 단순운영
>
> 해설 유지보수 활동에는 단순운영, 소스코드 변경, 기능개선, 장애대응이 있으며, 데이터의 백업 등의 업무는 단순운영에 속한다.

■ 변경요청서 작성

요구사항이 변경되거나, 이미 설계가 완료된 화면 혹은 데이터베이스가 변경되어야할 상황이 벌여졌을 경우, 변경요청서를 작성하여야 한다. 왜냐하면 이미 분석서와 설계서가 베이스라인으로 설정되어 버전이 1.0으로 확정되었기 때문에 이를 변경하기 위해서는 공식적인 변경처리 절차에 따라 형상관리 위원회의 승인을 받아야 하기 때문이다.

변경요청은 소프트웨어 개발에 대한 변경 뿐만 아니라 프로젝트 관리적인 측면에서도 변경이 발생한다. 가령 팀원 중의 인원변동이나, 일정의 변경이 발생하는 경우에도 변경요청서를 작성하여 해당 사항에 대한 위험을 분석하고 프로젝트가 성공적으로 종료되기 위한 필요한 조치를 취할 수 있도록 하는 것이 필요하다. 프로젝트에 영향을 미치는 내역의 분석은 범위, 일정, 비용과 위험이지만, 실습 프로젝트의 경우 비용은 별도로 추가되지 않는 것으로 본다.

변경요청서가 작성되어 제출된 것을 가정하여, 영향평가와 변경반영 건에 대한 심사의견도 작성해보자. 그리고 최종적으로 위험을 최소화하기 위한 필요한 조치가 무엇이 있는지도 강구해보자.

[참고 양식]

변경요청서			
요청번호 : CR_□□□□□□_□□□			
변경 요청자	김동호	변경요청일	2016.08.17
제목	접수증 양식의 변경(요구사항 변경)		
요청사유	프린터 단말의 교체로 인하여 접수증 양식이 좀더 넓은 용지에 많은 내용이 담길 수 있도록 변경되어야 함 - 별첨 : 신규 접수증 양식 도안		
우선순위	□긴급 □높음 ☑보통 □낮음	변경반영일	2016.09.10
영향평가자	김희영	영향평가일	2016.08.18
수행 범위	- 프린터 단말의 접속을 위한 인터페이스 프로그램 수정(2일) - 접수증 출력보고서 양식의 변경(1일) - 새로운 테스트 환경을 위한 프린터 도입 및 설치(4일) - 신규 프린터 도입비용 발생(1,000,000원) - 별첨 : 신규 프린터 견적서		
일정과 예산	개발일정 : 7일	추가비용 : 1,000,000원	
심사자	김추공	심사일	2016.08.19
심사 결과	☑승인 □반려 □연기		
심사 의견	• 다른 긴급한 요청사항이 없으므로 즉시 본 변경 건을 반영함 • 프린터는 업체로 부터 우선 배송 받아서 처리할 것 • 개발자와 실무적인 차원에서 요구사항을 정확하게 전달바람		
심사참가자	김추공, 김희영, 김동호, 나PM, 너QA		
변경반영자	오개발	개발완료일	2016.08.31

변경반영
내역
	- 프린터 단말의 접속을 위한 인터페이스 프로그램 수정(2일)
	  ✓ 프로그램 ID : prog_infc_200001_97
	- 접수증 출력보고서 양식의 변경(1일)
	  ✓ 프로그램 ID : prog_rept_201043_23
	- 프린터 도입 및 설치에 기술적인 어려움 발생 (6일)
	  ✓ 새로운 사양으로 기존의 인터페이스와 잘 맞지 않음		

변경 반영	개발일정 : 9일 (예상보다 +2일 추가)	추가비용 : 없음	

참고문헌

- 윤청, 소프트웨어 공학 에센셜, 생능출판, 2015
- 김성규, 김성철, 이숙희, 진영택, 조영석, 차운옥, 최승훈 공역, Roger S. Pressman, 소프트웨어 공학 실무적 접근 7판, 도서출판 한산, 2011
- Stewart, T. A., "Reengineering: The Hot New Managing Tool", Fortune, August 23, 1993, pp.41-4
- https://en.wikipedia.org/wiki/Michael_Martin_Hammer
- 위키피디아 : http://en.wikipedia.org/wiki/Michael_Martin_Hammer
- http://en.wikipedia.org/wiki/Business_Process_Reengineering
- http://www.hammerandco.com/HammerAndCompany.aspx?id=6
- 보스톤닷컴의 기사 : http://www.google.co.kr/imgres?imgurl=http://cache.boston.com/resize/bonzai-fba/Globe_Photo/2008/09/05/1220670236_1731/300h.jpg&imgrefurl=http://www.boston.com/bostonglobe/obituaries/articles/2008/09/06/michael_hammer_60_inspired_sweeping_changes_in_business_practices/&h=300&w=284&sz=13&tbnid=FXUYTruoVnzh7M:&tbnh=116&tbnw=110&prev=/search%3Fq%3DMichael%2BHammer%26tbm%3Disch%26tbo%3Du&zoom=1&q=Michael+Hammer&hl=ko&usg=__04UH66dlXbPX5xa6y0oG884TDS4=&sa=X&ei=gOTzTuTkH5GfiQfVuYjQAQ&ved=0CB4Q9QEwAw
- http://www.google.co.kr/imgres?imgurl=http://alumweb.mit.edu/classes/1968/news/images/MichaelHammer.jpg&imgrefurl=http://alumweb.mit.edu/classes/1968/news/tributeHammer.html&h=570&w=400&sz=170&tbnid=NWiKQKOu2mvH7M:&tbnh=134&tbnw=94&prev=/search%3Fq%3DMichael%2BHammer%26tbm%3Disch%26tbo%3Du&zoom=1&q=Michael+Hammer&hl=ko&usg=__9TRDjcCDA2bxvxf28OADw7hlXsw=&sa=X&ei=gOTzTuTkH5GfiQfVuYjQAQ&ved=0CBwQ9QEwAg
- http://www.google.co.kr/imgres?imgurl=http://bizrevolution.typepad.com/bizrevolution/images/2008/09/06/hammer.jpg&imgrefurl=http://www.bizrevolution.com.br/bizrevolution/2008/09/michael-hammer.html&usg=__221vMLYUg9HWlOVvMvhEhf5o9X4=&h=438&w=450&sz=11&hl=ko&start=141&zoom=1&tbnid=uFKKha9TTF3Q2M:&tbnh=124&tbnw=127&ei=riH0TqT-JYewiQfrodCcAQ&prev=/images%3Fq%3DMichael%2BHammer%26start%3D126%26hl%3Dko%26newwindow%3D1%26sa%3DN%26gbv%3D2%26tbm%3Disch&itbs=1
- 김효석, 김경한, "BPR : 성공전략과 구체적 추진방법론"
- 김상국, 양병무, "경영혁신의 이론과 실제"
- 배준범, "한국기업에서의 BPR의 실제"
- 박노현, 유세준, "BPR의 주요 성공요인과 성과에 관한 연구"
- 장소영, "Methodology Engineering에 의한 BPR방법론 통합"
- 차영한, "BPR의 성과에 관한 연구 : BPR의 주요 성공요인을 중심으로"
- Valacich, George, Hoffer, "Essentials of Systems Analysis and Design"
- 서우종, 홍태호 공역, "시스템 분석 및 설계"

INDEX

김희영(金熹泳)

* 1986년 2월 : 고려대학교 경영학과(경영학사)
* 1988년 2월 : 한국외국어대학교 경영정보대학원 경영정보학과(경영정보학 석사)
* 2014년 8월 : 한국외국어대학교 일반대학원 경영학과 (경영학 박사)
* 1990년 9월~ 2013년 4월 : SK C&C
* 2013년 2월~현재 : 한국시스템감사통제협회(ISACA) 부회장
* 2013년 6월~현재 : 한국디지털융합진흥원(KIDICO) 본부장
* 2014년 3월~현재 : 한국외국어대학교 경영학과 강사
* 2015년 3월~현재 : 한양여자대학교 컴퓨터정보과 겸임교수
* 2016년 9월~현재 : 숭실사이버대 소프트웨어 공학 강의
* 관심분야 : 전자상거래, 비즈니스모델, IoT, 빅데이터, 스마트 팩토리, 복지IT

〈개정증보판〉 실무에 바로 활용하는 소프트웨어공학

개정 1판 1쇄 발행 2018년 02월 28일
개정 1판 5쇄 발행 2022년 02월 10일
저   자 김희영
발 행 인 이범만
발 행 처 **21세기사** (제406-00015호)
　　　　　경기도 파주시 산남로 72-16 (10882)
　　　　　Tel. 031-942-7861   Fax. 031-942-7864
　　　　　E-mail : 21cbook@naver.com
　　　　　Home-page : www.21cbook.co.kr
　　　　　ISBN 978-89-8468-744-8

정가 30,000원